内部控制学（第三版）

Internal Control

池国华 樊子君 主编

北京大学出版社

图书在版编目(CIP)数据

内部控制学 / 池国华，樊子君主编. —3 版. —北京：北京大学出版社，2017.1
(21 世纪经济与管理规划教材·财务管理系列)
ISBN 978-7-301-27942-7

Ⅰ.①内… Ⅱ.①池…②樊… Ⅲ.①企业内部管理—高等学校—教材 Ⅳ.①F270

中国版本图书馆 CIP 数据核字(2017)第 007035 号

书　　　名	内部控制学(第三版) NEIBU KONGZHIXUE
著作责任者	池国华　樊子君　主编
责任编辑	叶　楠
标准书号	ISBN 978-7-301-27942-7
出版发行	北京大学出版社
地　　　址	北京市海淀区成府路 205 号　100871
网　　　址	http://www.pup.cn
电子信箱	em@pup.cn　　QQ:552063295
新浪微博	@北京大学出版社　@北京大学出版社经管图书
电　　　话	邮购部 62752015　发行部 62750672　编辑部 62752926
印 刷 者	河北滦县鑫华书刊印刷厂
经 销 者	新华书店
	787 毫米×1092 毫米　16 开本　16.5 印张　371 千字 2010 年 3 月第 1 版　2013 年 10 月第 2 版 2017 年 1 月第 3 版　2021 年 7 月第 6 次印刷
印　　　数	27001—29000 册
定　　　价	35.00 元

未经许可，不得以任何方式复制或抄袭本书之部分或全部内容。
版权所有，侵权必究
举报电话：010-62752024　电子信箱：fd@pup.pku.edu.cn
图书如有印装质量问题，请与出版部联系，电话：010-62756370

丛书出版前言

作为一家综合性的大学出版社,北京大学出版社始终坚持为教学科研服务,为人才培养服务。呈现在您面前的这套"21世纪经济与管理规划教材"是由我国经济与管理领域颇具影响力和潜力的专家学者编写而成,力求结合中国实际,反映当前学科发展的前沿水平。

"21世纪经济与管理规划教材"面向各高等院校经济与管理专业的本科生,不仅涵盖了经济与管理类传统课程的教材,还包括根据学科发展不断开发的新兴课程教材;在注重系统性和综合性的同时,注重与研究生教育接轨、与国际接轨,培养学生的综合素质,帮助学生打下扎实的专业基础和掌握最新的学科前沿知识,以满足高等院校培养精英人才的需要。

针对目前国内本科层次教材质量参差不齐、国外教材适用性不强的问题,本系列教材在保持相对一致的风格和体例的基础上,力求吸收国内外同类教材的优点,增加支持先进教学手段和多元化教学方法的内容,如增加课堂讨论素材以适应启发式教学,增加本土化案例及相关知识链接,在增强教材可读性的同时给学生进一步学习提供指引。

为帮助教师取得更好的教学效果,本系列教材以精品课程建设标准严格要求各教材的编写,努力配备丰富、多元的教辅材料,如电子课件、习题答案、案例分析要点等。

为了使本系列教材具有持续的生命力,我们将积极与作者沟通,争取三年左右对教材不断进行修订。您在使用本系列教材的过程中,如果发现任何问题或者有任何意见或者建议,欢迎及时与我们联系(发送邮件至 em@pup.cn)。我们会将您的宝贵意见或者建议及时反馈给作者,以便修订再版时进一步完善教材内容,更好地满足教师教学和学生学习的需要。

最后,感谢所有参与编写和为我们出谋划策提供帮助的专家学者,以及广大使用本系列教材的师生,希望本系列教材能够为我国高等院校经管专业教育贡献绵薄之力。

北京大学出版社
经济与管理图书事业部

第三版前言

摆在大家眼前的是《内部控制学》(第三版)。本书自2010年第一版出版以来已经七年,销售量也近五万册。作为高校中并不算热门的一门课程能够受到如此的欢迎,令我喜出望外。我想这中间离不开众多读者的关爱和北京大学出版社团队的帮助。让我印象深刻的一件事是因为这本书让我认识了一家民营上市公司的董事长,他既具有战略眼光又不失批判精神,在公司实施内部控制规范的过程中先后辞退了四家咨询公司,最后毅然拍板决定"自力更生"依赖于企业自身团队实现这一艰巨任务,为了寻求理论支撑,在多如牛毛的书籍中选中了我的这本《内部控制学》,不仅要求所有中高层人手一册学习,而且还盛情邀请我前去公司指导,得知自己的教材能够在实践当中发挥作用,作为作者的我当然欣然前往,就这样一来二去我成为这家公司的财务顾问与独立董事。因此,在这里我要深深地感谢读者们的青睐和编辑李娟老师、叶楠老师的付出,也希望能够得到大家一如既往的支持。实际上,我本人对这本教材也是特别的重视,主要是它是我有生以来主编的第一本内部控制教材,因此我也会像爱护自己的眼睛一样呵护这本书,并期待它能够"长青"。

《内部控制学》(第三版)是在保持第二版基本特色与优点的基础上进行的修订,主要体现在以下方面:

(1) 与时俱进地反映了国内外内部控制法规的最新进展,比如美国COSO发布的《2013年内部控制——整合框架》和中国的《行政事业单位内部控制规范(试行)》等。

(2) 进一步突出了可操作性,增加了不少近期中国企业实施内部控制规范的有效做法,比如业务流程图、权限指引表、控制矩阵等。

(3) 考虑到案例的时效性,替换了一些已经不符合理论和实务发展的案例。

(4) 将大量的案例和资料介绍设计成二维码形式,同时增加了技能训练题,目的是为了进一步有利于教学,并调动学员的学习兴趣。

(5) 对全书的语句表达进行了全面的梳理和删减,目的是让它更加简练、更加流畅、更加严谨。

本书仍然由我本人和樊子君副教授担任主编。各章执笔人如下：第一章，池国华；第二章，池国华、杨金；第三章，樊子君、池国华；第四章，曲明、池国华；第五章，池国华；第六章，池国华、邹威；第七章，樊子君。

在这里，我们还要感谢刘粟、谷峰、邢昊、张志群、吴良静、王子龙、胡雅萌等硕士生对本教材的贡献，他们不仅参与了案例资料的收集整理和书稿内容的校对，而且作为本教材的第一批读者，为教材的完善提出了许多建设性的意见。也正因为有他们的参与，才使得本教材与使用者更加贴近。

在本教材的写作过程中，我们参阅了国内外大量的文献和资料，其中信息明确的作者已列于资料来源或参考文献中，而信息不全的部分，因无法详细查证其出处，故未能列出。在此，对所有企业内部控制研究领域的专家和学者致以最诚挚的谢意。

由于作者水平有限，书中可能会有缺点、错误，恳请读者批评指正，以便我们在下一次修订时加以完善。

池国华

2016年12月8日

第二版前言

本书是在"21世纪经济与管理规划教材·财务管理系列"《内部控制学》(第一版)的基础上,为适应企业内部控制理论实务发展及教学改革的要求,结合2010年发布的《企业内部控制配套指引》,在保持原教材基本特色与优点的前提下,对企业内部控制方法与内容进行修订而形成的一部新教材。本书适合会计学、财务管理、审计学、资产评估等专业的本科生学习,同时也可作为这些专业研究生以及MBA、MPA、MPAcc、MV、Maud等专业硕士学习内部控制的参考教材。当然,也可以作为企业开展内部控制培训的教材使用。

本次修订主要体现在以下几个方面:

第一,体现了《企业内部控制配套指引》的最新内容。为方便《企业内部控制基本规范》的应用,进一步促进我国内部控制的发展,财政部等五部委于2010年4月26日正式发布了《企业内部控制配套指引》,包括《企业内部控制应用指引第1号——组织框架》等18项应用指引、《企业内部控制评价指引》和《企业内部控制审计指引》。本书结合《企业内部控制配套指引》对企业内部控制基础、程序和方法等内容进行了修订和补充。

第二,充实与完善了教学案例与习题。为了便于教师的教学和学生的学习,本次修订总结了第一版在使用过程中的经验,增加了一些新的案例,替换了一些已经不符合理论和实务发展的案例,尤其是每章增加了一道综合考核该章重点内容的案例分析题,有利于教师对企业内部控制基本原理和方法的教学,同时也便于学生掌握。

本书由东北财经大学会计学院的部分教师编写,池国华教授和樊子君副教授担任主编。各章执笔人如下:第一章,池国华;第二章,池国华;第三章,樊子君、池国华;第四章,曲明、池国华;第五章,池国华;第六章,孙晓燕;第七章,樊子君。

在这里,我们还要感谢王志、高广慧、张利、吕凌玉、刘也、杨金、常晓筱、季俊云、李诗萌、袁沛洁、李昭英等硕士生对本教材的贡献,他们参与了案例资料的搜集整理和书稿内容的校对,而且作为本教材的第一批读者，为教材的完善提出了许多建设性的意见。也正是他们的参与，才使得教材与使用者更加贴近。

在本教材的写作过程中，我们参阅了国内外大量的文献和资料，其中信息明确的作者已列于脚注或参考文献中，而信息不全的部分，因无法详细查证其出处，故未能列出。在此，对所有企业内部控制研究领域的专家和学者致以最诚挚的谢意。

由于作者水平有限，书中可能会有缺点、错误，恳请读者批评指正，以便我们在下一次修订时加以完善。我的联系方式是 cgh_lnhz@163.com。

池国华

2013 年 3 月 26 日于大连

第一版前言

从美国、英国、法国等成熟市场经济国家的实践来看,健全有效的内部控制被视为一种解决公司许多潜在问题的有效方法。人们普遍认为,内部控制可以把公司保持在实现公司战略和为股东创造价值的轨道上,并且使这个过程中发生意外的可能性降到最低,使管理层能够针对瞬息万变的竞争环境做出反应,并根据企业内部组织结构的变化做出调整,从而实现可持续增长,即"基业长青";内部控制还可以提高经营效率,减少财产损失的风险,并有助于确保财务报表的可靠性及合法合规性。因此,包括美国的 COSO、SEC、AICPA,加拿大的 CoCo,英国的 FRA,巴塞尔银行监管委员会等在内的一些权威组织都制定了关于内部控制的规则和指南,如 COSO 的《内部控制——整合框架》、CoCo 的《控制指南》等。20 世纪 70 年代以来,国内外频发的财务舞弊事件,使得人们已经不再满足于内部控制的常规职能和作用,而是更加关注企业的风险管理。包括 COSO、普华、AICPA 在内的一些组织开始在内部控制的基础上进行企业风险管理的研究。2004 年 9 月,COSO 正式发布《企业风险管理——整合框架》。该报告指出,企业风险管理框架包括内部控制,是在内部控制基础上的拓展。2005 年 3 月,欧盟会计组织也发布了题为《欧盟的风险管理与内部控制》的报告。这些都标志着内部控制理论与实践实现了突飞猛进的发展,并开始重点关注企业的风险。企业内部控制在理论和实务上开始逐步转向以风险管理为导向。

近年来,我国相继发生的德隆集团、伊利股份、创维数码、四川长虹、中航油新加坡等重大事件,或多或少都与企业风险管理缺失有关。这些事件的曝光一方面推动了我国企业内部控制标准委员会的成立,另一方面促进了我国企业内部控制规范体系的制定。2008 年 6 月,财政部、证监会、审计署、银监会、保监会联合发布了我国第一部《企业内部控制基本规范》,同时发布了《企业内部控制应用指引》(征求意见稿)、《企业内部控制评价指引》(征求意见稿)、《企业内部控制审计指引》(征求意见稿)。因此,下一阶段我国大中型企业所面临的重要任务就是如何贯彻执行企业内部控制规范及其配套指引。

基于以上背景,我们力图为在校学生提供一本不仅"知其然"且"知其所以然"、既"好用"又"好看"的内部控制教材。

"知其然"解决的是知道如何操作内部控制实务的基本程序和基本方法;"知其所以然"解决的是掌握赖以分析与解决内部控制实务问题的基本概念和基本理论。为达到这两点要求,本教材以我国已经颁布且即将实施的《企业内部控制基本规范》为依据,借鉴美国COSO的《内部控制——整合框架》《企业风险管理——整合框架》的精髓,结合国内外企业内部控制的实践经验,系统介绍内部控制的基本概念、基本理论、基本程序与基本方法。

要做到"好用"就得贴近实际,追求可操作性。本教材既未采用学术著作的专题论述方式,也未采用时下照搬照套国外做法的使用指南的编写方式,而是以介绍我国已经颁布且即将实施的《企业内部控制基本规范》为主,除第一章介绍国内外内部控制的起源、发展与现状以外,其他章节皆属于对《企业内部控制基本规范》的详细讲解,既可以促进监管部门更好地推进内部控制标准的建设和实施,也有利于推动企业更有效地实施内部控制规范,还有利于在校学生掌握内部控制实施的具体细节。为了增强理解性,本教材采用了大量的实际案例,这些案例既有上市公司的,也有非上市企业的;既有内部控制的失败教训,也有内部控制的成功经验。案例的引入是为了增强教材使用者对内部控制基本程序与基本方法的理解与掌握。

为做到"好看",我们认为教材的编写需要满足以下要求:一是篇幅不能太长,本教材短小精练,总共七章,Word字数仅二十余万字。二是要有图有表。纵观全书,本教材有大量的图表,从而使得教材不仅更加直观,而且更富有说服力。三是增加引例。我们在教材的每一章开篇都有一个引例,其作用是"引人入胜",帮助读者对该章内容先行进行把握。四是理论联系实际。教材的每一章都有许多的小案例与名人名言,这些小案例与名人名言可读性很强,可以对读者形成强大的吸引力。

以上只是我们对于教材要做到"知其然"和"知其所以然"、"好用"和"好看"的单方面理解,真正使用效果如何还得由读者来评判。本教材既适合会计学、财务管理专业与非会计学、财务管理专业的本科生使用,也适合MBA、MPA、MPAcc等专业硕士使用。当然,还可以作为企业开展内部控制内部培训的教材使用。

本教材是集体劳动的结晶,具体分工如下:池国华教授担任本教材的主编,不仅负责制定大纲、总纂和定稿,而且执笔第一章、第二章和第五章;樊子君博士担任本教材的副主编,执笔第三章和第七章;曲明讲师担任本教材的副主编,执笔第四章和第六章。在这里,我们还要感谢朱俊卿、张玉缺、乔跃峰、刘逢春、原国英、邵丛环、祁云智等硕士生对本教材的贡献,他们参与了案例资料的收集整理、部分初稿的撰写,而且作为本教材的第一批读者,为教材的完善提出了许多建设性的意见。也正因为有他们的参与,才使得教材与使用者更加贴近。

在本教材的写作过程中,我们参阅了国内外大量的文献和资料,其中信息明确的作者已列于脚注或参考文献之中,而信息不全的部分,因无法详细查证其出处,故不能列出。在此,对所有企业内部控制研究领域的专家和学者致以最诚挚的谢意。

最后，应该重点感谢的人是本书的编辑李娟和邢纺娟女士，没有她们的热情鼓励和认真编辑，就没有这本"既好用又好看"教材的面世！

本教材虽力求完善，然而由于时间仓促及能力有限，所以难免存在不足之处，敬请各位学者、专家和读者批评指正。

池国华

2010年1月于东北财经大学

目 录

第一章 内部控制发展概述 ………………………………… 1
 第一节 内部控制的历史演进 ………………………………… 3
 第二节 建立和实施内部控制的现实意义 ………………… 16
 第三节 我国内部控制的相关法规 ………………………… 22

第二章 内部控制的基本理论 ……………………………… 37
 第一节 内部控制的定义与本质 …………………………… 39
 第二节 内部控制的目标与类型 …………………………… 45
 第三节 内部控制的对象与要素 …………………………… 55
 第四节 内部控制的原则与局限性 ………………………… 60

第三章 内部环境 …………………………………………… 67
 第一节 组织架构 …………………………………………… 70
 第二节 发展战略 …………………………………………… 78
 第三节 人力资源 …………………………………………… 84
 第四节 社会责任 …………………………………………… 91
 第五节 企业文化 …………………………………………… 96

第四章 风险评估 …………………………………………… 103
 第一节 风险概述 …………………………………………… 106
 第二节 目标设定 …………………………………………… 109
 第三节 风险识别 …………………………………………… 115
 第四节 风险分析 …………………………………………… 120
 第五节 风险应对 …………………………………………… 127

第五章 控制活动 …………………………………………… 135
 第一节 不相容职务分离控制 ……………………………… 139
 第二节 授权审批控制 ……………………………………… 143
 第三节 会计系统控制 ……………………………………… 149
 第四节 财产保护控制 ……………………………………… 152
 第五节 预算控制 …………………………………………… 156

第六节　运营分析控制 …………………………………… 166
　　第七节　绩效考评控制 …………………………………… 171
第六章　信息与沟通 ………………………………………… 185
　　第一节　信息 …………………………………………… 187
　　第二节　沟通 …………………………………………… 193
　　第三节　信息技术与信息系统 …………………………… 203
第七章　内部监督 …………………………………………… 211
　　第一节　内部监督概述 …………………………………… 213
　　第二节　内部监督程序与方式 …………………………… 220
　　第三节　内部控制缺陷认定与内部控制评价 …………… 226
主要参考文献 ………………………………………………… 240
附录　企业内部控制基本规范 ……………………………… 242

21世纪经济与管理规划教材

财务管理系列

第一章

内部控制发展概述

【引言】

本章首先介绍了内部控制发展的五个阶段和最新进展,其次介绍了建立和实施内部控制的现实意义,最后介绍了我国内部控制的相关法规。

【学习目标】

完成本章的学习后,您将能够:
1. 熟悉内部控制发展的五个阶段和最新进展;
2. 了解内部控制的现实意义;
3. 了解我国内部控制的相关法规。

案例引入
英国巴林银行倒闭案

银行作为一国重要的金融基础,在国民经济发展中起到巨大的作用,加之其管理对象及本身性质的特殊性,导致其高负债和高风险经营。因此,银行更应重视内部控制建设,以防范风险。但事实并非如此,许多银行甚至是著名老牌商业银行都发生过因内部控制管理不善而导致严重损失的情况。

创建于1763年的巴林银行(Barings Bank),由于经营灵活变通、富于创新,很快就在国际金融领域获得了巨大的成功。20世纪初,巴林银行荣幸地获得了一个特殊客户:英国王室。由于巴林银行的卓越贡献,巴林家族先后获得了五个世袭的爵位。这一世界纪录奠定了巴林银行显赫地位的基础。

尽管是一家老牌银行,巴林银行还是一直都在积极进取:20世纪初进一步拓展了公司财务业务,获利颇丰;90年代开始向海外发展,在新兴市场开展广泛的投资活动,1994年先后在中国、印度、巴基斯坦、南非等地开设办事处。截至1993年年底,巴林银行的全部资产总额为59亿英镑,1994年税前利润高达15亿美元。其核心资本在全球1 000家大银行中排名第489位。

然而,这一具有233年历史、在全球范围内掌控270多亿英镑资产的巴林银行,竟毁于一个只有28岁的毛头小子尼克·李森(Nick Leeson)之手。李森未经授权在新加坡国际货币交易所(SIMEX)从事东京证券交易所日经225股票指数期货合约交易失败,致使巴林银行产生了高达6亿英镑的亏损,这一数字远远超出了该行的资本总额(3.5亿英镑)。

1995年2月26日,英国中央银行英格兰银行宣布:巴林银行不得继续从事交易活动并应申请资产清理。10天后,巴林银行以1英镑的象征性价格被荷兰国际集团收购。这意味着巴林银行的彻底倒闭。

巴林银行事件引发了人们的思考。从表面上看,交易员的违规操作直接导致了巴林银行的灭亡。然而,隐藏在背后的内部控制失效才是巴林银行倒闭的根本原因。那么,究竟什么是内部控制?它对于企业的生存和发展具有什么作用?在介绍内部控制的基本理论前,我们首先需要了解内部控制的历史和现实意义,并初步了解我国有关内部控制的法规。

资料来源:龚杰、方时,《企业内部控制——理论、方法与案例》,浙江大学出版社,2006年版。

第一节 内部控制的历史演进

内部控制的思想在人类日常经济生活中的运用由来已久。经过人类历史的漫长发展,现代内部控制作为一个完整的概念,于20世纪30年代被首次提出。此后,内部控制理论不断完善,逐渐被人们了解和接受。具体来说,内部控制理论和实务经历了大致五个发展阶段。

一、内部牵制阶段

早在公元前 3600 年以前的美索不达米亚文化时期,就已经出现了内部控制的雏形。在当时极为简单的财物管理活动中,经手钱财的人用各种标志来记录财物的生产和使用情况,以防止其丢失和被挪用。例如,经手钱财者要为付出款项提供付款清单,并由另一个记录员将这些清单汇总报告。

> 一豪财赋之出入,数人耳目之通焉。
> ——朱熹,《周礼·理其财之所出》

到 15 世纪末,随着资本主义经济的初步发展,内部牵制也发展到了一个新的阶段。以在意大利出现的复式记账方法为标志,内部牵制制度渐趋成熟。它的主要内容是账目间的相互核对及实施在一定程度上岗位分离。18 世纪产业革命以后,企业规模逐渐扩大,公司制企业开始出现,特别是公司内部稽核制度因收效显著而被各大企业纷纷效仿。当时,这种内部牵制制度主要由职责分工、会计记账、人员轮换等控制要素所构成,目的是防范财产物资流转和管理中的舞弊,保证企业资产的安全和完整。

20 世纪初期,西方资本主义经济得到了极大的发展,生产关系和生产力的重大变化促进了社会化大生产的发展、加剧了企业间的竞争,加强企业的内部控制管理成了关系到企业生死存亡的关键因素。因而在激烈的竞争中,一些企业逐步摸索出一些组织调节、制约和检查企业生产活动的办法,即当时的内部牵制制度。它基本上以查错防弊为目的,以职务分离和交互核对为手法,以钱、账、物等为主要针对事项,这也是现代内部控制理论中有关组织控制、职务分离控制的雏形。当时,一般认为,"内部牵制是账户和程序组成的协作系统,这个系统使得员工在从事本职工作时,独立地对其他员工的工作进行连续性的检查,以确定其舞弊的可能性"。对内部牵制的概念解释最为全面的是《柯勒会计辞典》(Kohler's Dictionary for Accountants)。《柯勒会计辞典》认为:"内部牵制是指以提供有效的组织和经营,并防止错误和其他非法业务发生的业务流程设计。其主要特点是以任何个人或部门不能单独控制任何一项或一部分业务权力的方式进行组织上的责任分工,每项业务通过正常发挥其他个人或部门的功能进行交叉检查或交叉控制。设计有效的内部牵制以使每项业务能完整、正确地经过规定的处理程序,而在这种规定的处理程序中,内部牵制机制永远是一个不可缺少的组成部分。"

案例 1-1　　国美一中层"独中"200 个特等奖的背后

重庆国美电器有限公司广告宣传部原主管王厚兰,在一年多的时间里创下了一个"中大奖"的纪录:从 2007 年 9 月到 2008 年 12 月,他一人先后狂中 200 个特等奖,独得奖金 79.984 万元。然而,王厚兰之所以能疯狂中奖,靠的不是运气,而是在自家公司开展的有奖促销活动中欺上瞒下、假冒顾客名义领奖。在人员众多的大型企业中，要神不知鬼不觉地独吞200个特等奖，本应是一件非常困难的事情，但王厚兰是如何做到的呢？

2007年9月至2008年12月，重庆国美电器公司开展了一场声势浩大的"刮刮卡刮奖促销"活动，奖项共分五等，其中最吸引人的是直返现金4 999元的特等奖。不少顾客闻讯后特意赶来一试运气。然而奇怪的是，在这一年多的时间里，重庆国美电器公司的30多家门店接待了成千上万名顾客，也有人中过奖金额度比较低的奖，却没有一名顾客刮中过特等奖。直到2008年12月，公司在一次审核过程中，发现一些特等奖领奖人购物发票上的姓名和领奖人的身份证复印件不一致，才意识到奖金有被侵占的嫌疑。12月9日，公司广告宣传部主管王厚兰因有重大嫌疑，接受了公司监察部的询问。随后他向总经理承认了自己冒领奖金的事实。按照常理，要独揽这些特等奖，王厚兰起码要通过三道关卡：一是要在众多奖券中，准确摸清哪些能中奖；二是要设法防止这些"特殊奖券"被投放到各个分店，流入顾客手中；三是向财务部门冒领奖金时，必须提供中奖人的购物凭证和身份证明，并成功通过上级的审核。巧合的是，这些关卡看似难以逾越，实际上的"把关权"却都掌握在王厚兰手中。另外，按照规定，分店的中奖顾客信息和报销费用也必须经过王厚兰审核。这才是导致他私吞大奖如探囊取物的真正原因。

法院审理认为，王厚兰作为非国有公司的工作人员，利用职务上的便利，非法占有巨额资金，已构成职务侵占罪。记者在采访中发现，王厚兰作为企业的一名中层管理人员，之所以能轻易地侵吞奖金，关键在于他一只手握着奖券的发放权，另一只手握着领奖的审核权，在一定程度上是"自己监督自己"。

从这个案件可以看出，权力必须接受制衡和监督。很多舞弊案件的发生，往往都是没有遵守最基本的不相容职务相分离的要求。所谓不相容职务，是指那些如果由一个人担任，既可能发生错误和舞弊行为，又可能掩盖其错误和舞弊行为的职务。不相容职务分离的核心是"内部牵制"。

资料来源：摘自新浪博客"李若山谈内控"，http://blog.sina.com.cn/s/blog_4d0da3240100lgxv.html，作者李若山。

内部牵制制度的出现有其科学合理性，主要基于以下两个假定：第一，因为相互有了制衡，在经办一项交易或事项时，两个或两个以上人员或部门无意识地犯同样错误的概率大大低于一个人或部门；第二，两个或两个以上人员或部门有意识地合伙舞弊的可能性大大低于一个人或部门。

由此可见，内部牵制的最初形式和基本形态是以不相容职务分离为主要内容的流程设计，其目的比较单一，即保证财产物资的安全和完整，防止贪污、舞弊。作为一种管理制度，内部牵制基本上不涉及会计信息的真实性和工作效率的提高问题，因此，其应用范围和管理作用都比较有限。到20世纪40年代末期，生产的社会化程度空前提高，股份有限公司迅速发展，市场竞争进一步加剧。为了在激烈的竞争中生存发展，企业迫切需要在管理上采用更为完善、有效的控制方法。同时，为了适应股份日益分散的形式和保护社会公众投资者的利益，西方国家纷纷以法律的形式要求企业披露会计信息，这样对会计信息的真实性就提出了更高的要求。因此，传统的内部牵制制度已经无法满足上述企业管理和会计信息披露的需要,现代意义上的内部控制的产生已经成为一种必然。

二、内部控制制度阶段

20世纪30年代至70年代初,内部控制制度的概念在内部牵制思想的基础上产生,它是传统的内部牵制思想与古典管理理论相结合的产物,是在社会化大生产、企业规模扩大、新技术的应用以及公司股份制形式出现等因素的推动下形成的。

最早提出内部会计控制系统的是1934年美国发布的《证券交易法》。该法规定:证券发行人应设计并维护一套能提供合理保证的内部会计控制系统。1949年,美国注册会计师协会(AICPA)所属的审计程序委员会发布了一份题为《内部控制:系统协调的要素及其对管理部门和独立公共会计师的重要性》的特别报告,首次正式提出了内部控制的权威性定义,即"内部控制包括组织机构的设计和企业内部采取的所有协调方法和措施,旨在保护资产,检查会计信息的准确性和可靠性,提高经营效率,促进既定管理政策的贯彻执行",这就形成了内部控制的思想。这一定义强调内部控制"制度"不局限于与会计和财务部门相关的控制方面,而且还包括预算控制、成本控制、定期报告、统计分析和内部审计等。但是由于审计人员认为该定义的含义过于宽泛,AICPA于1953年在其颁布的《审计程序说明》第19号中,对内部控制定义做了正式修正,并将内部控制按照其特点分为会计控制和管理控制两个部分,前者在于保护企业资产、检查会计数据的准确性和可靠性,后者在于提高经营效率、促使有关人员遵守既定的管理方针。这种划分是为了规范内部控制检查和评价的范围,缩小注册会计师的责任范围。

1958年,出于审计人员测试与财务报表有关的内部控制的需要,美国审计程序委员会又发布了第29号审计程序公报《独立审计人员评价内部控制的范围》,也将内部控制分为内部会计控制和内部管理控制两类,其中前者涉及与财产安全和会计记录的准确性、可靠性有直接联系的所有方法及程序,如授权与批准控制、对从事财物记录与审核的职务及从事经营与财产保管的职务实行分离控制、实物控制和内部审计等;后者主要是与贯彻管理方针和提高经营效率有关的所有方法及程序,一般与财务会计只是间接相关,如统计分析、时间动作研究、业绩报告、员工培训、质量控制等。该公报将内部控制一分为二,使得审计人员在研究和评价企业内部控制制度的基础上来确定实质性测试的范围和方式成为可能。由此内部控制进入"制度二分法"或"二要素"阶段。

1972年,美国审计准则委员会(ASB)在《审计准则公告第1号》中,重新并且更加明确地阐述了内部会计控制和内部管理控制的定义,指出:内部管理控制包括(但不限于)组织规划及与管理当局进行经济业务授权的决策过程有关的程序和记录。这种授权与完成该组织的经营管理目标有关,同时也是建立内部会计控制的起点。内部会计控制包括(但不限于)组织规划、保护资产安全以及与财务报表可靠性有关的程序和记录。因此,它应该合理地保证:(1)按照管理当局的授权进行工作;(2)经济业务的会计记录要符合公认的会计准则或标准;(3)只有经过授权才能接近资产;(4)账面资产要经常与实际资产进行核对,并对两者之间的差异采取适当措施。

三、内部控制结构阶段

20世纪80年代,资本主义进入发展的黄金阶段。这一阶段以及随后到来的滞胀使西方国家对内部控制的研究进一步深化,即人们对内部控制的研究重点逐步从一般含义向具体内容深化。在实践中审计人员发现很难准确区分内部会计控制和内部管理控制,而且后者对前者有很大影响,无法在审计时完全忽略。于是,1988年美国AICPA发布《审计准则公告第55号》(SAS55),并规定从1990年1月起取代1972年发布的《审计准则公告第1号》。这个公告首次以"内部控制结构"的概念代替"内部控制制度",明确"企业内部控制结构包括为提供取得企业特定目标的合理保证而建立的各种政策和程序"。该公告认为,内部控制结构由下列三个要素组成:

1. 控制环境

控制环境是指对建立、加强或削弱特定政策与程序的效率有重大影响的各种因素,包括:管理者的思想和经营作风;组织结构;董事会及其所属委员会,特别是审计委员会的职能;确定职权和责任的方法;管理者监控和检查工作时所使用的控制方法,包括经营计划、预算、预测、利润计划、责任会计和内部审计;人事工作方针及其执行;影响企业业务的各种外部关系,如与银行的关系等;等等。

2. 会计制度

会计制度是指为确认、归类、分析、登记和编报各项经济业务,明确资产与负债的经管责任而规定的各种方法,包括:鉴定和登记一切合法的经济业务;对各项经济业务进行及时和适当的分类,作为编制财务报表的依据;将各项经济业务按照适当的货币价值计价,以便列入财务报表;确定经济业务发生的日期,以便按照会计期间进行记录;在财务报表中恰当地表述经济业务及对有关的内容进行揭示。

> 制度好可以使坏人无法任意横行,制度不好可以使好人无法充分做好事,甚至会走向反面。
> ——邓小平

3. 控制程序

控制程序是指企业为保证目标的实现而建立的政策和程序,如经济业务和经济活动的适当授权;明确各个人员的职责分工,如指派不同的人员分别承担业务批准、业务记录和财产保管的职责,以防止有关人员对正常经济业务图谋不轨和隐匿各种错弊;账簿和凭证的设置、记录与使用,以保证经济业务活动得到正确的记载,如出厂凭证应事先编号,以便控制发货业务;资产及记录的限制接触,如接触电脑程序和档案资料要经过批准;已经登记的业务及其记录与复核,如常规的账面复核,存款、借款调节表的编制,账面的核对,电脑编程控制,以及管理者对明细报告的检查等。

内部控制结构阶段对于内部控制发展的贡献主要体现在两个方面:其一,控制环境首次被纳入内部控制的范畴。因为人们在管理实践中逐渐认识到控制环境不应该是内部控制的外部因素,而应该作为内部控制的一个组成部分来考虑,它主要表现在股东、董事会、经营者及其他员工对内部控制的态度和行为,是充分有效的内部控制体系得以建立和运行的坚实基础及有力保障。其二,不再区分会计控制和管理控制而统一以要素来表述。因为人们发现内部会计控制和管理控制在实践中其实是相互联系、难以分割的。

此时的内部控制融会计控制和管理控制于一体,从"制度二分法"步入了"结构分析法"阶段,即"三要素阶段"。这是内部控制发展史上的一次重要改变。

四、内部控制整合框架阶段

1992年9月,COSO发布了著名的《内部控制——整合框架》(Internal Control—Integrated Framework),并于1994年进行了修订。① 这一报告已经成为内部控制领域最为权威的文献之一。该报告是内部控制发展历程中的一座重要里程碑,其对内部控制发展的贡献可以概括为"一个定义、三项目标、五种要素"。

"一个定义"是指该报告对内部控制下了一个迄今为止最权威的定义:"内部控制是由企业董事会、经理阶层以及其他员工实施的,旨在为营运的效率和效果、财务报告的可靠性、相关法律法规的遵循性等目标的实现提供合理保证的过程。"

"三项目标"是指内部控制具有三项目标:经营目标、报告目标和合规目标。由此可见,财务报告的可靠性并不是内部控制唯一的目标,换言之,内部控制不等于会计控制。

"五种要素"是指内部控制是由五个相互独立而又相互联系的要素(控制环境、风险评估、控制活动、信息与沟通和监控)构成的,如图1-1所示。

(1) 控制环境。控制环境主要指企业内部的文化、价值观、组织结构、管理理念和风格等。这些因素是企业内部控制的基础,将对企业内部控制的运行及效果产生广泛而深远的影响。具体来说,包括员工的忠实程度和职业道德、人员的胜任能力、管理者的管理哲学和经营风格、董事会及审计委员会的构成、组织机构的权责划分、人力资源的政策等。

(2) 风险评估。风险评估是指识别和分析与实现目标相关的风险,并采取相应的行动措施加以控制。这一过程包括风险识别和风险分析两个部分。企业的风险通常主要来自外部环境和内部条件的变化。其中,风险识别包括对外部因素(如技术发展、竞争、经济变化)和内部因素(如员工素质、公司活动性质、信息系统处理的特点)进行检查。风险分析则涉及估计风险的重大程度、预测风险发生的可能性、如何控制风险等。

---

① COSO(Committee of Sponsoring Organizations)是Treadway委员会的发起组织委员会的简称。Treadway委员会即反欺诈财务报告全国委员会(National Commission on Fraudulent Financial Reporting),因其首任主席的姓名而通常被称为Treadway委员会。该委员会由美国注册会计师协会(AICPA)、美国会计协会(AAA)、国际财务经理协会(FEI)、内部审计师协会(IIA)、管理会计师协会(IMA)五个组织于1985年发起设立。1987年,Treadway委员会发布了一份报告,建议其发起组织沟通协作,整合各种内部控制的概念和定义。

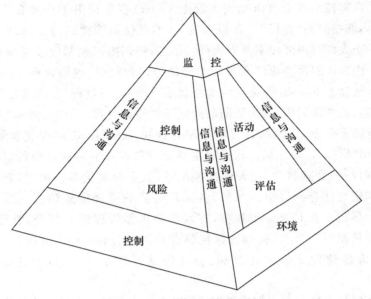

图 1-1　COSO 的企业内部控制整体框架

（3）控制活动。控制活动是指企业对所确认的风险采取必要的措施，以保证企业目标得以实现的政策和程序。一般来说，与内部控制相关的控制活动包括职务分离、实物控制、信息处理控制、业绩评价等。其中，职务分离是指为了防止单个雇员舞弊或隐藏不正当行为而进行的职责划分。一般来说，应该分离的职务有：业务授权与业务执行、业务执行与业务记录、业务记录与业务稽核等。实物控制是指对企业的具体实物所采取的控制行为，如针对现金、存货、固定资产、有价证券等所进行的控制。信息处理控制可分为两类：一般控制和应用控制。一般控制通常与信息系统的设计和管理有关，应用控制则与个别数据在信息系统中处理的方式有关。业绩评价是指将实际业绩与业绩标准进行比较，以便确定业绩的完成程度和质量。

（4）信息与沟通。信息与沟通是指为了使管理者和员工能够很好地行使职权与完成任务，企业各个部门及员工之间必须沟通与交流相关的信息。这些信息既有外部的信息，也有内部的信息。通常而言，信息与沟通包括确认记录有效的经济业务、采用恰当的货币价值计量、在财务报告中恰当揭示等。沟通的目的主要是让员工了解其职责，了解其在工作中如何与他人相联系，如何向上级报告例外情况。沟通的方式一般有政策手册、财务报告手册、备查簿，以及口头交流或管理示例等。

（5）监控。监控是指评价内部控制的质量，也就是评价内部控制制度的设计与执行情况，包括日常的监督活动、内部审计等。监督活动通常由内部审计、财务会计、人力资源等部门执行。他们定期或不定期地对内部控制制度的设计与执行情况进行检查和评估，与有关人员交流内部控制有效与否的信息，并提出改进意见，以保证内部控制能够随环境的变化而不断改进。[①]

---

① 李连华，《内部控制学》，厦门大学出版社，2007 年版。

同以往的内部控制理论及研究成果相比,COSO 报告提出了许多有价值的新观点:第一,明确对内部控制的"责任"。该报告认为,不仅仅是管理部门、内部审计或董事会,组织中的每一个人都对内部控制负有责任。第二,强调内部控制应该与企业的经营管理过程相结合。内部控制是企业经营过程的一部分,与经营过程结合在一起,而不是凌驾于企业的基本活动之上。第三,强调内部控制是一个"动态过程"。内部控制是一个发现问题、解决问题,发现新问题、解决新问题的循环往复的过程。第四,强调"人"的重要性。只有人才可能制定企业的目标,并设置控制的机制;反过来,内部控制也影响着人的行为。第五,强调"软控制"的作用。软控制主要是指那些属于精神层面的事物,如高级管理阶层的管理风格、管理哲学,以及内部控制意识、企业文化等。第六,强调风险意识。管理阶层必须密切注意各层级的风险,并采取必要的管理措施防范风险。第七,糅合管理与控制的界限。在 COSO 报告中,控制已不再是管理的一部分,管理和控制的职能与界限已经模糊了。第八,强调内部控制的分类及目标。COSO 报告将内部控制目标分为三类,即经营效率效果性目标、会计信息可靠性目标,以及法律法规遵循性目标。

由于 COSO 报告提出的内部控制理论和体系集内部控制理论与实践发展之大成,因此在业内备受推崇,已经成为世界通行的内部控制权威标准,被国际和各国审计准则制定机构、银行监管机构和其他机构采纳。

五、风险管理整合框架阶段

自 COSO 报告发布以来,内部控制框架已经被世界上的许多企业采用,但理论界和实务界也纷纷对该框架提出改进建议,认为其对风险的强调不够,使得内部控制无法与企业风险管理相结合(朱荣恩、贺欣,2003)。因此,2001 年,COSO 开展了一个项目,委托普华永道会计师事务所(PricewaterhouseCoopers)开发一个对于管理当局评价和改进他们所在组织的企业风险管理的简便易行的框架。正是在开发这个框架期间,2001 年 12 月,美国最大的能源公司之一的安然公司,突然申请破产保护,此后上市公司和证券市场丑闻不断,特别是 2002 年 6 月的世界通信(简称世通)公司会计丑闻事件,"彻底打击了投资者对资本市场的信心"(美国国会报告,2002)。美国国会和政府加速制定与采用新的法律试图改变这一局面。在这一背景下,2002 年 7 月美国总统小布什签署出台了《2002 年公众公司会计改革和投资者保护法案》,该法案由参议院银行委员会主席保罗·萨班斯(Paul Sarbanes)和众议院金融服务委员会主席迈克·奥克斯利(Mike Oxley)联合提出,又被称为《萨班斯-奥克斯利法案》(Sarbanes-Oxley Act,简称《SOX 法案》)。该法案是继美国《1933 年证券法》《1934 年证券交易法》以来的又一部具有里程碑意义的法案。《SOX 法案》强调了公司内部控制的重要性,从管理者、内部审计及外部审计等几个层面对公司内部控制作了具体规定,并设置了问责机制和相应的惩罚措施,成为继 20 世纪 30 年代美国经济危机以来,政府制定的涉及范围最广、处罚措施最严厉的公司法律。

资料介绍

《SOX法案》修订有利于中国企业赴美上市

自《SOX法案》颁布实施以来,5年时间已经过去。该法案在完善公司透明度、企业责任和公司治理等方面成效显著,不过,由于企业合规成本大幅上升,该法案也招致了不少批评,这些批评几乎都集中在404条款上。上个月,美国证券交易委员会(SEC)通过了修改404条款的"审计标准第5条(AS5)",此前公众公司会计监督委员会(PCAOB)也通过了AS5。日前,纳斯达克副董事长、《SOX法案》起草人之一的迈克尔·奥克斯利在北京表示,完全支持SEC和PCAOB对该法案的修改,相信这将有利于更多的中国企业到美国上市。

针对《SOX法案》对上市公司要求过于严厉这一批评,奥克斯利对记者表示,"实际上我们设立了最高的标准。最近俄亥俄州大学以及多伦多大学所做的调查显示,有很多公司愿意支付额外费用选择在美国上市,因为在美国上市代表更高的标准、更高的透明度以及更好的流动性。目前已经有更多国家开始效仿这种做法"。与《SOX法案》的严厉要求相比,"安然和世通丑闻对资本市场的打击是否更大呢?"他反问道。根据他的介绍,当年安然和世通丑闻导致美国资本市场上8万亿美元市值灰飞烟灭。而在该法案执行一段时间以后,市值就有所恢复。"这说明我们肯定有一些地方做对了",他说。

不过,"PCAOB制定的审计标准第2条(AS2)对《SOX法案》过于从字面上做解释,按照它的诠释来执行法案就会导致比较高昂的成本。因此,有关部门在征询国会和上市公司意见之后决定修改AS2,修改的目的是既能够在执行监管时提高上市公司的运营透明度,又能够降低监管运营成本。这项修改议案得到了国会和布什政府的大力支持,最终SEC主席考克斯明确声明,用新修订的AS5替代AS2",奥克斯利告诉记者。

在回答记者关于AS5与AS2的区别时,奥克斯利表示,AS5是从上至下的模式,对于小企业采取了更灵活、可伸缩的方式,基于以原则为导向的会计方法。而AS2则不管公司规模大小都按同一套方法执行,是以规则为导向的方法。同时,AS5更加基于风险进行监管。"监管当局和PCAOB会考虑到公司与市场最高风险进行相应监管,而不是像过去那样以公司所呈递上来的公司报告的页数来看其资料是否充足",他介绍说。

最近,纳斯达克已提出了完善AS5的7项建议。主要包括:为降低审计成本,审计师应专注于评估管理层制定的内部控制机制的有效性,而不是针对每一项措施;要更加明确和可行地定义重要性原则以支持管理层和审计师;在PCAOB内部设立稽查办公室,以支持那些认为内控机制被过度审计的发行人;制定明确的避免过度审计的政策;允许无重要弱点的公司隔年履行404条款中有关审计师的规定,每年履行有关管理层的规定;等等。

《SOX法案》实施之后,内地不少有意去境外上市的企业选择了香港和伦敦。上月初,最早进入美国资本市场的中国内地企业——华晨汽车宣布从纽交所退市。有分析人士认为,这些都是《SOX法案》所带来的负面影响。对此,奥克斯利没有做直接回应,而是强调了自去年以来到纳斯达克上市的中国内地公司数量不断创新高这一事实。目前,在纳斯达克上市的中国内地公司已经达到47家,他预计,到今年年底,上市的中国内地公司数量很可能超过美国以外的任何国家或地区。

资料来源:节选自《金融时报》2007年8月21日同名报道,作者袁蓉君。

延伸阅读 《萨班斯-奥克斯利法案》大限在即,中国公司冲刺

2004年9月,COSO在借鉴以往有关内部控制研究报告的基本精神的基础上,结合《SOX法案》在财务报告方面的具体要求,发表了新的研究报告——《企业风险管理框架》(Enterprise Risk Management Framework,简称ERM框架)。该框架指出,"全面风险管理是一个过程,它由一个主体的董事会、管理当局和其他人员实施,应用于战略制定并贯穿于企业之中,旨在识别可能会影响主体的潜在事项,管理风险以使其在该主体的风险容量之内,并为主体目标的实现提供合理保证"。这一阶段的显著变化是将内部控制上升至全面风险管理的高度来认识。

> 成功的秘诀有三条;第一,尽量避免风险,保住本金;第二,尽量避免风险,保住本金;第三,坚决牢记第一条、第二条。
>
> ——〔美〕沃伦·巴菲特,著名投资商

基于这一认识,COSO提出了战略目标、经营目标、报告目标和合规目标四类目标,并指出风险管理包括八个相互关联的构成要素:内部环境、目标设定、事项识别、风险评估、风险应对、控制活动、信息与沟通、监控。根据COSO的这份研究报告,内部控制的目标、要素与组织层级之间形成了一个相互作用、紧密相连的有机统一体系;同时,对内部控制要素的进一步细分和充实,使内部控制与风险管理日益融合,拓展了内部控制。企业风险管理整合框架如图1-2所示。

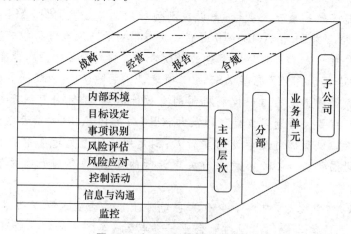

图1-2 企业风险管理整合框架

相对于《内部控制——整合框架》,ERM框架的创新在于:

第一，从目标上看，ERM框架不仅涵盖了内部控制框架中的经营性目标、财务报告可靠性目标和合规性目标，而且提出了一个更具管理意义和管理层次的战略管理目标，同时还扩大了报告的范畴。ERM框架指出，企业风险管理应贯穿于战略目标的制定、分解和执行过程，从而为战略目标的实现提供合理保证。报告范畴的扩大表现在内部控制框架中的财务报告目标只与公开披露的财务报表的可靠性相关，而ERM框架中的财务报告范围有很大的扩展，覆盖了企业编制的所有报告。

第二，从内容上看，ERM框架除了包括内部控制整体框架中的五个要素外，还增加了目标设定、风险识别和风险应对三个管理要素，目标设定、风险识别、风险评估与风险应对四个要素环环相扣，共同构成了风险管理的完整过程。此外，对原有要素也进行了深化和拓展，如引入了风险偏好和风险文化，将原有的"控制环境"改为"内部环境"。

第三，从概念上看，ERM框架提出了两个新概念——风险偏好和风险容忍度。风险偏好反映了企业对于风险的态度，是指企业在实现其目标的过程中愿意接受的风险的数量。企业的风险偏好与企业的战略目标直接相关，企业在制定战略时，应考虑将该战略的既定收益与企业的管理者风险偏好结合起来。风险容忍度是指在企业目标实现过程中对差异的可接受程度，是企业在风险偏好的基础上设定的在目标实现过程中对差异的可接受程度和可容忍限度。

第四，从观念上看，ERM框架提出了一个新的观念——风险组合观。企业风险管理要求企业管理者以风险组合的观念看待风险，对相关的风险进行识别并采取措施使企业所承担的风险在风险偏好的范围内。对企业的每个单位而言，其风险可能在该单位的风险容忍度范围内，但从企业总体来看，总风险可能超过企业总体的风险偏好范围。因此，应从企业整体的角度评估风险。

需要说明的是，ERM框架虽然晚于《内部控制——整合框架》产生，但是它并不是要完全替代《内部控制——整合框架》。在企业管理实践中，内部控制是基础，风险管理只是建立在内部控制基础之上的、具有更高层次和更有综合意义的控制活动。如果离开良好的内部控制系统，所谓的风险管理只能是一句空话而已。

案例 1-2　　　　探俏江南之变　寻资本利剑之痛

2008年9月，俏江南为寻求更大发展，引入鼎晖注资2亿元，占有其10.52%的股权，估值约为19亿元。最终，俏江南未能按照约定在2012年年末之前完成IPO上市。按照投资协议条款，上市夭折触发了股份回购条款，无钱回购导致鼎晖启动领售权条款，公司出售成为清算事件又触发了清算优先权条款。

2014年4月，CVC对俏江南采取杠杆收购，以3亿美元获得82.7%的股权，有1.4亿美元从银行融资获得，俏江南的股权也相应质押给了银行等债权方。日后，债务偿还就依靠俏江南的内部现金流来实现。另外有1亿美元是以债券的方式向公众募集而来，CVC自身实际只拿出6000万美元。在这笔交易中，俏江南的整体估值约为22.1亿元。据计算，张兰出售72%的股权能获得近16亿元，除了拿出4亿元补偿鼎晖之外，自己获得12亿元的套现款,具体她投入了多少则不得而知。

2014—2015年,公款消费的几近绝迹加之经济增速的放缓,CVC所期望的依靠俏江南的现金流来偿还并购贷款的设想无法实现,未能依约向银团偿还约1.4亿美元收购贷款,银团授权香港保华公司代表于2015年6月23日出任俏江南集团的董事。至此,张兰彻底出局,许多企业家都为她惋惜,他们认为,张兰不应该引狼入室,而这个所谓的"狼"就是资本。张兰曾直言:"引进他们(鼎晖)是俏江南最大的失误,毫无意义,民营企业家交学费呗!他们什么也没给我们带来,那么少的钱稀释了那么大的股份。"

事实上,没有一个创业者自甘退出历史舞台。如何在企业引进投资者的同时,了解一系列融资、上市、股权"条款",已成为企业家的头号难题。最好的办法是聘请自己的专业顾问,不管是融资顾问,还是律师,都要牢牢掌控住企业的生杀大权。

对赌具有一定的风险性。表面上看,俏江南是由于其未能如约上市进而引发了一系列的危机。根本原因则是企业自身未能对政策风险与融资风险产生警惕,重视不足。张兰在出售股份后,先失去对俏江南的掌控,后遭到诉讼,接着被冻结资产、扫地出门,而如今俏江南的发展轨迹严重偏离航线。这些事实提醒企业经营者,打铁还需自身硬,自身实力才是根本。

资料来源:改编自《中国食品报》2016年3月9日第6版同名报道,作者施建平。

六、内部控制的最新进展

(一)COSO《内部控制——整合框架》的更新

COSO《内部控制——整合框架》发布于1992年,21年过去了,资本市场和商业环境已经发生了天翻地覆的变化,这也要求其应有所调整。2013年5月14日,COSO发布了《2013年内部控制——整合框架》(简称新《整合框架》)及其配套指南。新《整合框架》的发布将有助于公司高管在企业运营、法规遵从以及财务报告等方面采取更为严密的内控措施,提升内控的质量。

新《整合框架》的内容涵盖:内容摘要、具体内容、多份附录、一份应用指南(提供解释性工具)以及一份概要(提供方法和示例说明在财务报告内部控制上的应用)。与旧版相比,新《整合框架》在基本概念、内容和结构,以及内部控制的定义和五要素、评价内控体系的有效性标准等方面均没有变化,因此新《整合框架》对于旧版而言不应称为改动,而是一种升级。其主要有三大亮点,即更实、更活、更稳。

首先,与旧版相比,新《整合框架》细化了董事会及其下设专业委员会的描述,且在里面提到了很多案例,以增强从业者对内控体系建设的理解。不过,更有意义的是新《整合框架》的一些实质性变动。新《整合框架》在继承了旧框架对内部控制的基本概念和核心内容的基础上,提供了内控体系建设的原则、要素和工具,具体的变化体现在突出了原则导向,即在原有五要素基础上提出了17项基本原则,并进一步提炼出82个代表相关原则的主要特征和重点关注点的要素,这是本次修改的亮点,使内控体系的评价更加有据可循。新《整合框架》提供了17项具体的原则,这是它比较"实"的地方,因为旧版的内控框架只有五个要素,更像是一个学术模型,具体要怎么做,并没有非常明确的答案。而这次COSO委员会提到的17项原则都是相对来说更明确的动作,这为企业做好内控提供了一套路线图,为企业评价内控提供了一张打分表。

其次,新《整合框架》强调企业可有自己的判断。新《整合框架》相对于旧框架,在内控建设和评价中,强调依赖于管理层自身的判断,而不是像原来一样要求严格基于证据。新《整合框架》强调董事会、管理层和内审人员拥有"判断力",这是它比较"活"的地方。新《整合框架》认为,内控如何实施,如何评价,如何认定有效性,企业可以有自己的判断。这本质上是在为内控解套,是新《整合框架》的灵魂。另外,新《整合框架》强调在内控建设过程中应注重与效率的结合,建议管理层通过判断,去除那些失效、冗余乃至完全无效的控制,提升控制的效率和效果,而非单纯地为了控制而控制。

最后,新《整合框架》强调内控有效性的认定。新《整合框架》对于如何确保内控体系的有效性进行了进一步澄清,尤其强调内控五要素中的每一项都会受到其他要素的影响,应视为一个整体来对待,并且描述了不同要素下的控制措施如何影响其他要素下的原则,有助于整合性地看待内控体系和控制措施,而非孤立对待。新《整合框架》在指出内控的局限性方面比旧框架更加明确,指出了内控在决策和应对外部事件中的局限性。这些都体现了新《整合框架》"稳"的方面。

随着我国内部控制规范体系的广泛深入实施,内控变成了上市公司的底线要求。这种从"前沿"到"底线"的变化,集中体现在上市公司要强制披露自己内控的有效性,并接受审计。那么,是不是审计通过了,上市公司就没风险、没问题了呢?实际情况并不是这样,一些风险事件还是发生了。所以,新的《整合框架》强调了内控对天灾(外部事件)和人祸(人为失误)无能为力。因此,既然旧框架已得到了修订,这势必也会影响到我国企业的内控建设。

(二) COSO企业风险管理框架的更新

紧随内部控制框架的修订,COSO于2014年10月21日宣布启动更新2004年企业风险管理框架的计划,并委托普华永道会计师事务所着手框架的更新。这项正在进行的企业风险管理框架更新工作将改进框架的内容,提升框架与日益复杂的商业环境之间的关联性,旨在:(1) 反映风险管理理论和实践,以及利益相关人预期的演进;(2) 开发相关工具,帮助管理层报告风险信息,检查和评估企业风险管理的实施情况。该项计划期望各类组织通过使用更新后的风险整体框架,可以对不确定性进行管理,测算可承受的风险水平,加深对于"机会"的理解,从而保护和增加企业的价值。自该计划宣布以来,普华永道一直都在COSO董事会的指导下,就围绕现有框架和改进建议开展调研,以寻求改进方案。

> **资料介绍**
>
> **《2013年内部控制——整合框架》的17项原则**
>
> 本框架确立了17项原则代表与每个控制要素相关的基本概念。因为这些原则直接从控制要素中提炼,所以一个组织可以直接应用这些原则来实施内部控制。这些原则都

可以应用于运营、报告和遵循三类目标。每个控制要素内的原则如下：

- 控制环境

1. 组织对正直和道德等价值观做出承诺。
2. 董事会独立于管理层，并对内部控制的推进与成效加以监督控制。
3. 管理层围绕其目标，在治理层监督下，建立健全组织架构、汇报关系以及合理的授权与责任等机制。
4. 组织对吸引、开发和保留与认同组织目标的人才做出承诺。
5. 组织根据其目标，使员工各自担负起内部控制的相关责任。

- 风险评估

6. 就识别和评估与其目标相关的风险，组织做出清晰的目标设定。
7. 组织对影响其目标实现的风险进行全范围的识别和分析，并以此为基础决定风险应如何进行管理。
8. 组织在风险评估过程中，考虑潜在的舞弊行为。
9. 组织识别和评估对内部控制体系可能造成较大影响的改变。

- 控制活动

10. 组织选择并开展控制活动，将风险对其目标实现的影响降到可接受水平。
11. 对（信息）技术，组织选择并开展一般控制，以支持其目标的实现。
12. 组织通过合理的政策制度和保证这些政策制度切实执行的流程程序，来实施控制活动。

- 信息与沟通

13. 组织获取或生成，并使用相关、有质量的信息来支持内部控制发挥作用。
14. 组织在其内部沟通传递包括内部控制的目标和责任在内的必要信息，以支持内部控制发挥作用。
15. 组织与外部相关方就影响内部控制发挥作用的事宜进行沟通。

- 监督活动

16. 组织选择、推动并实施持续且（或）独立的评估，以确认内部控制的要素是存在且正常运转的。
17. 组织在相应的时间范围内，评价内部控制的缺陷，并视情况与那些应采取正确行动的相关方（如高级管理层、董事会）沟通。

第二节 建立和实施内部控制的现实意义

伴随着我国企业的迅猛发展，各种潜在风险也日益显现，尤其是在遭遇百年罕见的国际金融危机的背景下，类似中航油新加坡有限公司因内部控制缺失或失效而引发的巨额资产损失、财务舞弊、会计造假、经营失效,甚至破产倒闭等案例时有发生。① 正如企业内部控制标准委员会秘书长、财政部会计司司长刘玉廷(2009)所指出的,尽管加强企业内部控制并不一定可以完全杜绝类似事件的发生,但缺乏有效的内部控制是万万不能的。企业只有建立和有效实施科学的内部控制体系,才能夯实内部管理基础、提升风险控制能力。在后金融危机时代,投资国际资本市场将成为不可逆转的潮流和趋势。面对国际市场日趋激烈的竞争和复杂环境,我国企业要真正实现"走出去"战略,必须苦练内功、强化内部控制,构筑"安全网"和"防火墙",才能实现可持续增长。

一、内部控制是企业实现管理现代化的科学方法

> 管理企业就好比驾驶一辆车,车速越快,越需要好的控制系统。
> ——〔美〕罗伯特·A.安东尼,著名管理学家

企业所追求的目标是生存、发展和获利,其中生存是前提,获利是目标,发展是途径。企业要想在市场中生存下去,并获得发展,最终实现获利,就需要建立现代企业制度。现代企业制度具有产权明晰、权责明确、政企分开、管理科学四项基本内容。它是以公司治理结构为核心的企业制度,明确划分了股东会、董事会、监事会和经理层的权力、责任和利益,从而形成相互制衡的关系。它实行的前提是所有权与经营权分离。由于两权分离,所有者与经营者之间不可避免地形成委托-代理关系。这种关系必然造成所有者在了解企业信息时处于不利地位,容易造成代理成本过高,导致"内部人控制"。为避免这种情况的出现,所有者必然要求建立完善的制度来监督经营者的行为,以保证所有者的权益不受侵害。

对于企业的经营者而言,要确保所有者授权经营资产的保值增值,就需要实施科学管理,而科学管理应该以战略管理为核心。战略是与企业目标相关联并且支撑其实现的基础,是企业与其组织环境相互作用以实现组织目标的综合性计划,是管理者为实现其企业价值最大化的根本目标而针对环境做出的一种反应和选择。对一个企业而言,如果没有明确的战略规划,在激烈竞争的市场环境中就容易迷失方向;当然,有了明确的战略规划,也不一定就能取得良好的经营业绩,因为战略目标的实现还需要战略实施。② 可见,战略的定位及其实施是贯穿企业整个经营过程的主线。对企业而言,战略定位是治理层所需要控制的,战略实施是管理层所需要控制的。企业正是通过有效和高效率地利用其资源、保障信息真实、合法合规经营等一系列措施来实现企业战略的。因此,企业的经营者需要通过建立和实施内部控制来对战略定位与战略实施的过程加以控制。

---

① 据不完全统计,截至2008年10月底,央企从事金融衍生品业务合约市值为1250亿元,形成了114亿元的浮动净亏损。
② 引自美国著名管理学教授罗伯特·A.安东尼等在其名著《管理控制系统》中所列举的一组数据,超过90%以上的商业性以及非营利性组织在战略实施过程中存在着问题。详见罗伯特·A.安东尼著,赵玉涛等译,《管理控制系统》,机械工业出版社,2004年版。

从我国目前的情况来看,企业的发展越来越受到市场的制约。在买方市场已经初步形成、竞争越来越激烈的背景下,市场越来越看重高质量、多品种、大品牌、低成本、规模经济的企业和产品,那种靠粗放型、高消耗、低质量、高成本来维持生产经营的企业将受到市场越来越严峻的挑战,从而越来越难以为继。这就迫使企业不得不苦练"内功",即重视自身管理水平的提高,通过控制成本费用来确保利润目标的实现。

案例 1-3　　从"邯钢经验"到"邯钢管理"

20世纪90年代初,全国钢铁行业进入下行周期。邯钢对二级分厂仍然实行计划经济管理模式,这仿佛是一堵无形的"墙",割断了二级分厂和市场之间的联系。墙外是波涛汹涌的市场经济大潮,总厂被市场风浪吹得难以招架;而墙内的分厂和职工却感受不到来自市场的巨大压力。面对这种形势,邯钢于1992年开始实施"模拟市场核算,实行成本否决"的经营机制,以企业效益为中心,大胆拆除市场与分厂之间的"隔墙","推墙入海",将市场机制引入企业内部经营管理。他们从市场接受的价格开始,用"倒推"的方法,通过挖掘潜力,测算出主导工序的目标成本,层层分解落实到每一名职工身上。

20年后的今天,下游市场需求不足、原燃料成本上升、钢材价格低位运行……"受国内外宏观经济环境影响,我国钢铁工业进入世界金融危机爆发以来的第二个困难时期",河北钢铁集团董事长、总经理王义芳如是判断。

"企业最大的危机并不是来自市场,而是来自企业内部。"面对严峻的市场形势,邯钢实施"铁前系统挖潜、钢后品质增效"的经营战略,深入推进6S精益管理工程,"邯钢经验"又被赋予了新内涵。

"我们把吨钢降本增效的目标锁定在350元,这个数据是根据市场成本倒推计算得出的盈利点",邯钢董事长李贵阳解释说。围绕"350元"目标,邯钢细化分解降本增效指标,从原料、焦化、烧结、炼铁、炼钢、轧钢等方面,进行全方位、深层次的工序优化,制定了38项重点保证措施。同时,以6S为基础,通过单元和系统的持续改善,追求卓越绩效,建设覆盖全员、全过程、全系统的精益管理模式。

2012年第一季度,邯钢靠技术降本、创新增效取得显著成绩。据估算,新区炼铁厂通过优化炉料结构配比、推行低硅冶炼技术等手段,降本6 400余万元;三炼钢厂通过中铁回收加大转炉配吃量等措施,实现降本增效3 800余万元;储运中心通过优化卸车和含铁物料回收利用等方法,降本1亿元……如果把38项重点保证措施全部计算在内,第一季度邯钢累计降本增效7亿元。

资料来源:改编自新华网2012年6月6日同名报道,作者王民。

我国企业环境所面临的另一种变化是,商品经营已经进入微利时代。根据中钢协发布的报告,2016年上半年我国钢铁行业实现利润125.87亿元,但销售利润率仅为0.97%;根据工信部发布的信息,2015年我国家电行业实现利润总额993亿元,但销售利润率仅为7.05%。微利时代的到来促使许多中国企业开拓新的经营领域,寻求新的经营方式——资本经营。但是资本经营较之传统的商品经营更加充满风险。再加上经济全球化、信息化、知识化的趋势,企业所面临的风险更加复杂和多变。如何规避和控制这些风险,除了企业领导人应具有高瞻远瞩的眼光外,更重要的是制度创新。而其中最重要的内容就是建立和实施内部控制制度。总之,一个重视内部控制的买方时代已经来临,如果企业再不重视内部控制,就会被时代淘汰。

从目前的状况来看,一些企业发展到一定阶段后,企业的机构设置、财务管理水平和人力资源的配备等方面不能适应企业进一步发展的需要,进而出现了企业的资金、人员失控现象,这种失控往往导致企业的失败。从严管理、实现管理创新、使传统的管理模式向现代企业的管理模式过渡、加强内部控制制度是企业实现管理现代化的科学方法,建立和健全内部控制制度是企业发展的必然结果。

案例 1-4 止于至善　涓滴成流　追求管理合理化

台塑由中国台湾地区著名企业家王永庆先生创办,至今已有55年的历史。台塑把西方先进的管理理论、日韩企业的管理经验与中国传统文化有机结合,探索出一套具有鲜明特色的管理模式——"合理化"管理模式,其核心为管理制度化、制度表单化、表单电脑化。

(1) 管理制度化。王永庆认为,管理的手段靠制度。有效的管理,要靠制度不断地检讨、修正与改善,有效的管理制度必须依靠认真地执行才能有所收获。

(2) 制度表单化。制度的执行靠规范,把制度内容以固定、规范的内涵表现出来,并有所量化、分类、评级,制度的执行就有了一半的基础。表格在台塑管理制度中具有很重要的地位,并直接影响每一项工作的完成效果。例如,台塑的投资项目申请均为表格形式,包括商品市场分析表、投资条件分析表、制造流程图,等等。

(3) 表单电脑化。台塑的制度强调一定要以表单、记录的形式表现出来,一方面有利于制度的数量化、规范化,便于执行;另一方面有利于制度的计算机化,以信息化系统的形式予以固化,反过来推动制度的执行。

资料来源:改编自《价值中国》2009年11月27日同名报道,作者贺宗春。

二、内部控制是防治会计信息失真的有效途径

在市场经济环境中,会计信息的重要性和作用已日益为人们所认识。无论是国家的宏观经济调控和监管、投资者的投资决策、债权人的信贷决策,还是企业管理当局的管理决策,都要以会计信息为依据;在两权分离的企业里,经营者向投资者报告受托责任的履行过程和履行结果,需要以会计信息为依据;国家、企业所有者、经营者和员工之间的利益分配,需要以会计信息为依据。因此,会计信息的真实性,成为相关各方利益的焦点。然而我国的会计信息质量不容乐观,会计信息失真现象普遍存在。

延伸阅读　中华人民共和国财政部会计信息质量检查公告(第二十二号)(节选)

就上市公司而言,发生过"琼民源""四川红光""东方锅炉""蓝田股份""银广夏"等会计造假案。尤其是

"银广夏"造假案,对股票市场影响巨大,危害深远;使投资者对股市失去信心,股票价格连续暴跌。股票市场长期不景气,与此不无关系。

案例 1-5 贵糖股份惊现"马桶效应":会计师事务所更替引爆重大丑闻

4月13日,贵糖股份(000833.SZ)发布《内部控制审计报告》《2012年度重大会计差错更正说明》及《前期重大会计差错更正公告》,因重大会计差错更正及追溯重述,调减了2011年度净利润5 251.20万元,调增2011年年初留存收益11 663.42万元,一并受调整影响的还有2010年及以前年度的财务状况和经营成果。

贵糖股份会计差错更正金额比例之大、追溯重述时间跨度之长令人震惊,而前任会计审计机构——上海东华会计师事务所广西分所(简称东华广西分所)历年给出的审计意见均为标准无保留意见。甚至时至今日,贵糖股份始终坚持认为公司的内控基本有效,仅仅存在成本核算不够准确的问题。

贵糖股份新聘审计机构——致同会计师事务所出具的《2012年度重大会计差错更正的专项说明》显示,公司通过期末暂估方式对蔗渣、原煤等大宗原材料的价格进行调整,导致各期营业成本的结转不准确,该项会计处理不符合《企业会计准则》的有关规定;2010年11月20日贵糖股份收到中华人民共和国最高人民法院(2005)民二监字第116-2号《民事裁定书》,最高院提审本案并中止原判决的执行,在贵糖股份很有可能需要履行担保责任的情形下,2010年并没有对此担保责任合理预计负债,预计负债2 434.29万元。

贵糖股份的会计差错更正,无疑说明了其内控几乎失效。但东华广西分所对其连续15年的审计结果均出具标准无保留意见,不能不令人浮想联翩。

资料来源:节选自《21世纪经济报道》2013年4月16日第14版同名报道,作者朱益民。

延伸阅读 重庆路桥的内部控制缺陷

一般而言,内部控制包括会计控制和管理控制,而会计控制运行的有效性与会计信息的质量直接挂钩,也就是说,会计信息失真必然伴随着内部控制失效。美国安然造假案之后,为了治理会计信息失真,美国颁布了《SOX法案》,其中规定CEO/CFO必须对公开披露的财务报告(年报和季报)进行个人书面认证。认证内容包括:(1)本人审查了报告。据本人所知,报告不存在有关重要事实的虚假陈述、遗漏或者误导,符合《证券交易法》的相关要求。(2)在关于公司的财务状况和经营成果的所有重要方面,报告所含财务陈述和信息均为公允表达。在内部控制方面,本人已经向公司外部审计和审计委员会披露了内部控制系统设计和运行的一切重大缺陷以及以往发生的、牵涉公司要员的欺诈行为。(3)本人负责建立和运行公司内部控制系统,在报告提交前90天内评估了内部控制系统的有效性,确认系统能够有效提供重要信息。(4)若内部控制系统发生重大变化,CEO/CFO须声明哪些因素导致了内部控制系统的重大变化,是否已经采取措施纠正内部控制系统的缺陷。从上述规定可以看出内部控制对会计报告真实性的重要程度。内部控制是防治会计信息失真的有效途径,这是国内外公认的措施(龚杰、方时雄,2006)。

三、内部控制是遏制经济犯罪的必要手段

近年来,各级经侦部门充分发挥职能作用,严厉打击各种经济犯罪活动,侦破了一大批大案要案,抓获了一大批经济犯罪嫌疑人,为国家、集体和人民群众挽回了大量的经济损失,取得了显著的成绩。但当前经济犯罪活动依然猖獗,经济犯罪形势依然严峻,经济犯罪案件还处于高发态势,经济犯罪总量居高不下,犯罪种类不断增多,涉及的领域和地域也不断扩大。可以说,对经济犯罪仅靠"打击"这一手段是不行的,必须同时使用"防范"手段,遵循"打防结合、以防为主、标本兼治"的方针,才能从源头上遏制经济犯罪的发生。

经济犯罪有一个共同的特点,即罪犯所在单位的内部控制比较薄弱,甚至根本没有。任何人的自觉性都是有限的,无数事实反复证明:失去控制的权力必然产生贪污腐败和违法犯罪。因此,要减少违法犯罪的机会和条件,加强各单位的内部控制制度建设是重要举措之一。只有在有效的内部控制环境下工作和生活,人们才有可能遵守法律和道德规范,否则极有可能贪欲膨胀,走上违法犯罪的道路。因此,高尚的道德品质和自觉守法行为大多产生于健康有效的内部控制环境中。所以说,内部控制是遏制经济犯罪的必要手段。

总而言之,内部控制的完善不能一蹴而就,企业应提高对内部控制的重视,建立和完善企业的内部控制制度,让内部控制真正在企业经营管理中发挥其应有的作用,促进企业的发展,从而改变当前企业由于内部控制缺失或失效而造成的大量造假、会计信息失真、财务舞弊、经济犯罪的现象,以维护正常的社会经济秩序,让内部控制制度成为企业化解风险、创造效益的武器。

延伸阅读 中石化经理跑路事件折射"内控犯罪"现象

案例 1-6　南航董事长司献民被查

民航系统的反腐风暴不断发酵,昨天,又一位该系统的"大老虎"落马。中纪委官网昨天发布消息称,中国南方航空集团公司党组副书记、总经理,中国南方航空股份有限公司董事长司献民涉嫌严重违纪,目前正接受组织调查。

公开简历显示:司献民,1957 年 11 月出生,中共党员,清华大学经管学院高级工商管理硕士,政工师。1975 年参加工作,曾任南航河南分公司政治处副主任、主任,民航贵州航空有限公司党委书记、副总经理,中国南方航空股份有限公司党委副书记、纪委书记,中国南方航空集团公司北方公司党委书记,中国南方航空股份有限公司总经理。现任中国南方航空集团公司党组副书记、总经理,中国南方航空股份有限公司董事长。第十二届全国人大代表。

值得注意的是,去年 11 月到 12 月,中央巡视组对南航集团进行了专项巡视。巡视发现了不少问题,如:南航营销领域贪腐问题多发,在协调航线、编排航班、客货销售中存在权钱交易、利益输送问题;采购、维修等领域存在寻租等廉政风险;执行财经制度不严,资金管理使用不规范;工程建设领域违纪违法问题多发;公款吃喝时有发生,公款打高尔

夫球问题有禁不止;干部选拔任用不规范、不严格,买官卖官、带病提拔等问题反映较多;落实"两个责任"不到位,监督管理失于宽软等。

在巡视组巡视后不久,南航集团就接连有多位高管落马。公司副总经理陈港,运行总监田晓东,公司董事、副总经理、财务总监、总会计师徐杰波,公司副总经理周岳海等,均因涉嫌职务犯罪被立案侦查。

公开报道显示,这还不是南航首次经历反腐风暴。2010年,南航股份有限公司原总工程师张和平与其他6名中层被"带走"。2013年年底,南航又有4名员工被调查。短短5年时间,南航集团先后有十几名管理人员被调查。

以上这些触目惊心的数字催人深省:那些"大老虎""小苍蝇"的犯罪行为之所以肆虐猖獗,根本原因在于权力的行使缺乏制度的约束。要实现企业的"长治久安",必须依靠健全和有效执行的内部控制制度,将经济犯罪行为扼杀在制度的摇篮里。

资料来源:改编自《北京晨报》2015年11月5日第20版同名报道,作者邹乐。

第三节 我国内部控制的相关法规

我国市场经济迅猛的发展实践远远超前于企业管理和控制的理论研究和与政策规范,"摸着石头过河"成为我国经济发展中现实和无奈的选择。我国股市的众多公司舞弊案给广大投资者和新生的资本市场留下了令人痛心的阴霾。如何有效治理公司舞弊,维持企业有效运营,以保护广大投资者的利益和保障资本市场的健康发展,已经成为影响我国经济持续发展的问题。国外的监管者和理论界将目光投向了内部控制,并取得了一定的成效,其理论研究和内部控制实践为我国提供了可以借鉴的内容。

20世纪90年代以来,在借鉴其他国家和经济组织内部控制规范的基础上,我国内部控制规章制度从无到有,取得了迅猛发展。①

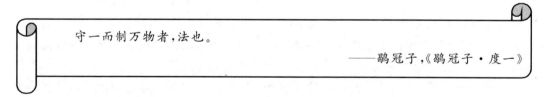

守一而制万物者,法也。

——鹖冠子,《鹖冠子·度一》

一、《会计法》有关内部会计监督的规定

1999年颁布的新《会计法》是我国第一部体现内部会计控制要求的法律,该法将企业(单位)内部控制制度当做保障会计信息"真实和完整"的基本手段之一。《会计法》第27条明确提出,各单位应当建立健全本单位内部会计监督制度,单位内部会计监督制度应当符合下列要求:记账人员与经济业务事项和会计事项的审批人员、经办人员、财物保管人员的职责权限应当明确,并相互分离、相互制约;重大对外投资、资产处置、资金调度和

---

① 张颖、郑洪涛,《企业内部控制》,机械工业出版社,2009年版。

其他重要经济业务事项的决策和执行的相互监督、相互制约程序应当明确。财产清查的范围、期限和组织程序应当明确；对会计资料定期进行内部审计的办法和程序应当明确。虽然该条款没有直接提到内部控制，但其具体监督内容都符合内部控制的基本要求。

这是我国对内部控制的最高法律规范。但因为是《会计法》，所以规范的内容局限于内部会计控制的要求，没有涉及全部内部控制的内容。

二、审计署有关内部控制的规定

2004年，为了规范审计人员在审计过程中对被审计单位内部控制的测评行为，保证审计工作质量，审计署根据《中华人民共和国国家审计基本准则》，制定《审计机关内部控制测评准则》，自2004年2月1日起施行。该准则共24条，主要规定了内部控制测评的程序与方法。

该准则明确了内部控制的定义，内部控制是指被审计单位为了维护资产的安全、完整，确保会计信息的真实、可靠，保证其管理或者经营活动的经济性、效率性和效果性并遵守有关法规，而制定和实施相关政策、程序与措施的过程。内部控制由控制环境、风险评估、控制活动、信息与沟通和监督五个要素组成。该准则明确了建立健全内部控制并保证其有效实施是被审计单位的责任，审计人员的责任是对内部控制的健全性和有效性进行评价。

2010年9月，审计署颁布了《中华人民共和国国家审计准则》（审计署令第8号），并自2011年1月1日起施行；原《审计机关内部控制测评准则》同时废止。《中华人民共和国国家审计准则》共七章二百条，涉及内部控制的主要有：

（1）责任认定。审计机关和审计人员执行审计业务，应当区分被审计单位的责任和审计机关的责任。其中，在财政收支、财务收支以及有关经济活动中，履行法定职责、遵守相关法律法规、建立并实施内部控制、按照有关会计准则和会计制度编报财务会计报告、保持财务会计资料的真实性和完整性，是被审计单位的责任。

（2）内部控制审计范围。审计人员可以从以下五个方面调查了解被审计单位相关内部控制及其执行情况：① 控制环境，即管理模式、组织结构、责权配置、人力资源制度等；② 风险评估，即被审计单位确定、分析与实现内部控制目标相关的风险，以及采取的应对措施；③ 控制活动，即根据风险评估结果采取的控制措施，包括不相容职务分离控制、授权审批控制、资产保护控制、预算控制、业绩分析和绩效考评控制等；④ 信息与沟通，即收集、处理、传递与内部控制相关的信息，并能有效沟通的情况；⑤ 对控制的监督，即对各项内部控制设计、职责及其履行情况的监督检查。

（3）内部控制测试的要求。审计人员认为存在下列情形之一的，应当测试相关内部控制的有效性：① 某项内部控制设计合理且预期运行有效，能够防止重要问题的发生；② 仅实施实质性审查不足以为发现重要问题提供适当、充分的审计证据；③ 审计人员决定不依赖某项内部控制的，可以对审计事项直接进行实质性审查；④ 被审计单位规模较小、业务比较简单的，审计人员可以对审计事项直接进行实质性审查。

另外，2014年1月审计署发布《内部审计工作规定（征求意见稿）》，指出内部审计是单位（或组织）的内部审计机构或者人员，实施的一种独立、客观的确认和咨询活动，通过运用系统、规范的方法,审查和评价单位的业务活动、内部控制和风险管理的适当性及有效性,以促进单位完善治理、增加价值和实现目标。企业、国家机关、事业单位、社会团体以及其他单位的内部审计机构应当对其内部控制情况进行评审。

三、银监会有关内部控制的规定

2004年8月20日,中国银行业监督管理委员会(简称银监会)第25次主席会议通过《商业银行内部控制评价试行办法》,自2005年2月1日起施行。该办法明确商业银行内部控制评价是指对商业银行内部控制体系建设、实施和运行结果独立开展的调查、测试、分析和评估等系统性活动。内部控制评价包括过程评价和结果评价。商业银行应建立并保持系统、透明、文件化的内部控制体系,定期或当有关法律法规和其他经营环境发生重大变化时,对内部控制体系进行评审和改进。商业银行内部控制评价由银监会及其派出机构组织实施。

2007年7月26日,银监会发布《商业银行内部控制指引》,首次以法规形式明确商业银行的内部控制。

2014年9月,银监会对2007年颁布的《商业银行内部控制指引》进行了修订完善,主要从以下四个方面引导商业银行强化内控管理:(1)内控评价方面,细化要求持续改进。补充完善了内控评价的工作要求,要求商业银行建立内部控制评价制度,明确内部控制评价的实施主体、频率、内容、程序、方法和标准,强化内部控制评价结果运用,推动内控评价工作制度化、规范化,以利于促进商业银行不断改进其内控设计与运行。(2)内控监督方面,建立健全长效机制。修订的指引单设章节,从内、外部两方面提出内控监督的相关要求。商业银行应构建覆盖各级机构、各个产品、各个业务流程的监督检查体系,银监会及其派出机构通过非现场监管和现场检查等方式实施对商业银行内部控制的持续监管,强调发挥内外部监督合力。(3)监管约束方面,加大违规处罚力度。增加了有关违反规定的处罚措施。银监会及其派出机构对内部控制存在缺陷的商业银行,责成其限期整改,对逾期未整改的商业银行,根据有关规定采取监管处罚措施。(4)监管引领方面,充分体现原则导向。对商业银行风险管理、信息系统控制、岗位设置、会计核算、员工管理、新机构设立和业务创新等提出了内部控制的原则性要求,没有针对具体业务的章节和条款。

此次修订使内容更加全面,体现了原则性、导向性的要求,有利于引导商业银行秉承稳健经营的理念,根据自身发展需要,科学确定内控管理重点,合理配置资源,提高内控管理的有效性。

四、保监会有关内部控制的规定

早在1999年,中国保险监督管理委员会(简称保监会)就颁布了《保险公司内部控制制度建设指导原则》。该指导原则对于推动保险公司加强内控建设起到了积极的作用,但由于缺乏相应的配套措施,落实情况不尽如人意。

2006年1月10日,保监会颁布《寿险公司内部控制评价办法(试行)》,旨在通过加强并规范内部控制评价工作,最终推动寿险公司完善内部控制。

2010年8月,保监会制定了《保险公司内部控制基本准则》。该准则自2011年1月1日起施行,此前的《保险公司内部控制制度建设指导原则》同时废止。该准则借鉴国际经验,基于前期公司和监管部门的实践,提出了三个层次的内控活动框架。即将保险公司所有内控活动分为前台控制、后台控制和基础控制三个层次。前台控制是对直接面对市场和客户的营销及交易行为的控制活动;后台控制是对业务处理和后援支持等运营行为的控制活动;基础控制是对为公司经营运作提供决策支持和资源保障等管理行为的控制活动。

2015年12月,为进一步加强保险资金运用内部控制建设,提升保险机构资金运用内部控制管理水平,有效防范和化解风险,根据《中华人民共和国保险法》《保险资金运用管理暂行办法》及相关规定,保监会制定了《保险资金运用内部控制指引》及《保险资金运用内部控制应用指引》(第1—3号)。

该指引采取总、分框架结构,包括两个层面:一是总指引,明确了保险资金运用内部控制目标、原则和基本要素,并围绕资金运用内部控制的内部环境、风险评估、控制活动、信息与沟通和内部监督等要素,细化了关键控制点及控制活动等。二是配套应用指引,主要针对保险资金具体投资领域的内部控制建设,包括对职责分工与授权批准、投资研究与决策控制、投资执行控制、投资后管理等重点环节内部控制的标准和要求。

总指引与配套应用指引共同组成"1+N"的保险资金运用内部控制指引体系,更加体系化和具有操作性。在首次发布的《保险资金运用内部控制应用指引》(第1—3号)中,分别对银行存款投资、固定收益投资、股票和股票型基金投资的关键环节制定了内控标准和流程,将有效防范上述投资领域的主要风险和问题,比如股票投资领域的资产配置风险、内幕交易和利益输送风险等问题。

五、证监会有关内部控制的规定

2001年1月31日,证监会发布《证券公司内部控制指引》,指出公司内部控制包括内部控制机制和内部控制制度两个方面。其中,内部控制机制是指公司的内部组织结构及其相互之间的运行制约关系;内部控制制度是指公司为防范金融风险,保护资产的安全与完整,促进各项经营活动的有效实施而制定的各种业务操作程序、管理方法与控制措施的总称。

2006年6月5日,上海证券交易所正式对外发布了《上海证券交易所上市公司内部控制指引》,并自2006年7月1日起正式实施。这是我国首部指导上市公司建立健全内控机制的规范性文件,类似于美国证监会颁布的《SOX法案》,意在推动和指导上市公司建立健全和有效实施内部控制制度,提高上市公司的风险管理水平,保护投资者的合法权益。《上海证券交易所上市公司内部控制指引》对企业的影响主要包括两个方面:一方面,强制性地要求上市公司在定期报告和临时公告中披露内部控制制度的实施情况;另一方面,对上市公司建立健全和有效实施内部控制制度、提高上市公司的风险管理水平提出了规范性的指导意见。

2006年9月28日,深圳证券交易所发布了《深圳证券交易所上市公司内部控制指引》,要求深市主板上市公司自即日起至2007年6月30日建立起完备的内部控制制度,并从 2007 年年报开始,按照内控指引的要求披露内控制度的制定和实施情况。《深圳证券交易所上市公司内部控制指引》共 70 条,包括总则、基本要求、对控股子公司的管理控制、关联交易的内部控制、对外担保的内部控制、募集资金使用的内部控制、重大投资的内部控制、信息披露的内部控制等章节。该指引强调,公司的控制活动应当涵盖公司所有的运营环节,并重点加强对控股子公司的管理、关联交易、对外担保、募集资金使用、重大投资(含委托理财)、信息披露等控制活动;明确公司董事会对内部控制负责;要求公司设立专职部门负责内部控制,定期向董事会报告;要求发现内部控制存在重大问题时,公司董事会应报告交易所并公告。

近年来,证监会在对上市公司内部控制信息披露进行审查中发现,上市公司内部控制评价信息披露存在一定的问题,包括内部控制评价报告内容与格式不统一,内部控制缺陷认定和分类标准制定不恰当,披露不充分,缺陷认定主观性强、随意性大,评价结论不客观等。因此,2014 年 1 月,为进一步规范上市公司内控信息披露,证监会在总结经验的基础上,与财政部联合发布《公开发行证券的公司信息披露编报规则指引第 21 号——年度内部控制评价报告的一般规定》。

该规定明确了内部控制评价报告构成要素,并针对核心构成要素,如重要声明、内部控制评价结论、内部控制评价工作情况等,逐一说明了需要披露的主要内容及相关要求。对于内部控制评价结论,该规定要求披露财务报告内部控制是否有效的结论,并披露是否发现非财务报告内部控制重大缺陷。对于内控评价工作情况,该规定要求区分财务报告内部控制与非财务报告内部控制,分别披露重大、重要缺陷认定标准、缺陷认定和整改情况等。

> 法律决非一成不变的,相反地,正如天空和海洋因风浪而起变化一样,法律也因情况和时运而变化。
> ——〔德〕黑格尔,《法哲学原理》

六、国资委有关内部控制的规定

为增强企业竞争力,提高投资回报,促进企业持续、健康、稳定发展,根据《中华人民共和国公司法》《企业国有资产监督管理暂行条例》等法律法规,国务院国有资产监督管理委员会于 2006 年 6 月 20 日出台了《中央企业全面风险管理指引》(简称《指引》)。

《指引》共 10 章 70 条,借鉴了发达国家有关企业风险管理的法律法规、国外先进的大公司在风险管理方面的通行做法,以及国内有关内控机制建设方面的规定,对中央企业开展全面风险管理工作的总体原则、基本流程、组织体系、风险评估、风险管理策略、风险管理解决方案、监督与改进、风险管理文化、风险管理信息系统等方面进行了详细阐述,对《指引》的贯彻落实也提出了明确的要求。

《指引》规定,对于央企开展全面风险管理要努力实现五大总体目标:一是确保将风险控制在与总体目标相适应并可承受的范围内;二是确保内、外部,尤其是企业与股东之间实现真实、可靠的信息沟通,包括编制和提供真实、可靠的财务报告;三是确保遵守有关法律法规;四是确保企业有关规章制度和为实现经营目标而采取重大措施的贯彻执行,保障经营管理的有效性,提高经营活动的效率和效果,降低实现经营目标的不确定性;五是确保企业建立针对各项重大风险发生后的危机处理计划,保护企业不因灾害性风险或人为失误而遭受重大损失。

按照《指引》的规定,风险管理的基本流程应包括:收集风险管理初始信息、进行风险评估、制定风险管理策略、提出和实施风险管理解决方案,以促进风险管理的监督与改进。企业应本着从实际出发、务求实效的原则,以对重大风险、重大事件(指重大风险发生后的事实)的管理和重要流程的内部控制为重点,积极开展全面风险管理工作。具备条件的企业应全面推进、尽快建立全面风险管理体系,其他企业应制定开展全面风险管理的总体规划,分步实施,可先选择发展战略、投资收购、财务报告、内部审计、衍生产品交易、法律事务、安全生产、应收账款管理等一项或多项业务开展风险管理工作,建立单项或多项内部控制子系统;通过积累经验,培养人才,逐步建立健全全面风险管理体系。此外,企业开展全面风险管理工作,应注重防范和控制风险可能给企业造成的损失与危害,也应把机会风险视为企业的特殊资源,通过对其进行管理,为企业创造价值,促进经营目标的实现。

《指引》指出,一般情况下,对战略、财务、运营和法律风险,可采取风险承担、风险规避、风险转换、风险控制等方法。对能够通过保险、期货、对冲等金融手段进行理财的风险,可以采用风险转移、风险对冲、风险补偿等方法。企业应根据不同业务的特点统一确定风险偏好和风险承受度,即企业愿意承担哪些风险,明确风险的最低限度和最高限度,并据此确定风险的预警线及采取相应的对策。确定风险偏好和风险承受度,要正确认识和把握风险与收益的平衡,防止和纠正忽视风险的行为,以及片面追求收益而不讲条件、范围,认为风险越大、收益越高的观念和做法;同时,也要防止单纯为规避风险而放弃发展机遇。

七、财政部有关内部控制的规定

(一)企业内部控制规范体系

2006年3月5日,温家宝总理在第十届全国人大第四次会议上作政府工作报告时指出,我国应当引进、借鉴国外先进管理经验,规范公司治理结构,完善内控机制与管理制度,推进制度创新。为此,按照总理要求,2006年7月15日财政部会同有关部门发起成立具有广泛代表性的企业内部控制标准委员会,共同研究推进企业内部控制规范体系建设问题,加快推进我国企业内部控制标准体系建设。2008年、2010年财政部会同证监会、审计署、银监会、保监会先后发布《企业内部控制基本规范》和《企业内部控制配套指引》,标志着我国适用于大中型企业的内部控制规范体系基本形成,主要包括基本规范、配套指引、解释公告与操作指南三个层次,如图1-3所示。

其中,基本规范是内部控制体系的最高层次,起统驭作用;配套指引是内部控制体系的主要内容,是为促进企业建立、实施和评价内部控制,规范会计师事务所内部控制审计行为所提供的指引;解释公告是就内部控制规范体系实施过程中所出现的新情况和新问

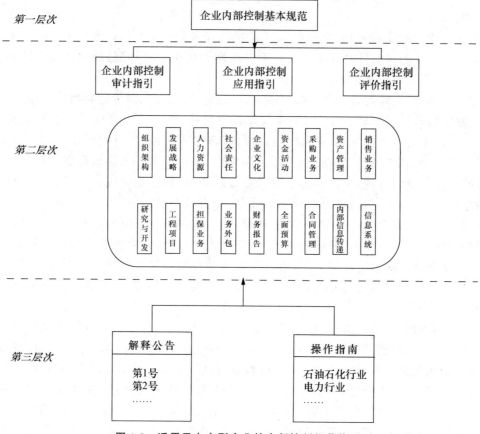

图 1-3 适用于大中型企业的内部控制规范体系

题的解答,是对内部控制规范体系的重要补充;操作指南是对不同行业的企业内部控制规范体系的建设方法、控制程序、实施步骤、考核办法等的具体规范,是内部控制规范体系落地具体行业、具体企业的实际应用指南,同时也是内部控制规范体系的重要组成部分。

1. 基本规范

根据财政部等五部委的文件精神,颁布《企业内部控制基本规范》的目的是加强和规范企业内部控制,提高企业经营管理水平和风险防范能力,促进企业的可持续发展,维护社会主义市场经济秩序和社会公众利益。该规范确立了我国企业建立和实施内部控制的基础框架,是我国内部控制建设的纲领性文件。它描述了建立与实施内部控制体系必须依托的框架结构,规定了内部控制的定义、目标、原则、要素等,是制定应用指引、评价指引、审计指引和企业内部控制制度的基本依据。

《企业内部控制基本规范》可以概括出"五个五",即"五个部委联合发布""五个目标""五个原则""五个要素""五十条"(刘玉廷,2010)。其中,"五个目标"是指"合理保证企业经营合法合规、资产安全、财务报告及相关信息真实完整、提高经济效率和效果、促进企业实现发展战略"。这里"合理保证财务报告及相关信息真实完整"与公司年度财务报告密切相关。这表明,加强企业内部控制建设对于合理保证年报质量是极为重要的。《SOX法案》404条款主要就是基于这方面的考虑设计的。"五个原则"是指内部控制建设应当遵循的原则,即"全面性、重要性、制衡性、适应性、成本效益"原则。"五个要素"是指企业建立与实施有效的内部控制应当包括的要素,即"内部环境、风险评估、控制活动、信息与沟通、内部监督"。该规范共7章50条,各章分别是:总则、内部环境、风险评估、控制活动、信息与沟通、内部监督和附则。

《企业内部控制基本规范》坚持立足我国国情、借鉴国际惯例,确立了我国企业建立和实施内部控制的基础框架,并在以下方面取得了重大突破:

(1) 科学界定内部控制的内涵。强调内部控制是由企业董事会、监事会、经理层和全体员工实施的、旨在实现控制目标的过程,有利于树立全面、全员、全过程控制的理念。

(2) 准确定位内部控制的目标。要求企业在保证经营管理合法合规、资产安全、财务报告及相关信息真实完整、提高经营效率和效果的基础上,着力促进企业实现发展战略。

(3) 合理确定内部控制的原则。要求企业在建立和实施内部控制全过程中贯彻全面性原则、重要性原则、制衡性原则、适应性原则和成本效益原则。

(4) 统筹构建内部控制的要素。有机融合世界主要经济体加强内部控制的做法和经验,构建了以内部环境为重要基础、以风险评估为重要环节、以控制活动为重要手段、以信息与沟通为重要条件、以内部监督为重要保证,相互联系、相互促进的五个要素的内部控制框架。

(5) 开创性地建立了以企业为主体、以政府监管为促进、以中介机构审计为重要组成部分的内部控制实施机制。要求企业实行内部控制自我评价制度,并将各责任单位和全体员工实施内部控制的情况纳入绩效考评体系;国务院有关监管部门有权对企业建立并实施内部控制的情况进行监督检查;明确企业可以依法委托会计师事务所对本企业内部控制的有效性进行审计,出具审计报告。

2. 配套指引

《企业内部控制基本规范》为企业内部控制体系建设勾勒了宏观的基本框架,但没有从具体要素内涵和业务层面为企业提供具体指引。《企业内部控制配套指引》颁布的目的就是促进企业建立、实施和评价内部控制,规范会计师事务所内部控制审计行为。《企业内部控制配套指引》在遵循基本规范的定义、目标、原则和要素的基础上为企业提供更为细化和明确的操作标准,是对基本规范的进一步补充和说明,具有指导性、示范性、应用性和实操性的特点。

《企业内部控制配套指引》由《企业内部控制应用指引》(共21项,已发布18项,涉及银行、证券和保险等业务的3项指引暂未发布)《企业内部控制评价指引》和《企业内部控制审计指引》组成。其中,应用指引是为企业按照内部控制原则和内部控制五要素建立健全本企业内部控制所提供的指引,在配套指引乃至整个内部控制规范体系中占据主体地位;评价指引是为企业管理层对本企业内部控制有效性进行自我评价提供的指引;审计指引是注册会计师和会计师事务所执行内部控制审计业务的执业准则。三者之间既相互独立又相互联系,形成了一个有机整体。

(1) 应用指引

《企业内部控制应用指引》可以划分为三类：内部环境类指引、控制活动类指引、控制手段类指引。这三类指引基本涵盖了企业资金流、实物流、人力流和信息流等各项业务及事项。

内部环境是企业实施内部控制的基础，支配着企业全体员工的内控意识，影响着全体员工实施控制活动和履行控制责任的态度、认识和行为。内部环境类指引有5项，包括组织架构、发展战略、人力资源、企业文化和社会责任等指引。

控制活动类指引是对各项具体业务活动实施的控制。此类指引有9项，包括资金活动、采购业务、资产管理、销售业务、研究与开发、工程项目、担保业务、业务外包、财务报告等指引。

控制手段类指引偏重于"工具"性质，往往涉及企业整体业务或管理。此类指引有4项，包括全面预算、合同管理、内部信息传递和信息系统等指引。

(2) 评价指引

内部控制评价是指企业董事会或类似决策机构对内部控制的有效性进行全面评价、形成评价结论、出具评价报告的过程。在企业内部控制实务中，内部控制评价是极为重要的一环，它与日常监督共同构成了对内部控制制度本身的控制。《企业内部控制评价指引》的主要内容包括：实施内部控制评价应遵循的原则、内部控制评价的组织、内部控制评价的内容、内部控制评价的流程与方法、内部控制评价缺陷的认定、内部控制评价报告及其报送与披露。

(3) 审计指引

内部控制审计是指会计师事务所接受委托，对特定基准日企业内部控制设计与运行的有效性进行审计。它是企业内部控制规范体系实施中引入的强制性要求，既有利于促进企业健全内部控制体系，又能增强企业财务报告的可靠性。《企业内部控制审计指引》的主要内容包括：审计责任划分、审计范围、整合审计、计划审计工作、实施审计工作、评价控制缺陷、出具审计报告以及记录审计工作。

3. 解释公告

解释公告是财政部等五部委针对企业内部控制规范体系实施过程中出现的新情况和新问题的明确及解答，是政府监管机构对企业内部控制规范体系实施过程的监控和反馈。其发布的目的是具体解释企业内部控制规范体系实施过程中出现的问题，及时对规范体系进行有益补充，形成政策制定者与政策实施者之间的良性互动，完成规范体系试点工作，从而推动其顺利实施。

(1) 企业内部控制规范体系实施相关问题解释第1号

《企业内部控制基本规范》及其配套指引于2011年1月1日在境内外同时上市的公司和部分在境内主板上市的公司实施与试点。在一年的具体执行过程中，纳入实施范围的企业反映了一些问题。为此，财政部等五部委对这些问题进行了研究，并征求了有关上市公司、咨询公司等单位的意见，在此基础上制定了《企业内部控制规范体系实施中相关问题解释第1号》(简称《解释公告1号》)，并于2012年2月印发。

《解释公告1号》对企业内部控制规范体系的10个重要问题进行了解释，具体如规范体系的强制性与指导性关系、规范体系的实施范围、规范体系与其他监管部门规定的关系、内部控制与风险管理的关系、规范体系的政策盲区、内部控制的成本与效益、内部控制与其他管理体系的关系、内部控制缺陷的认定标准、内部控制机构设置、内部控制评价报告等。

（2）企业内部控制规范体系实施相关问题解释第2号

2012年以后，企业内部控制规范体系在我国境内主板上市公司正式实施，在实施过程中出现了一些新情况、新问题，部分企业还存在理解认识上的不到位和实际执行上的偏差。为了稳步推进规范体系的贯彻实施，财政部等五部委对这些新情况、新问题进行了认真研究，并征求了有关上市公司、咨询机构和有关部门的意见，制定了《企业内部控制规范体系实施中相关问题解释第2号》（简称《解释公告2号》），并于2012年9月印发。

《解释公告2号》对企业内部控制规范体系的10个重要问题进行了解释，具体如内部控制组织实施、内部控制实施的进度与重点、内部控制人才队伍培养、集团企业内部控制评价、中介机构工作、内部控制评价组织形式、内部控制缺陷处理、会计师事务所工作、内部控制审计、小型企业内部控制建设等。

4. 操作指南

尽管《企业内部控制基本规范》为我国企业内部控制的建立和实施提供了基本框架，《企业内部控制配套指引》为我国企业内部控制实施过程中的具体业务控制提供了具体的操作标准，但《企业内部控制配套指引》只是对一般生产型工业企业常见的18项业务的内部控制加以规范，而执行企业内部控制规范体系的企业数量众多、业务类型多样，且分布于各个行业，规范体系在不同行业企业的具体落实仍需要具体操作指南加以规范和引导。因此，为了满足不同行业企业的个性化需求，对内部控制规范体系的建设方法、控制程序、实施步骤、考核办法进行行业内的具体规定，财政部启动了分行业的内部控制操作指南的编制工作，以期为各类企业建设实施内部控制规范体系提供经验借鉴和具体的实务操作指导。截至当前，财政部已经编制并发布了石油石化行业和电力行业的操作指南。

2013年12月28日，财政部根据《公司法》《会计法》《证券法》《企业内部控制基本规范》及《企业内部控制配套指引》等相关规定编制并发布了《石油石化行业内部控制操作指南》。之所以选择石油石化行业作为编制操作指南的起点，是基于以下两点考虑：一方面，石油石化行业关乎国家的能源安全，是国家的经济命脉。中石油、中石化、中海油三大石油公司作为我国国民经济的重要支柱，承担着保证国家石油能源安全的重任。另一方面，三大石油公司作为较早在境内外同时上市的公司，自21世纪初就按照《SOX法案》的要求，遵循COSO内控框架，建立了较为完善的内部控制体系，同时也是实施我国企业内部控制规范体系的首批企业，积累了应对境内外资本市场严格监管的丰富经验。

该操作指南依据《企业内部控制基本规范》及其配套指引，在借鉴和吸收三家石油石化企业内控管理成果和具体经验做法的基础上，以内部控制五大要素为主线（以内部环境为基础，以风险评估为关键，以控制活动为重点，以信息与沟通为条件，以检查与评价为保证），以三家企业上、中、下游的主要业务为基本内容，以现代信息技术为手段，以内部控制缺陷原因分析及改进作为补充，分析提出了石油石化行业内部控制的设计原则、基本思路和建设方法,总结归纳了石油石化行业公司层面和一般业务层面存在的具体风险和相应的控制措施,形成了具有石油石化行业特点的内部控制建设与实施的操作指南。该操作指南共8章,包括总论、内部环境建设、风险评估、主要业务控制活动、信息系统内部控制的应用与保障、信息与沟通、内部控制的检查与评价、常见内部控制缺陷原因分析及改进等。

继《石油石化行业内部控制操作指南》发布后,2014年12月财政部又推出了《电力行业内部控制操作指南》。该指南在对电力行业历史沿革、发展趋势、产业特点和管理现状深入分析的基础上,科学规划了电力企业内部控制规范体系建设路线图及实施方案。在总结发电、输配电、变电、电力建设、电力设计和其他电力辅助产业等全产业链管理经验的基础上,该指南系统地提出了建立以内部控制环境建设为基础、以分享管理控制为导向、以控制活动为手段、以信息与沟通为桥梁、以内部监督为促进的闭环运行的电力企业内部控制体系。该指南共7章,分别为:电力行业基本情况与内部控制建设背景、内部控制体系建设与运行、内部环境、风险评估、控制活动、信息与沟通、内部监督等。该指南属于参考性文件,供电网企业、发电企业、电力建设企业、电力设计企业和其他辅助性电力企业在内部控制体系的建立、实施、评价与改进工作中参考使用。由于电力行业包含发电、输电、配电、变电、电力建设、电力设计及电力辅助等多个环节,产业链覆盖电网、发电、电力建设、电力设计等多类企业,业态分布广泛,管控模式各不相同,各电力企业可以参考本指南提供的基本思路,结合内外部环境、发展阶段和业务规模等因素,探索建立并实施符合本企业实际的内部控制体系及内部控制操作手册。

延伸阅读 我国上市公司2014年实施企业内部控制规范体系情况分析报告(节选)

(二)行政事业单位内部控制规范

为配合深化行政体制改革的迫切需要,积极推动和建设职能科学、结构优化、廉洁高效、人民满意的服务型政府,切实贯彻落实十八大提出的"健全权力运行制约和监督体系""让权力在阳光下运行"的工作任务,加快涉及公共财政领域的配套改革,是有效推进政治经济体制改革的重要突破口。为此,财政部于2012年11月出台了《行政事业单位内部控制规范(试行)》,并自2014年1月1日起施行。

《行政事业单位内部控制规范(试行)》的颁布与实施,标志着社会主义市场经济体制的完善,首先表现为政府职能的转变已成为现实,全行业时代推行和实施内部控制的机遇期已趋于成熟。以推行和开展有效内部控制、提升管理效率和水平为目的的科学管理机制,已开始从企业管理领域的应用,逐步拓展到包括政府公共服务管理领域在内的全社会各个领域的管理工作中来。

根据《行政事业单位内部控制规范(试行)》的定义,行政事业单位内部控制是指通过制定制度、实施措施和执行程序,实现对行政事业单位经济活动风险的防范和管控,包括对其预算管理、收支管理、政府采购管理、资产管理、建设项目管理以及合同管理等主要经济活动的风险控制。行政事业单位实施内部控制的具体工作包括梳理单位各类经济活动的业务流程,明确业务环节,系统分析经济活动风险、确定风险点、选择风险应对策略,在此基础上根据国家有关规定建立健全各项内部管理制度并督促相关工作人员认真执行。

《行政事业单位内部控制规范(试行)》共包括 6 章 65 条,前五章是对行政事业单位内部控制的具体要求,包括第一章总则、第二章风险评估和控制方法、第三章单位层面内部控制、第四章业务层面内部控制、第五章评价与监督、第六章附则(规定了其具体施行的时间)。其中,业务层面的内部控制包括预算业务控制、收支业务控制、政府采购业务控制、资产控制、建设项目控制以及合同控制,涵盖了行政事业单位最主要的经济活动。

自《行政事业单位内部控制规范(试行)》发布实施以来,全国各行政事业单位积极推进内部控制建设,取得了初步成效。但也存在部分单位重视不够、制度建设不健全、发展水平不均衡等问题。为此,2015 年 12 月财政部印发了《财政部关于全面推进行政事业单位内部控制建设的指导意见》(财会〔2015〕24 号),行政事业单位内控工作进入新一轮发力期。该指导意见明确强调,行政事业单位内部控制建设要坚持全面推进、坚持科学规划、坚持问题导向、坚持共同治理。其中在坚持问题导向方面,该指导意见要求,行政事业单位应当针对内部管理的薄弱环节和风险隐患,特别是涉及内部权力集中的财政资金分配使用、国有资产监管、政府投资、政府采购、公共资源转让、公共工程建设等重点领域和关键岗位,合理配置权责,细化权力运行流程,明确关键控制节点和风险评估要求,提高内部控制的针对性和有效性。同时,该指导意见还提出了全面推进行政事业单位内部控制建设的总体目标,并确定了四项主要任务,还按照共同治理的要求,从加强组织领导、抓好贯彻落实、强化督导检查和深入宣传教育等四个方面做出部署、提出要求。

(三) 小型企业内部控制规范

2017 年 6 月,财政部正式颁布《小型企业内部控制规范(试行)》,这一制度的出台将填补"大众创业、万众创新"浪潮下小型企业建立健全内部控制规范体系的制度空白。

《小型企业内部控制规范(试行)》包括总则、内部控制建立与实施、内部控制监督、附则等四章共四十条。在内部控制建立与实施方面,规范主要明确了小企业内部控制建立与实施工作的总体要求,风险评估的对象、方法、内容、方式、频率,特别说明了小企业常见的风险类别、常用的风险应对策略,明确了小企业建立内部控制的重点领域、常见的内部控制措施等。

当前,小型企业的良好发展已经成为推动我国经济转型升级的重要力量,引导和推动内控建设,对于小型企业尤其是小型上市公司而言,在提高管理水平、降低经营风险、减少各类经济损失,以及降低因内部控制本身而带来的成本负担和效率损失,促进小型企业健康成长和科学发展等方面,具有重要的战略意义。

目前,除主板上市公司之外,中小板、创业板上市公司并未纳入《企业内部控制基本规范》及其配套指引的强制实施范围,而是自愿参照《企业内部控制基本规范》及其配套指引开展内部控制建设和实施,这些企业在参照执行的过程中,出现了适用性不强、实施成本过高等问题。对此,此次发布的《小型企业内部控制规范(试行)》在设计时就考虑到小型企业的需求,例如对小型企业内部控制采用"实质重于形式"的原则,意味着小型企业不用拘泥于具体的形式和手段,只要实现控制目标即可。再如,对于部分内部控制手段采用非强制性要求,便于小型企业采用最符合自身实际情况的手段开展内部控制工作,切实为小型企业降低成本。对于非上市的小型企业而言,《小型企业内部控制规范

(试行)》的定位是为小企业在建设和实施内部控制体系时提供指南和参考性标准,由小企业自愿选择采用,不要求强制执行,目的是引导小企业建立和有效实施内部控制,提高小企业的经营管理水平和风险防范能力,推动我国广大小企业规范健康发展。

本章小结

现代内部控制作为一个完整的概念,于20世纪30年代被首次提出。此后,内部控制理论不断完善,逐渐被人们了解和接受。具体来说,内部控制理论和实务经历了大致五个发展阶段:内部牵制阶段、内部控制制度阶段、内部控制结构阶段、内部控制整合框架阶段、风险管理阶段。

内部控制制度作为组织内部的一种制度安排,对于企业合理支配和利用资源、有效应对风险从而实现价值创造的终极目标具有不可估量的作用。它是企业实现管理现代化的科学方法,是防治会计信息失真的有效途径,是遏制经济犯罪的必要手段。

20世纪90年代以来,在借鉴其他国家和经济组织内部控制规范的基础上,我国内部控制从无到有,取得了迅猛发展,内部控制的法规也在日臻完善。我国内部控制的相关法规主要包括:最早的《会计法》中有关内部会计监督的规定;作为国家审计机关的审计署出台的有关内部控制测评的规定;反映行业特点的银监会与保监会出台的有关内部控制的规定;针对上市公司的证监会、证交所出台的有关内部控制的规定;作为国有资产监管部门的国资委出台的中央企业全面风险管理的规定;财政部联合证监会、审计署、银监会、保监会等四部委共同发布的《企业内部控制基本规范》及其配套指引、解释公告与操作指南;财政部发布的《行政事业单位内部控制规范(试行)》《小型企业内部控制规范(试行)》等。

思考题

1. 内部控制理论的发展经历了哪些阶段?其标志性成果是什么?
2. 为什么说内部牵制制度有其合理性?
3. COSO报告中如何定义内部控制的概念?"过程"反映了内部控制的什么特征?
4. 分析COSO前后两份报告的联系和区别。
5. 建立和实施内部控制的现实意义有哪些?
6. 请对"《企业内部控制基本规范》是中国版的《SOX法案》"这一说法进行评述。
7. 请评述COSO的最新进展及其意义。
8. 请评述我国适用于大中型企业的内部控制规范体系。
9. 请阐述财政部制定并颁布《行政事业单位内部控制规范(试行)》的意义。
10. 为什么财政部又制定并出台了《小企业内部控制规范(试行)》?

案例分析

银行业内部控制——生死攸关的大事

银行业向来是内部控制的重灾区。因为内部控制的缺失,从巴林银行到法国兴业银行,再到国内四大国有商业银行接连出现问题,次贷危机爆发又导致美林和花旗巨亏、雷曼兄弟倒闭。在全球风险加剧的形势下,全球银行业狼狈不堪。

相对于制造业而言,内部控制是银行业更为重要的根本,是其生死攸关的大事。没有有效的内部控制制度的支撑,银行业就像在高空中走钢丝,随时都可能掉下来。下面列举了2008年以来国内外银行内部控制缺失的惨案:

1. 法国兴业银行

世界上最大的银行集团之一、法国第二大银行——法国兴业银行由于内部交易员违规操作,导致其2008年出现71亿美元的巨额亏损,成为迄今为止由单个交易员所导致的最大一桩案件。

2. 花旗/美林

受次贷危机影响,美国最大的银行花旗集团和美林集团2007年第四财季出现了创纪录的98.3亿美元的净亏损。

3. 瑞银

受美国次贷危机影响,瑞银2007年第四季度计提了140亿美元的资产减值,从而使该公司第四季度的亏损额达到创纪录的125亿瑞士法郎,约合114亿美元。瑞银2007年全年的亏损额也将上升至44亿瑞士法郎。

4. IMB银行

因次贷而亏损的美国IMB银行,由于11天内13亿美元被挤提一空,存款准备金率低到美国联邦储备委员会设定的红线以下,被美国联邦存款保险公司托管。这是美国因次贷危机倒下的最大的一家银行,也是美国历史上倒闭的第二大金融机构。

5. 内华达州第一国民银行/加利福尼亚州第一传统银行

美国银行业监管部门——联邦存款保险公司2008年7月25日宣布,位于内华达州的第一国民银行和位于加利福尼亚州的第一传统银行停业。

6. Ozarks社区银行

美国联邦存款保险公司2012年12月15日宣布,密苏里州金融监管部门已经关闭该州Ozarks社区银行(Community Bank of the Ozarks),后者的资产将被Sullivan银行收购。Ozarks社区银行成为2012年迄今美国第51家破产的银行,同时也是密苏里州2012年迄今第4家破产的银行,其他3家破产的银行分别为Excel Bank、Truman Bank以及Glasgow Savings Bank。

资料来源:改编自吴益兵,《银行业内部控制专刊》,豆丁网,http://www.docin.com/p-401017576.html,2013年8月4日。

根据上述案例,结合你对内部控制的理解,回答以下问题:

(1) 为什么内部控制对于银行业来说生死攸关?

（2）你认为应该如何避免银行破产？

技能训练题

请分行业收集并整理最近十年经营失败（包括破产、退市等情形）的中国上市公司案例，并分组从内部控制的角度分析其经营失败的主要原因。

第二章

内部控制的基本理论

【引言】

本章主要依据《企业内部控制基本规范》介绍了内部控制的定义、本质、目标、类型、对象、要素等一系列基本理论问题,同时明确了内部控制建立和实施的原则,指出内部控制具有局限性。

【学习目标】

完成本章的学习后,您将能够:
1. 理解内部控制的定义和本质;
2. 掌握内部控制的目标,理解内部控制的类型;
3. 理解内部控制的对象,熟悉内部控制的要素;
4. 理解内部控制建立和实施的原则,掌握内部控制的局限性。

案例引入
北大荒因何陷入衰败?

北大荒被誉为"农业蓝筹第一股",旗下拥有黑龙江地区的大片农地,土地升值的潜力较大。

北大荒的业绩曾经非常辉煌,在 2008—2012 年的五年中,其每年的土地承包收入分别达 12.92 亿元、13.61 亿元、14.96 亿元、17.28 亿元和 20.07 亿元,而同期营业成本仅为数十万元。但从 2012 年开始,其净利润开始逐年下滑,被曝出房地产项目违规拆借资金近 10 亿元的丑闻,项目资金"消失",子公司财务管理混乱等问题频现。2013 年北大荒的报表为其上市 11 年来最糟糕的业绩报表,净利润亏损达 1.87 亿元。同时,北大荒存在多项信息披露违规行为。经黑龙江证监局核查,在 2012 年 8 月至 2013 年 7 月间,北大荒下属子公司发生 10 余起诉讼,累计诉讼金额达 7.37 亿元,超过公司 2012 年经审计净资产的 10%。除部分诉讼在 2013 年 8 月 22 日公告披露外,其余均未披露;在对外拆借资金、关联方借款等方面,北大荒也"多次发生信息披露违规行为",证监部门对北大荒下达了行政监管措施决定书。这些情况确实反映出企业在内部管理控制方面存在漏洞。2012 年和 2014 年,瑞华会计师事务所对北大荒内控审计报告出具否定意见,指出了其内控存在九项重大缺陷和四项重要缺陷。

那么内部控制究竟是一种什么机制?组织要通过内部控制达到什么样的目标?内部控制包含哪些内容和要素?为了保障控制目标的实现,内部控制的建立和实施过程中要遵循哪些原则?为什么内部控制不能绝对保证组织不出任何问题?它的局限性又是什么?

资料来源:改编自刘子阳,"北大荒的内控漏洞",《法治周末》,2013 年 9 月 18 日。

第一节 内部控制的定义与本质

> 一个国家乃至一个民族,其衰亡是从内部开始的,外部力量不过是其衰亡前的最后一击。
> ——〔英〕阿诺尔德·约瑟·汤因比,著名历史学家

一、内部控制的定义

内部控制是指为确保实现企业目标而实施的程序和政策。内部控制的产生和发展总是与社会生产力和人类经营管理方式等因素密切相关的,由于经济、政治及其法律等背景的影响以及各领域发展的不均衡,不同的组织和机构基于不同的角度与层次,对内

部控制的定义有着不同的理解和认识。以下为美国、英国、加拿大及我国对内部控制的定义。由于美国 COSO 对内部控制的定义已在第一章详述，故本章不再重述。

（一）美国 PCAOB 对内部控制的定义

美国公众公司会计监督委员会（PCAOB）发布的"审计准则第 2 号"规定，注册会计师对企业财务报告进行审计必须关注财务报告内部控制，同时管理层应该对企业内部控制做出评估。所谓财务报告内部控制，是指在企业主要的高级管理人员、主要财务负责人或行使类似职能的人员的监督下设计的一套流程，并由公司的董事会、管理层和其他人批准生效。该流程可以为财务报告的可靠性及根据公认会计原则编制的对外财务报表提供合理保证，它包括如下政策和程序：(1) 保管以合理的详尽程度、准确和公允地反映企业交易与资产处置的有关记录；(2) 为按照公认会计原则编制财务报表记录交易，以及企业的收入和支出是按照管理与公司董事会的授权执行，提供合理的保证；(3) 为预防或及时发现对财务报表有重大影响的未经授权的企业资产的购置、使用或处理，提供合理保证。可见，PCAOB 所规定的财务报告内部控制的定义也属于会计控制的范畴。

（二）英国《Turnbull 指南》中的内部控制框架

英国综合守则是 1998 年由英国公司治理委员会（也称 Hampel 委员会）制定的，主要内容为上市公司所应遵守的关于公司治理的各项标准。《Turnbull 指南》，即《内部控制——综合守则》的董事指南，是由英格兰和威尔士特许会计师协会出台的关于如何满足综合守则的操作性指导，后被综合守则收录成为其中的一部分。

《Turnbull 指南》中的内部控制框架与 COSO 较为相似，也把控制分为经营、财务和合规三个方面，同时给出了与 COSO 相似的内部控制元素，包括：风险评估、控制环境、控制活动、信息和沟通、监控。《Turnbull 指南》的特点是更加关注风险与控制的关系并更加着重阐述这种关系。该指南把风险管理、内部控制和商业目标联系起来，指出：风险管理是企业每个人的责任；董事会应当在获得信息和做出承诺的基础上仔细检查公司制度的有效性，并在遇到风险时做出快速反应；强调了内部审计的职能，以确保公司经营目标的实现。

（三）加拿大 CoCo 委员会对内部控制的定义

加拿大特许会计师协会（CICA）下属的控制基准委员会（The Canadian Criteria of Control Board，简称 CoCo 委员会）专门对控制系统的设计、评估和报告进行研究，并发布相关指南。其中，CoCo 委员会于 1995 年发布的《控制指南》(*Guidance on Control*，简称《CoCo 指南》)将"内部控制"的定义扩展到"控制"，其定义为：控制是将一个企业中包括资源、系统、过程、文化、结构和任务等在内的要素结合在一起，支持并实现企业的目标的过程。该定义有四个要点：(1) 控制需要全员参与，包括董事会、经理层和所有员工；(2) 控制只对企业目标的实现提供合理保证，而不是绝对保证；(3) 控制的最终目标是创造价值，而不是单纯地控制成本；(4) 有效的控制需要保持独立性和整体性、稳定性和环境适应性之间的平衡。

（四）我国对内部控制的定义

我国财政部联合其他四部委于 2008 年 6 月发布的《企业内部控制基本规范》指出，

"内部控制是由企业董事会、监事会、经理层和全体员工实施的、旨在实现控制目标的过程"。可见,我国对于内部控制的定义主要借鉴了COSO报告的精神。

为了更好地理解这个定义,我们有必要对这一定义做进一步的说明:

第一,内部控制的主体属于企业的内部人员,即内部控制来自企业的内部需求。如果控制者来自企业组织外部,那么由其对企业实施的控制就属于外部控制,如税务控制、政府审计控制。在内部控制过程中,上至董事长,下至基层员工,人人都应该成为内部控制的主体,即应强调"全员控制"的理念。

第二,内部控制的建立与实施是有目的的,即实现控制目标。内部控制的目标不仅包括报告目标,还包括经营目标和战略目标等,即应强调"全面控制"的理念,而不仅仅是会计控制。内部控制的目标将在本章第二节中详细介绍。

第三,内部控制只能为上述目标的实现提供"合理保证"而非"绝对保证"。"合理保证"意味着内部控制制度的设计和执行并不代表可以"包治百病",也不意味着企业可以"万事无忧",只是有内部控制制度的企业相对而言要比没有内部控制制度的企业更不容易发生错误和舞弊,执行得好的企业一般要比执行得不好的企业更有效率。

第四,内部控制是一个动态的过程,即从整体控制看,包括制度设计、制度执行和制度评价(即对制度设计和执行情况的监督检查)等阶段;从业务控制看,一般应采取事前控制、事中控制和事后控制等措施,即应强调"全程控制"的理念。

资料介绍

其他内部控制定义

2012年11月,财政部印发了《行政事业单位内部控制规范(试行)》,指出"内部控制是指单位为实现控制目标,通过制定制度、实施措施和执行程序,对经济活动的风险进行防范和管控"。

2010年8月,中国保监会印发了《保险公司内部控制基本准则》,指出"内部控制是指保险公司各层级的机构和人员,依据各自的职责,采取适当措施,合理防范和有效控制经营管理中的各种风险,防止公司经营偏离发展战略和经营目标的机制和过程"。

2014年9月,中国银监会印发了修订后的《商业银行内部控制指引》,指出"内部控制是商业银行董事会、监事会、高级管理层和全体员工参与的,通过制定和实施系统化的制度、流程和方法,实现控制目标的动态过程和机制"。

二、内部控制的本质

内部控制广泛存在于社会各类型组织中,包括企业、政府机关、非营利性组织等。内部控制的本质与组织关系有着密不可分的联系,从一般意义上讲,控制不会存在于一个人或者一个利益主体的场合,当存在两个或两个以上有着利益关系的人或者利益主体的场合,控制就产生了(阎达五等,2001)。所以简单地说,内部控制就是为了维护组织内部相关各方的利益关系而存在的，它要求相关各方按照预先设定的规则行事，这包含了三层含义：一是规则本身就是控制；二是只有保证规则充分实现，规则的目标才能达成；三是由于规则归根结底是由人执行的，因此为了促进执行者执行规则的主动性和积极性，需要建立激励机制。由于组织关系存在契约关系与科层关系两种形式，因此内部控制的本质也从制衡、监督与激励三个侧面得以体现。[①] 下面以企业为例分别阐述内部控制本质的三个方面。

（一）内部控制的本质之一：制衡

企业组织在设立时会形成一种契约关系，此时所形成的企业内部控制的本质是制衡。制衡实际上是平等签约的各方在权利、义务上的相互牵制或制约。在企业设立时，政府、所有者、经营者、员工这四个不同主体提供了四种不同要素，而这四种要素又是完全不同质的，这就意味着每一个要素都是不可或缺的，四个主体在法定权利上都是平等的，缺少了任何一个要素或者任何一个主体不参与到企业之中，企业就不可能存在和运转下去。既然如此，这四个主体就是处于一个平行层次的不同权利主体，谁都没有在法律上的特殊权力，因此这四个主体是相互制衡的。制衡不仅表现在设立契约的各要素提供主体之间，也表现在各要素提供主体的内部。政府作为环境要素的提供主体存在于企业之外，所以不在分析之列。所有者之间、经营者团队内部和员工之间都存在平等的契约关系，就所有者之间而言，尽管他们提供的都是资本，具有同质性，但是从数量上说，缺少了任何一个所有者提供的资本量，企业都不可能设立并运行；就经营者团队内部和员工之间而言，他们或者提供的要素具有不同质性，或者提供同质的要素在量上具有不可缺少性，缺少了任何一个主体，企业就不可能运行。所以他们具有地位上的相互平等性，也就决定了他们必须采取制衡的方式维护各自的利益。同时，不同所有者、经营者团队的不同角色以及不同岗位的员工都有自身的利益诉求，在追求自身利益最大化的过程中也可能侵蚀他方的利益，为此也必须通过相互制衡防止这种行为的发生。

延伸阅读　泰科舞弊案中的高管"失衡"

案例 2-1　　一人兼四职，三九集团破产中的权力"失衡"

三九集团的前身是 1986 年退伍军人赵新先创立的南方药厂。1991 年中国人民解放军总后勤部出资 1 亿元从广州第一军医大学手中收购了南方制药厂成立了以三九医药、三九生化和三九发展为一体的三九集团，总资产达 200 多亿元。此后三九集团为加快发展偏离了经营医药的主业，斥巨资投向房地产、进出口贸易、食品、酒业、金融、汽车等领域，采取承债式收购了近 60 家企业，累积了大量的债务风险。涉足过多陌生领域且规模过大难以实施有效管理给集团带来巨大的财务窟窿。截至 2003 年年底，三九集团及其下属公司欠银行 98 亿元。2005 年 4 月 28 日，为缓和财务危机，三九集团不得不将旗下

---

① 关于内部控制的制衡与监督本质的阐述，主要参考谢志华发表在《会计研究》2009 年第 12 期的论文"内部控制：本质与结构"。

上市公司三九发展卖给浙江民营企业鼎立建设集团,三九生化卖给山西民营企业振兴集团。自此"三九系"这一词汇从历史上消失了。

三九集团从风光一时到陷入破产危机,暴露出了制度弊端、风险意识缺失、管理迷失、财控不足等诸多内部控制方面的问题。三九集团作为国有企业,固然存在经营受政府干预、融资软约束等制度体制下的问题,但其内部管理制度上的缺陷亦是导致其走向破产深渊的不可忽略的重要原因。尤其是在"家长制"管理制度下,过于集中的权力让三九集团的治理结构设置形同虚设。在长达20多年的时间里,赵新先在三九集团中占据着绝对主导的地位,他超越了一切制度的约束,以他的意志作为决策依据。赵新先一人身兼四职,包括党委书记、总裁、董事长、监事会主席,三九集团无论在公司运营、企业管理还是人事任免上,都更像一家"赵氏企业","一言堂"的决策机制并没有随着企业规模的迅速扩大而得到改变。在这种机制下,赵新先的个人决策失误能够直接导致企业的失败,集团经营风险极大。赵新先的独断专行,正是权力集中而无法实现制衡的表现。

资料来源:改编自王娜、王晓杰,"国有企业内部控制问题研究——以三九集团为例",《中小企业管理与科技(下旬刊)》,2013年第7期。

(二)内部控制的本质之二:监督

企业组织在运行时会形成科层的等级关系,此时所形成的企业内部控制的本质是监督。监督实质上是依靠科层权力等级进行的。因为在科层体系中高层权力者做出决策,低层执行者必须保证决策的执行,所以监督是单向的,是高层对低层的控制。这显然与制衡不同,首先,制衡是各主体之间的一种平等的权利关系;其次,各主体之间是一种牵制或者制约关系,它表现为双向性或多向性。在科层体系中,高层权力者既是决策人又是监督人,低层执行人既是决策执行人又是被监督人。从决策人与执行人的关系来看,他们表现为委托-代理关系。由于委托人与代理人的目标函数不一致,并且双方又存在信息不对称,就产生了委托-代理问题。委托人既需要充分发挥代理人的专业优势,又期望实现自身利益最大化,那么唯一的方法就是对代理人实行控制,而代理人私人信息的存在(即信息不对称)则是有效控制的障碍。信息不对称会产生逆向选择和道德风险。逆向选择是由于信息不对称而造成市场资源配置扭曲的现象;道德风险指的是人们享有自己行为的收益,而将成本转嫁给别人,从而造成他人损失的可能性(张维迎,1995,2001;刘明辉等,2002)。由此可见,内部控制产生的本源就是委托-代理问题,同时我们可以看出信息不对称(包括逆向选择和道德风险)是内部控制要解决的核心问题,因此必须通过监督的方式防止逆向选择和道德风险的发生。

制衡和监督之间有着天然的关系,表现为没有制衡,监督就难以有效地发挥作用。这主要反映在两个方面:首先,制衡是解决监督体系中最高权力者无法监督问题的唯一途径,而这一问题不被解决,监督体系有可能完全或部分失灵。监督的特征是必须依靠高层次的权力监督低层次的权力,而最高权力者无人可能再监督。既然不能用再监督的方式,就只能选择制衡的方式,也就是在最高权力层次实行分权而治,形成分权主体之间的相互制约或相互牵制。只有通过分权而治使最高权力主体的运行合理、有效,依科层体系而形成的监督体系才能合理、有效。其次，监督的效率往往也受制于制衡的有效性。在公司制企业中，各投入要素的主体之间相互制衡，可以使各要素主体侵蚀其他要素主体的行为减少，从而可以减少监督的必要；在公司制企业中，不同要素投入主体内部的相互制衡，也会减少不同要素投入主体内部各成员侵蚀其他成员的行为，从而可以减少监督的必要。更为重要的是，在一个相互制衡的体系中，各分权主体对同一事项、行为在分权的前提下，以流程为载体，又把分权而治的事件、行为协同起来，产生期望的整体效应最大化。在这一相互关联的流程运转中，不仅各环节相互制衡，而且信息的公开程度高，各制约或牵制的主体之间会因相互的知情权而难以进行侵蚀行为。即使存在各主体共同的侵蚀行为，也会在监督体系发挥作用时找到破绽。在依科层体系而形成的监督中，所着力解决的是各个层次的群体侵蚀行为。

（三）内部控制的本质之三：激励

如前所述，内部控制产生的本源就是委托-代理问题，内部控制要解决的核心问题是信息不对称（包括逆向选择和道德风险），但是除了通过监督的方式防止逆向选择和道德风险的发生之外，我们还可以采取激励机制解决决策人与执行人之间的信息不对称问题，如对经营者进行绩效考核，实行利益挂钩，采用股票期权或年薪制等，使执行人能够主动、有效地执行决策。除此之外，组织文化建设也能发挥激励作用。良好的组织文化是组织中的黏合剂，能够凝聚人心，促使组织内部人员主动积极地去防控风险。

案例 2-2　　　　　　　　锦化分厂串通舞弊案

38 岁的程某是锦化化工集团氯碱股份有限公司聚醚分厂 8 万吨环氧丙烷车间工段长。程某在任职期间，发现在对本厂丙烯（环氧丙烷原料）回收装置的尾气排放进行控制后，可使丙烯消耗降低，进而提高环氧丙烷产量，产生超过公司计划的"余量"，于是在休假期间，与本单位职工陈某（在逃）预谋，勾结锦化氯碱聚醚分厂相关人员，利用各自在职务上的便利条件，窃取尚未被公司具体掌握的这部分"余量"。

自 2002 年 3 月到 2006 年 1 月，以程某、陈某、封某为首的犯罪团伙预谋后，勾结锦化集团的个别相关分厂的车间主任、车间班长、工人以及保卫处安保人员、货门监控员等人，利用其熟知的生产、保管、销售等便利条件，先后作案 100 余起。主犯程某与封某参与盗窃环氧丙烷 3 180 余吨，价值约 3 449 万元；盗窃聚醚 322 吨，价值约 462 万元；总价值约 3 911 余万元。二人分别获得赃款 1 000 余万元和 100 余万元。案发后警方依法扣押、追缴程某非法所得赃款 807 万元。

可见，程某等人的串通合谋行为形成"侵占国有资产一条龙"，破坏了内部控制交叉和交叉控制的功能，使内部控制制度归于无效。

资料来源：李晓慧，"构建动态调整的内部控制机制——由锦化集团内部盗窃案引发的思考"，《财务与会计（综合版）》，2008 年第 3 期。

通过前文的分析,我们可以将内部控制的本质以一个简洁的等式加以概括,即"内部控制＝制衡＋监督＋激励"。内部控制形式上表现为组织的制度安排,但其有效落实最终还是依赖于人,因此抓住人性的特征来设计内部控制也是内部控制建设的关键所在。人性具有

延伸阅读　罗伯特·西蒙斯的四种控制杠杆

两面性,既有善的一面,也有恶的一面。要实现组织目标,需要利用恰当的制度设计以抑制人性中恶的一面,这也正是制衡和监督成为内部控制本质的原因所在;同时恰当的制度设计还应当有利于激发人性中善的一面,即体现内部控制本质之激励。因此,从人性的角度而言,内部控制有其存在的必要性,内部控制的本质则与人的两面性特征相切合。

第二节　内部控制的目标与类型

> 目标管理的最大好处是,它使管理者能够控制他们自己的成绩。这种自我控制可以成为更强劲的动力,推动他尽最大的力量把工作做好。
> 　　　　　　　　　　　　　　　　　　——〔美〕切斯特·巴纳德,管理学家

一、内部控制的目标

目标是主体在一定时间内期望达到的成果。德鲁克认为,不是有了工作才有目标,而是有了目标才能确定每个人的工作。当高层管理者确定组织目标后,必须对其进行有效的分解,转变为各个部门的分目标,管理者根据分目标对下级进行考核。只有完成了分目标,企业的总目标才有完成的希望。就内部控制而言,确立控制目标并逐层分解目标是控制的开始,内部控制的所有方法、程序和措施无一不是围绕着目标展开的,如果没有了目标,内部控制就会失去方向。因而从某种意义上讲,目标也是一种控制手段。

我国《企业内部控制基本规范》规定,内部控制的目标是合理保证企业经营管理合法合规、资产安全、财务报告及相关信息真实完整、提高经营效率和效果、促进企业实现发展战略。上述目标是一个完整的内部控制目标体系不可或缺的组成部分,然而,由于所处的控制层级不同,各个目标在整个目标体系中的地位和作用也存在着差异。

资料介绍

其他规范涉及的内部控制目标

2010年8月,中国保监会印发了《保险公司内部控制基本准则》,指出保险公司内部控制的目标包括行为合规性目标、资产安全性目标、信息真实性目标、经营有效性目标和

战略保障性目标。

2012年11月，财政部印发了《行政事业单位内部控制规范（试行）》，指出"单位内部控制的目标主要包括合理保证单位经济活动合法合规、资产安全和使用有效、财务信息真实完整，有效防范舞弊和预防腐败，提高公共服务的效率和效果"。

2014年9月，中国银监会印发了修订后的《商业银行内部控制指引》，指出商业银行内部控制的目标包括：保证国家有关法律法规及规章的贯彻执行；保证商业银行发展战略和经营目标的实现；保证商业银行风险管理的有效性；保证商业银行业务记录、会计信息、财务信息和其他管理信息的真实、准确、完整和及时。

（一）战略目标

> 凡事预则立，不预则废。
> ——《礼记·中庸》

促进企业实现发展战略是内部控制的最高目标，也是终极目标。企业战略是与企业目标相关联并且支持其实现的基础，是管理者为实现企业价值最大化的根本目标而针对环境做出的一种反应和选择。一个企业为实现其战略目标，首要的任务是在分析内外部环境的基础上制定战略，明确战略目标；其次是在对风险进行识别、评估并制定相应风险应对措施的基础上形成战略规划；最后需要将该战略目标分解成相应的子目标，再将子目标层层分解到各个业务部门、行政部门和各生产过程。鉴于企业战略实现的重要性与复杂性，所有内部控制行为首先必须围绕促进企业实现发展战略这一目标展开。

延伸阅读　戴尔公司的成本优势战略与微软公司的产品差异战略

案例 2-3　　　　　　　　三株大事记

1994年8月，以吴炳新为首的济南大陆拓销公司和其子吴思伟的南京克立公司合并，成立了济南三株实业有限公司（简称三株），三株口服液同时宣告研制成功，第一年的销售额即达到1.25亿元。

1995年，三株利用其四级营销体系挺进农村市场。同年，三株在《人民日报》上刊出了第一个"五年规划"，吴炳新提出的目标是：销售额在1995年达到16亿至20亿元，1996年达到100亿元，1997年达到300亿元，1998年达到600亿元，1999年争取达到900亿元。

1996年，三株公司的销售额达到了80亿元，而农村市场的销售额占到了三株总销售额的60%。在鼎盛时期，三株在全国所有大城市、省会城市和绝大部分地级市注册了600个子公司，在县、乡、镇有2000个办事处，各级营销人员总数超过了15万人。与此相应的是，公司内部部门林立、层次繁多。

1997年上半年，三株开始向医疗、精细化工、生物工程、材料工程、物理电子及化妆品等行业发展，一口气吞下20多家制药厂，投入资金超过5亿元。

1998年5月，社会上传言，三株已向有关方面申请破产，由于欠下巨额贷款，其申请最终未被批准，吴炳新否认了这一传闻。

2000年，三株企业网站消失，全国销售近乎停止。

资料来源：节选自福步外贸论坛，http://bbs.fobshanghai.com/thread-1505019-1-1.html，2008年11月17日。

在企业战略的制定和实施过程中，企业的内部控制体系须确保完成以下任务：

（1）由公司董事会或总经理办公会议制定总体战略，保证由股东代表大会表决通过，根据外部环境和内部机构的变化不断调整战略目标，在制定目标的过程中确保企业战略在企业风险容忍度之内。

（2）将企业战略按阶段和内容划分为具体的经营目标，确保各项经营活动围绕经营目标开展。

（3）根据既定的企业战略实施方案进行资源分配，使组织、人员、流程与基础结构相协调，以便促成战略的实施。

（4）为企业战略分解后的各级指标提供可计量的基准，根据这些指标的实现程度和实现水平对从事各项活动的主体进行绩效考核。

延伸阅读 从中航油新加坡事件看战略风险

（二）经营目标

经营目标即实施内部控制要提高经营的效率和效果。效果可以理解为"做正确的事"，效率可以理解为"正确地做事"。现代企业的根本目标应该是实现资本保值增值、维护股东利益，这一目标决定了着眼于企业营运效率和效果的经营目标在企业内部控制目标体系中占有支配地位，并发挥主导作用。经营目标是企业实现战略目标的核心和关键，战略目标是与企业使命有关的总括性目标，它的实现需要通过分解和细化为经营目标才能得以落实，没有经营目标，战略目标制定得再好也没有任何意义。

经营目标需要反映特定企业自身及所处特定经济环境的特点，全面考虑产品质量的竞争压力、产品的生产周期，或者与技术变化有关的其他因素。管理层必须确保运营目标反映了现实与市场要求，并且有明确的绩效衡量指标。经营目标明确，且与子目标衔接良好，是企业经营成功的基本前提。经营目标引导企业的资源流向。经营目标不明确或不成熟，会造成企业资源的浪费。通常情况下，合理的内部控制能够提高企业的经营效率和效果，提高单位时间产量，优化产品质量。一个良好的内部控制可以从以下三个方面来提高企业的经营效率和效果：

（1）组织精简、权责划分明确，各部门之间、各工作环节之间要密切配合、协调一致，充分发挥资源潜力，充分有效地使用资源，提高经营绩效。

（2）建立良好的信息和沟通体系，可以使会计信息以及其他方面的重要经济管理信息快速地在企业内部各个管理层次和业务系统之间有效地流动,提高管理层经济决策和反应的效率。

(3) 建立有效的内部考核机制,对经济效率的优劣进行准确的考核,可以实行企业对部门考核、部门对员工考核的二级考核机制,并将考核结果落实到奖惩机制中去,对部门和员工起到激励和促进的作用,提高工作的效率和效果。

资料介绍

COSO 的《舞弊财务报告:美国公司的分析(1987—1997)》

为了进一步推进反舞弊的斗争,COSO 展开了一项实证研究。该研究从 1987 年至 1997 年间被美国证监会(SEC)认定为提供了舞弊性财务报告的公众公司中随机选取 200 家公司,对这些公司的近 300 个财务报告舞弊案例进行统计分析,旨在捕获有关舞弊公司的特征、典型的舞弊手法等信息,从而为打击舞弊性财务报告奠定基础。

COSO 致力于此项研究的根本目的在于,防止舞弊并力求解决下列问题:谁在进行舞弊?舞弊的性质、种类和技术手段是什么?1999 年,COSO 委员会完成并发布了该项研究报告——《舞弊财务报告:美国公司的分析(1987—1997)》。该报告对公司和管理人员的舞弊特征进行了辨别,在某种程度上可以为审计人员提供预警信号。

COSO 在研究报告中指出,参与舞弊的公司财务状况一般较差。多数公司在实施舞弊前一年亏损或者微利,所有公司利润的中位数仅为 17.5 万美元。从 COSO 的分析中我们可以发现,经营不善是导致公司铤而走险进行财务舞弊的主要原因。反过来讲,搞好经营、确保经营的效果和效率是避免财务舞弊的根本途径。

(三) 报告目标

报告目标即内部控制要合理保证企业提供真实可靠的财务报告及其他信息,它是内部控制目标体系的基础目标。企业报告包括内部报告和外部报告。如果说战略目标和经营目标是从企业自身的视角提出的,那么报告目标则是更多地基于企业外部的需求。对外部使用者来说,真实可靠的财务报告能够公允地反映企业的财务状况和经营成果,从而有利于信息使用者的决策。

对于管理当局而言,提供真实可靠的财务信息、实现报告目标则是经营者解除受托责任的一种方式。内部报告可以增强 CEO 及其他高层管理人员的控制意识,传递高层管理人员对内部控制的承诺,进而增强内部控制的有效性。在内部控制目标体系中,报告目标是经营目标成果的展示。因此,确保财务报告及相关信息真实完整,除了要净化外部环境,加强监管和监督,完善内部审计制度,提高内部审计部门的独立性,发挥内部审计功能,还要对会计人员的职业道德、专业水准进行规范管理。在内部控制运行中,会计人员必须达到以下要求:

(1) 保证所有交易和事项都能够在恰当的会计期间内及时地记录于适当的账户中;

(2) 保证会计报表的编制符合会计准则有关会计制度的规定；

(3) 保证账面资产与实存资产定期核对相符；

(4) 保证所有会计记录都经过必要的复核手续，并确认有关记录正确无误。

延伸阅读　中国森林财务丑闻

案例 2-4　　证监会重典治市　万福生科造假遭重罚

万福生科（湖南）农业开发股份有限公司（简称万福生科）成立于 2003 年，2009 年完成股份制改造，2011 年 9 月在深圳证券交易所挂牌上市。2012 年 8 月，湖南证监局在对万福生科的例行检查中偶然发现其有两套账本，万福生科财务造假问题由此浮现。截至 2013 年 5 月，证监会对该造假案件的行政调查已终止。调查结果显示，一方面，万福生科涉嫌欺诈发行股票和违法信息披露。万福生科在上市前的 2008—2010 年分别累计虚增销售收入约 46 000 万元，虚增营业利润约 11 298 万元；上市后披露的 2011 年年报和 2012 年半年报累计虚增销售收入 44 500 万元，虚增营业利润 10 070 万元，同时隐瞒重大停产事项。另一方面，相关中介机构未能勤勉尽责。保荐机构平安证券、审计机构中磊会计师事务所和法律服务机构湖南博鳌律师事务所在相关业务过程中未能保持应有的谨慎性和独立性，出具的报告存在虚假记载。

根据《证券法》等相关法律的规定，证监会责令万福生科改正违法行为，给予警告，并处以 30 万元罚款；因其相关行为涉嫌犯罪，证监会已将万福生科董事长龚永福和财务总监移送公安机关追究刑事责任。

除了对上市公司进行处罚，相关中介机构也遭到了严惩。对三家中介机构处以"没一罚二"的行政处罚，暂停平安证券保荐机构资格 3 个月，罚没 7 665 万元收入，撤销平安证券和中磊会计师事务所证券服务业务许可，不接受湖南博鳌律师事务所 12 个月内出具的证券发行专项文件；同时对相关责任人采取警告、罚款和终身市场禁入措施。

值得一提的是，在这一过程中，当事人之一的薛荣年申请了听证程序，而证监会也履行了这一程序，充分听取了其陈述申辩的意见。不过在听证会之后，证监会依然坚持重典治市，维持了最初的处罚结果。这充分体现了证监会严格执法的决心，其新闻发言人称，诚信是证券市场的根基，失信者必须承担后果。证监会要大幅提高违法和失信成本，对市场参与者形成了强有力的执法威慑，使市场参与主体真正敬畏法律。

资料来源：改编自刘娇、龚凤兰，"'万福生科'财务造假案例研究"，《财会月刊》，2013 年第 17 期；新浪财经"万福生科造假案"专题报道资料"证监会公布 IPO 造假处罚决定：万福生科移送司法"，http://finance.sina.com.cn/stock/newstock/zxdt/20131019/001117041684.shtml。

案例 2-5　　杭萧钢构因信息披露违规遭受行政处罚

2007 年 4 月 30 日，中国证监会日前对上市公司杭萧钢构信息披露违法违规案做出行政处罚决定，对杭萧钢构和 5 名相关人员分别给予警告和共计 110 万元的罚款。同时,有关人员涉嫌犯罪的线索已经移交司法机关追究刑事责任。

据证监会调查,杭萧钢构在信息披露中主要存在两类违法违规行为:一是未按照规定披露信息;二是披露的信息有误导性陈述。前者首先体现为杭萧钢构与中国国际基金有限公司签署安哥拉住宅建设项目合同,对这一足以对杭萧钢构经营产生重要影响的重大事件,董事长单银木仅在公司内部的总结表彰大会上发布,而不是在证监会指定媒体上同时向所有投资者公开披露该重大信息。其次,没有及时予以披露。2月13日,公司股价连续两个涨停,在面对上海证券交易所询问时,公司称没有异常情况。但在2月15日,连续三个交易日涨停的杭萧钢构披露公司正在洽谈一项涉及300亿元的境外建设项目,该意向项目分阶段实施,建设周期大致在两年左右;同时,公司还在商谈一个境外合同项目。结果导致截至3月16日,杭萧钢构连续出现10个涨停板!这一切,只因为该公司与一家在香港地区注册的公司——"中国国际基金公司"签订合同,以344.01亿元的总价款承建非洲安哥拉安居家园工程。

社会公众所质疑的是:其一,按照同比例测算,杭萧钢构承接的项目,相当于中国5万亿元的公用事业项目,为何仅交由一家公司建设?其二,即便有其事,但该项目的政治风险、买家支付能力让人担心。其三,"中国国际基金公司"只是一家私人公司,何以能承揽如此大的项目?又何以分包给杭萧钢构?

资料来源:根据相关媒体报道整理。

(四)合规目标

合规目标与企业活动的合法性有关。合规目标即内部控制要确保企业遵循国家有关法律法规的规定,不得违法经营。这些法律法规可能与市场、价格、税收、环境、员工福利以及国际贸易有关。企业作为社会公民,必须遵守社会的基本规范,包括法律规范和道德规范,必须在社会允许的范围内开展经营活动。一个违反相关法律法规、丧失道德底线的企业,必然会将自身置于高风险的环境中,从而对自身的生存和发展造成巨大威胁,最终必将遭到淘汰。国家的有关法规、制度的落实必须依靠内部控制的有效执行来保证。遵守法规、制度是首要目标,也是实现其他目标的保证,是企业一切活动的前提,也为企业的生存和发展创造了良好的客观环境。

延伸阅读 五粮液公司被疑3年偷税10亿元

案例 2-6 银行的合规操作如何保证

阮某,系某银行营业部个人客户经理。2005年2月至2006年7月间,阮某利用职务之便,假冒客户名义办理贷款10笔共计212万元,居然得逞并据为己有,用于赌博、购买彩票及挥霍。案发后,阮某被移送检察机关。

阮某的作案手段主要有四种:一是利用客户取消申请的个人贷款资料作案。2005年年初,阮某所在的营业部受理了某集团公司高级管理人员一批个人综合消费贷款后,其中有6人提出取消贷款申请。阮某截留了这6人的申请资料,仍然假借客户名义办理了贷款,并将贷款划入以客户名义办理的银行卡中,然后通过ATM转账功能全部划入其本人的银行卡账户。二是利用已审批的客户授信额度作案。在客户办理了首笔贷款或客户部分提前还贷后,阮某在客户授信额度内,假冒客户之名办理了第二笔贷款,将贷款划入假借客户名义办理的灵通卡账户。三是利用担保人资料作案。阮某以为他人担保所提供的个人资料作为贷款申请人,并用另一位客户的资料作为担保人办理贷款,且假借客户名义办理银行卡,直接将贷款划入该银行卡账户。四是挪用客户贷款。客户贷款审批后,阮某将贷款划入假借客户名义办理的银行卡账户中,并挪用该贷款,但对客户谎称贷款还在审批中,挪用一段时间后再划入客户申请贷款时指定的账户。

案件暴露出阮某所在的营业部在管理上存在诸多漏洞。这个现象实质上是操作风险管理的问题,类似案件在国内的银行界比较普遍,如高山事件、邯郸农行事件等都是如此。情况的发生并不是偶然的,如果希望制止这种行为,应该做到下面四个方面:

(1) 在全行范围内形成"合规创造价值"的理念,这里的合规仅指按照银行规定从事具体作业。只有思想正确了,才可能有正确的行为。我们很难想象在大家都认为制度麻烦、制度是在整人、制度对业务发展不利的氛围下每个人都会遵守制度,只有大家切实意识到了合规操作是在给银行带来好处、给个人带来好处(至少是职业安全的好处),合规操作才能落到实处。

(2) 建立良好的、有效的管理制度。正如民生银行的邵平所说,合规,首先要有一个"合格的规"。一个有效的管理制度首先应该是尽可能流程化的,只有流程化了,才可能制止一些不应该发生的行为,在前道工序没有完成的情况下,后道工序就无法进行。其次不能让一个人有权独自完成某项业务,在国外银行业也常讲"始终用四只眼睛盯住同一笔业务",包括双人调查、业务分管等也是制度建设的重要内容。

(3) 建立有效的监督机制。没有监督,一切的制度都将是空谈。都说中国人不讲规则,事实上当美国人失去监督时,其行为也是一样的,他们也会插队,也会闯红灯。这种有效的监督光是依靠审计(或称稽核)性的检查是远远不够的,只有充分发动群众,监督才能真正有效。另外,上面提到的制度流程化本身也是一种监督。

(4) 要有有力的处罚机制。处罚机制并不是为了处罚谁,而是为了告诉大家,这种行为是被禁止的,是要付出巨大代价的,只有"不可承受的代价",才能制止"我们不希望发生的行为",在管理学上这叫做"热炉法则"。几十块钱的罚款规则应该取消掉,否则,那只能是让违规者笑掉大牙。

资料来源:《银行合规风险案例》,http://blog.sina.com.cn/s/blog_664d6d930102va9k.html。

(五) 资产安全目标

保护资产一直是内部会计控制的一个主要目标,COSO框架没有将保护资产作为一个主要目标,而是作为控制程序组成要素的一个子集。我国的《企业内部控制基本规范》重新将其作为内部控制目标的一部分是有特殊用意的。我国是一个产权多元化的国家,国有资产流失现象严重,保护资产安全与完整,对资产所有者来说,具有特别紧迫的现实意义。资产安全目标是实现其他目标的物质前提。内部控制在运行过程中,要想实现保

证财产物资安全与完整的目标,需要达到以下要求:

(1) 资产的记录与保管一定要彻底分开。

(2) 任何资产的流动都必须进行详细的记录,不仅进入企业和流出企业时要记录,而且企业内部各个部门之间的流动资产也一定要有详细的记载。

(3) 需要建立完善的资产管理制度,明确资产管理人员的岗位责任,从资产购入、使用到日常保管和清理都要有人负责,并做好相关记录。

(4) 需要对资产进行定期和不定期的盘点,并确保资产的账面记录与实际存有数量一致。

案例 2-7　　　　娃哈哈与达能品牌之争值得玩味

2007年,娃哈哈集团在与法国达能公司合作的过程中,由于合同条款存在问题,双方围绕"娃哈哈"商标所有权归属问题争执不下,分别向国内外相关机构提起纠纷仲裁,娃哈哈还向媒体声称"可能向达能提起50亿欧元的反诉讼"。

"娃哈哈"是目前中国最知名和最具竞争力的饮料品牌之一。1996年,娃哈哈集团与达能公司、香港百富勤公司共同成立合资企业,其中娃哈哈集团占49%的股份,另两家外资企业共同拥有51%的股份。然而没有想到的是,达能公司不久便收购了百富勤公司的股份,一跃成为娃哈哈集团的控股股东。当时,达能就提出将"娃哈哈"商标转让给其所控制的公司,但遭到国家工商行政管理总局(简称国家工商总局)商标局的拒绝。后来,双方签订商标权使用合同,规定"不应许可除娃哈哈与达能建立的合资公司以外的任何其他方使用商标",也就是说,法国达能公司通过合资的方式,控制了"娃哈哈"商标。以此为筹码,达能要求强行收购娃哈哈集团其他非合资公司。

不难发现,娃哈哈中了达能10年前就设好的"消灭式合资"的圈套。达能的所作所为表明,该公司在中国扮演的角色主要是财富的瓜分者,而不是财富的共同创造者。但对于此案,国家工商总局的态度是未经批准的商标转让协议无效。而商务部新闻发言人的态度耐人寻味:"严格按照规定行事",而非无条件地向宗庆后表示支持。因为按规章办事才是市场经济的最高准则。娃哈哈虽然与达能签署了协议,但明显违反了《商标法》有关须经国家工商总局商标局核准才能生效的规定。协议的法律效力受到质疑,因此就不宜强制生效、废除或中止,用政府和法律的信誉去为企业家的失误买单。

达能与娃哈哈集团之争,是我国引进外资中的典型争端,其中有许多经验和教训值得吸取。一个成功品牌往往是任何有形资产都不能比拟的,商标既是企业的标志和根基,也是企业战胜对手、争夺市场、开辟财源的强大武器。中国企业在寻求外资合作的时候,为了扩大在合资企业中所占的份额,往往将无形资产评估后作价出资,这样做看起来可以获得短期收益,但是却将辛苦培育起来的知名品牌或者驰名商标捆绑在合资企业上,一旦合资企业经营出现问题,或者合资企业股权发生变化,那么中方企业的知名品牌或者驰名商标便难以保全。因此,我们不仅要警示国内知名品牌谨防外资控股陷阱,更须进一步完善引进外资的条款,通过立法限制外资恶意并购,防止企业控制权旁落。

资料来源:摘自《知识产权报》2007年7月5日同名报道。

内部控制五个目标之间的关系如图 2-1 所示。

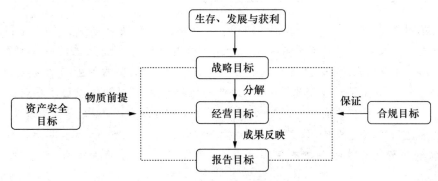

图 2-1　内部控制目标之间的关系

二、内部控制的类型

（一）内部控制按控制的层次分类

1. 战略控制

战略控制是由公司治理层实施的，为了确保组织目标的实现而设置战略目标、形成战略规划并监督战略实施的过程，战略控制处于控制的最高层级。

2. 管理控制

管理控制是与公司经理层和中层相联系的内部控制，其目的是将战略目标进一步分解和落实为部门目标与日常任务，确保企业内部经营方针、政策的贯彻执行，最终实现组织目标。

3. 作业控制

作业控制是与操作管理层和员工相联系的，为确保作业和任务的可靠执行，主要针对的是具体业务的操作和事项的实施程序与措施。

上述内部控制的三个层级如图 2-2 所示。

图 2-2　内部控制的三个层级

案例 2-8　华润集团的 6S 管理控制体系

华润集团的历史最早可以追溯于 1938 年,很长一段时间以来它是作为中国内地与国外进行进出口贸易的枢纽而存在的。今天,华润集团已发展成为中国内地和香港最具实力的多元化控股企业之一,总资产超过 1 000 亿港元,其从事的行业与大众生活息息相关,主营业务包括日用消费品制造与分销、地产及相关行业、基础设施及公用事业三大领域。

为什么华润集团能够成功?透过华润集团近年来的业绩变化轨迹和管理发展历程,可以发现其之所以取得成功,除了有正确的战略方针指导以外,很大程度上得益于其在 1999 年创建并行之有效的一整套管理方法,这就是已为人们所熟知的 6S 管理体系,如图 2-3 所示。

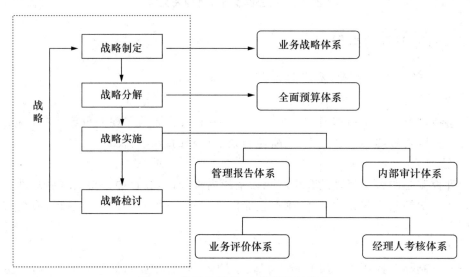

图 2-3　华润集团的 6S 管理控制体系

6S 管理体系本质上属于一种战略导向的管理控制模式,这一体系以战略为起点,涵盖战略制定、战略分解、战略实施和战略检讨等整个战略管理过程。一方面,业务战略体系负责构建和确定战略目标,全面预算体系负责落实和分解战略目标,管理报告体系和内部审计体系负责分析及监控战略实施,业绩评价体系和经理人考核体系则负责引导及推进战略实施,促进战略目标的实现,从而使 6S 成为真正的管理控制系统。

(二) 内部控制按控制的地位分类

1. 主导控制

主导控制是指在一项业务流程中起主导作用的程序或控制措施。如在材料采购流程中,最关键的控制措施"验收"就是主导控制。

2. 补偿控制

补偿控制是相对于主导控制而言的,是当主导控制失效时采取的补救措施,也可以称为第二道防线。在对内部控制进行评价时,首先应该确定主导控制的有效性,如果主导控制失效,则应分析是否存在补偿控制以及在多大程度上能够弥补主导控制的缺失。

（三）内部控制按控制的方式分类

1. 预防性控制

预防性控制是指为防止发生错误和舞弊以及防止经营及财务风险所采取的控制措施。只要是在预先知道可能发生错误和舞弊的地方所采取的相应控制程序及政策都属于预防性控制。它主要解决"如何能够在一开始就防止风险的发生"这个问题。

2. 检查性控制

检查性控制是指为了查明并纠正已经发生的错误和舞弊而实施的控制措施。这类控制虽然在事后进行,但对发现或纠正错误和舞弊具有重要的作用,如账目的核对、财产的定期盘存、关键人员的定期换岗等。它主要解决的是"如果风险仍然发生,如何查明"的问题。

3. 补救性控制

补救性控制是针对某些环节的不足或缺陷而采取的控制措施,例如终止合同履行、终止合作、停止交易等。补救性控制的目的是在损失已经不可避免时如何尽可能降低损失。它主要解决的是"如果风险已经发生了,如何将损失降到最低"的问题。

第三节　内部控制的对象与要素

一、内部控制的对象

内部控制的对象是内部控制措施作用的客体,只有内部控制措施很好地作用于内部控制的对象并产生积极的效应,才能实现内部控制目标。内部控制的对象非常广泛,涵盖企业经营涉及的所有人员、物资和环节,一切可能与内部控制的目标发生背离的风险点都可以作为内部控制的对象。它既包括可以表现为价值量的资金运动,也包括不能以价值量反映的人员和信息。一般而言,内部控制的对象包括以下三个方面:

1. 人员与组织行为

人是企业价值的创造者,人员控制是其他控制的基础,人员的素质和胜任能力等决定着其他控制的有效程度。人员控制通过挑选和聘任员工、培训、职位设计、权责分派、绩效考核等,达到企业内部控制目标。组织行为是指组织的个体、群体或组织本身从组织的角度出发对内外部环境所做出的反应。组织行为控制就是统筹与协调组织各部门间、各部门成员间的工作并进行考核从而实现企业目标的过程。组织行为控制是内部控制的核心,它直接影响组织运行的效率和效果。对于组织行为的控制可采取制衡机制、监督机制等手段。

延伸阅读　沃尔玛的人力资源政策

案例2-9　　卖菜女如何成为头号巨贪

石巧玲曾被称为北京市医疗系统头号女贪,案发前为中国医学科学院肿瘤医院住院部主任,1996年1月至1999年12月间,其利用职务便利,先后变造该院住院医疗预收金退款书1081张,并指使本市无业人员陈玉梅等人以病人或病人家属的身份持退款书,在该院住院处骗领预交金余款共计920余万元,并非法占为己有;1999年7月至12月间,其擅自决定将住院医疗预交金377万余元外存,四年间鲸吞公款数千万元。

这件震动京城卫生医疗系统的特大案件引发了许多对医院内部控制的反思,该案件除了暴露出医院在财务管理控制上的诸多薄弱之处外,对人事控制也敲响了警钟。

如果雇用了不诚实的人,那么即使是最好的控制也无法防范舞弊。很多企业在招聘过程中注重笔试或面试的考查,而忽略了对应聘者的背景调查。实际上,背景调查能有效地发现应聘者有无虚构个人信息、是否存在不诚信记录、在以前雇主处工作的情况,从而帮助企业甄别应聘者。背景调查本身并不需要复杂的技术,只需要向应聘者以前工作过的单位了解一些信息即可,实施成本较低。

石巧玲原本是个菜市场的售货员,卖菜的时候,认识了后来成为其丈夫的王某,通过王某的关系,不懂医术的石巧玲被调入肿瘤医院,在住院部做财务工作;其后,石巧玲凭借着精通财务和"会来事儿"开始升官,一直升到住院部主任。职务高了,责任重了,石巧玲看着自己每天经手的大笔金钱,心里面开始不平衡,把罪恶的黑手伸向了公款。检察官办案时,发现石巧玲在不同表格上填写的出生日期有三个版本,而在填写工作简历时也玩起了花样:在1979年5月她亲自填写的《工作人员履历表》中,前页写"售货员",后页则写在"二商局工作";在1995年12月25日填写的《肿瘤医院干部任免呈报表》中,她的工作简历又变成了"1967—1978年,北京商业局会计",严肃的履历表成了她随意填写的"草纸"。其实,对相关企业来讲,这些问题通过对应聘者简历的认真审核和相应背景调查是不难发现的。

资料来源:崔丽,"肿瘤医院里出了'毒瘤' 北京女巨贪石巧玲被判死刑",《中国青年报》,2001年11月1日;"李若山:我国企业内控常见的十大问题",http://blog.sina.com.cn/s/blog_66ed57360102dwbp.html。

2. 资金与实物

资金是企业生存和发展的命脉,资金控制至关重要,资金权限和责任的恰当分配直接影响资金投放及使用的效果与效率。这里的"实物"是指存货、固定资产等关键资产。实物控制主要是为了防止重要资产的毁损和丢失,保证资产的安全和完整。资金和实物控制都可以采取预算管理、不相容岗位分离、限制接近等手段。

延伸阅读　会计控制缺失,企业资产受损

案例 2-10　百名外逃人员红色通缉令公布

中纪委、公安部官方网站2015年4月22日公布了"天网"行动全球通缉的100名外逃人员。这100人均属于外逃的国家工作人员、重要腐败案件涉案人员。据了解,按照"天网"行动统一部署,这100名外逃人员已经由国际刑警发布红色通缉令,于全球范围追捕。

100名外逃人员中,包括政府官员、国企高管、大学教授等,涉及银行、钢铁、房地产、媒体、证券、石油、保险等领域。

外逃人员中,政府官员占有不小的比例。其中,最知名的是浙江省建设厅原副厅长杨秀珠。杨秀珠1998年任浙江省建设厅副厅长兼浙江省城市化办公室主任,2003年因贪污受贿案发举家逃往美国,2005年在荷兰被捕,涉案金额2.532亿元。

银行可谓外逃人员的重灾区。在100名外逃人员中,有9名来自银行系统,其中职位最高的是中国银行海南省分行原行长王黎明。据报道,在这9人中,涉案金额最大的为交通银行广州分行(简称广交行)原党委书记、行长刘昌明。刘昌明主政广交行3年时间内,违规放贷累计近98亿元。2007年年底、2008年年初,交通银行以干部轮岗的名义将刘昌明调至武汉的交通银行国际信托投资有限公司。但刘昌明并未到武汉履新。其后不久,交通银行便无法联系到刘昌明。

值得一提的是,在100名外逃人员中,有48人曾在党政机关和企事业单位担任"一把手";有10名财务人员,其中,财务部门领导2人、出纳4人、会计4人。

资料来源:改编自《京华时报》2015年4月23日同名报道。

3. 信息

信息是经过一定加工的、对决策有价值的数据,信息既可以作为一种控制手段,也可以作为控制对象。当企业借助管理信息系统,通过信息的传递与反馈,实现对经营活动的控制的时候,信息是作为一种控制的方法和手段使用的;然而,信息系统本身也存在风险和薄弱环节,也需要对其进行控制,此时的信息系统不再是内部控制的手段,而成为内部控制的对象。例如,操作人员必须输入正确的口令才能进入系统,安装防火墙防止黑客入侵等。

案例 2-11　　　　　　数据失控,仓鼠盗粮

检察机关指控,2001年2月至2005年11月,重庆医科大学附属第二医院原会计王某利用每月几次替出纳代班的机会,通过修改日收入登记表和会计报表、少记收入的手段,涉嫌侵吞73.98万元公款。2005年年底,该医院更新财务软件,在核对原始票据时才发现账面不符。最终,检察机关追回赃款34万元,而其余钱款均已被王某挥霍。

在该案中,该医院没有设置信息访问权限,使得会计王某有机可乘。为保障信息系统及数据的安全,企业应当建立各种安全防护措施,为每位操作员设置特定的访问权限,非正常操作员不得随意登录信息系统,对信息系统内有关数据进行增减、删改。

资料来源:沈义、渝中,"修改收入登记表,涉嫌贪污73万元——重庆一会计受审",《检察日报》,2006年7月6日。

二、内部控制的要素

纵观内部控制的历史演进过程可以发现,内部控制的发展历史实际上也是内部控制要素不断充实丰富的历史,即从最早的内部控制"一要素"阶段——内部牵制阶段、"二要素"阶段——内部控制制度阶段、"三要素"阶段——内部控制结构阶段、"五要素"阶段——内部控制整合框架阶段,发展到今天的"八要素"阶段——风险管理整合框架阶段。在借鉴内部控制要素发展的理论成果并结合我国国情的基础上,财政部 2008 年发布的《企业内部控制基本规范》提出,企业建立与实施有效的内部控制,应当包括内部环境、风险评估、控制活动、信息与沟通和内部监督等五大要素。

(一) 内部环境

内部环境一般包括治理结构、机构设置及权责分配、内部审计、人力资源政策、企业文化等,是影响、制约内部控制的建立与执行的各种因素的总称,是实施内部控制的基础。它通常包括以下方面:(1) 企业治理结构,比如董事会、监事会、管理层的分工制衡及其在内部控制中的职责权限,审计委员会职能的发挥等;(2) 企业的内部机构设置及权责分配,尽管没有统一模式,但所采用的组织结构应当有利于提升管理效率,并保证信息通畅流动;(3) 企业内部审计机制,包括内部审计机构设置、人员配备、工作开展及其独立性的保证等;(4) 企业人力资源政策,比如关键岗位员工的强制休假制度和定期岗位轮换制度,对掌握国家秘密或重要商业秘密的员工离岗的限制性规定等;(5) 企业文化,包括单位整体的风险意识和风险管理理念,董事会、经理层的诚信和道德价值观,单位全体员工的法制观念等。一般而言,董事会及单位负责人在塑造良好的内部环境中发挥着关键作用。关于内部环境的具体内容将在第三章详细讲解。

(二) 风险评估

> 不对风险进行管理是最大的冒险。
> ——〔美〕诺顿,诺贝尔奖获得者

风险是指一个潜在事项的发生对目标实现产生的影响。风险评估是指单位及时识别、科学分析经营活动中与实现控制目标相关的风险,合理确定风险应对策略。它是实施内部控制的重要环节。风险评估主要包括目标设定、风险识别、风险分析和风险应对等四个环节。单位首先必须制定与生产、销售、财务等业务相关的目标;然后建立风险管理机制,以了解单位所面临的来自内部和外部的各种不同风险;在充分识别各种潜在风险因素后,要对固有风险(即不采取任何防范措施可能造成的损失程度)进行评估,同时,重点评估剩余风险(即采取了应对措施之后仍可能造成的损失程度);单位管理层在评估了相关风险的成本效益之后,要选择一系列措施,采取相应的策略使剩余风险处于期望的风险可承受度以内。关于风险评估的具体内容将在第四章详细讲解。

(三) 控制活动

控制活动是指企业根据风险评估结果,采取相应的控制措施,将风险控制在可承受度之内。它是实施内部控制的具体方式。常见的控制措施有:不相容职务分离控制、授权审批控制、会计系统控制、财产保护控制、预算控制、运营分析控制、绩效考评控制等。

关于控制活动的具体内容将在第五章详细讲解。

(四) 信息与沟通

信息与沟通是指企业及时、准确地收集、传递与内部控制相关的信息，确保信息在企业内部、企业与外部之间进行有效沟通。它是实施内部控制的重要条件。信息与沟通的主要环节有：确认、计量、记录有效的经济业务；在财务报告中恰当揭示财务状况、经营成果和现金流量；保证管理层与单位内部、外部的顺畅沟通，包括与股东、债权人、监管部门、注册会计师、供应商等的沟通。信息与沟通的方式是灵活多样的，但无论采取哪种方式，都应当保证信息的真实性、及时性和有用性。关于信息与沟通的具体内容将在第六章详细讲解。

(五) 内部监督

内部监督是指单位对内部控制的建立与实施情况进行监督检查，评价内部控制的有效性，对于发现的内部控制缺陷，及时加以改进。它是实施内部控制的重要保证。内部监督包括日常监督和专项监督。监督情况应当形成书面报告，并在报告中揭示内部控制的重要缺陷。内部监督形成的报告应当有畅通的报告渠道，确保发现的重要问题能及时送达治理层和管理层；同时，应当建立内部控制缺陷纠正、改进机制，充分发挥内部监督效力。关于内部监督的具体内容将在第七章详细讲解。

内部控制的五个要素之间具有相互支持、紧密联系的逻辑关系，如图 2-4 所示。正如 COSO 委员会所指出的，企业所设定的战略目标是一个企业在某一阶段努力的方向，而内部控制组成要素则是实现该目标所必需的条件，两者之间存在直接的关系。内部环境、风险评估、控制活动、信息与沟通和内部监督这五个要素在帮助企业管理者实现战略目标的过程中各自发挥着重要的作用。如图 2-4 所示，内部环境在最底部，这说明内部环境属于内部控制的基础，对其他要素产生影响。内部环境的好坏决定着内部控制其他要素能否有效运行。内部监督在最顶部，这表示内部监督是针对内部控制其他要素的，是自上而下的单向检查，是对内部控制的质量进行评价的过程。由于在实施战略的过程中会受到内外部环境的影响，企业需要通过一定的技术手段找出那些会影响战略目标实现的有利因素和不利因素，并对其存在的风险隐患进行定量和定性分析，从而确定相应的风险应对策略，这就是风险评估，它是采取控制活动的根据。根据明确的风险应对策略，企业需要及时采取控制措施，有效控制风险，尽量避免风险的发生，尽量降低企业的损失，这就是控制活动要素。信息与沟通在这五个要素中处于一个承上启下、沟通内外的关键地位。控制环境和其他组成要素之间的相互作用需要通过信息与沟通这一桥梁发挥作用；风险评估、控制活动和内部监督的实施需要以信息与沟通结果为依据，它们的结果也需要通过信息与沟通渠道来反映。缺少了信息传递与内外部沟通，内部控制的其他要素可能就无法保持紧密的联系，整体框架也就不再是一个有机的整体。

延伸阅读　"鹿"死谁手？

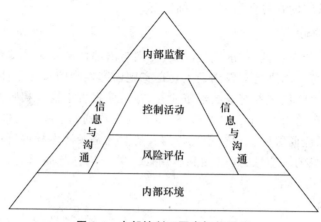

图 2-4　内部控制五要素框架图示

第四节　内部控制的原则与局限性

一、内部控制建立和实施的原则

所谓原则,是指处理问题的准绳和规则。要使内部控制有效,就必须在内部控制的建立和实施过程中遵循一定的原则。

1. 全面性原则

全面性原则即内部控制应当贯穿决策、执行和监督全过程,覆盖企业及其所属单位的各种业务和事项。内部控制的建立在层次上应该涵盖企业董事会、管理层和全体员工,在对象上应该覆盖各项业务和管理活动,在流程上应该渗透到决策、监督、反馈等各个环节,避免内部控制出现空白和漏洞。总之,内部控制应该是全程、全员和全面控制。

2. 重要性原则

重要性原则即内部控制应当在兼顾全面的基础上突出重点,针对重要业务和事项、高风险领域和环节采取更为严格的控制措施,确保不存在重大缺陷。基于企业资源有限的客观事实,企业在设计内部控制制度时不应平均分配资源,而应该寻找关键控制点,并对关键控制点投入更多的人力、物力和财力。

案例 2-12　釜山公司 3 亿元离奇失踪　中海集团再现资金门事件

中国海运(集团)总公司(简称中海集团)爆出一桩中国航运界罕见的财务丑闻。知情人士向本报透露,中海集团驻韩国釜山公司的巨额运费收入及部分投资款,在 2008 年春节前后查出被公司内部人士非法截留转移。

目前已确认的抽逃资金总额大约为 4 000 万美元(约合人民币 3 亿元),主要涉案人员中海集团韩国釜山公司的财务部负责人兼审计李克江在逃。釜山公司为中海集团韩国控股公司下属企业,主营集装箱业务。

一位做日韩航线多年的资深业务人员表示,航运企业的现金流本来出入就大。行业内的收费标准各有不同,平均来看,比如从天津中转釜山到芝加哥的运费,大约一个4尺的集装箱柜就在3 300—3 700美元,一次交易的现金流就非常大,因此分100多次转移如果没有仔细检查,的确很容易被忽略。

一位驻芝加哥的货代公司财务经理孙女士称,从财务上来说,运费是航运公司的主营收入,而一般像中海这样的大集团在海外的分公司如果是全资子公司,通常都采取独立核算制度,只需要报年账或者大账,不需要报明细账,有些公司甚至连现金流都不用向总部汇报,"如果没有涉及上市公司,一般也不会有总部对海外分公司进行定期审计,这就导致了海外公司存在做假账的可能性"。

资料来源:节选自《经济观察报》2008年4月13日同名报道。

3. 制衡性原则

制衡性原则要求内部控制应当在治理结构、机构设置及权责分配、业务流程等方面形成相互制约和监督,同时兼顾运营效率。为了保证监督作用的有效发挥,履行内部控制监督检查职责的部门应该具有良好的独立性;此外,任何人不得拥有凌驾于内部控制之上的特殊权利。

4. 适应性原则

适应性原则是指内部控制应当与企业经营规模、业务范围、竞争状况和风险水平等相适应,与时俱进,随着情况的变化及时加以调整。比如,当企业的外部环境发生变化、经营业务的范围重新调整、管理水平需要提高时,也需要对内部控制进行相应调整。

案例2-13　　　　　　　　　法国兴业银行内部控制失效

法国兴业银行创建于1864年5月,1997年总资产达到4 411亿美元,在法国银行业位居第一,在全球银行业排名第七,并进入世界最大的100家公司之列。它提供从传统商业银行到投资银行的全面、专业的金融服务,被人们视为世界最大的衍生交易领导者,也一度被认为是世界上风险控制最出色的银行之一。但2008年1月,因其期货交易员杰罗姆·凯威埃尔(Jerome Kerviel)在未经授权的情况下大量购买欧洲股指期货,形成49亿欧元的巨额亏空,创下世界银行业迄今为止因员工违规操作而蒙受的单笔金额损失纪录,触发了法国乃至整个欧洲的金融动荡,并波及全球股市,股价暴跌。无论从性质还是从规模来说,法国兴业银行的这起交易欺诈案都堪称史上最大的金融悲剧。

法国兴业银行的内部控制之所以不能防止令人触目惊心的交易欺诈的发生,主要源于设计上的严重缺陷。在技术发展迅速、交易系统日益复杂的趋势下,法国兴业银行没有坚持与时俱进,只依据过往的经验来拟定风险控制方法,不能适时地、前瞻性地展现出环境适应性和契合性,是其难以有效地觉察出欺诈行为的重要原因。法国兴业银行的内部控制系统在对交易员盘面资金的监督、资金流动的跟踪、后台与前台完全隔离规则的遵守、信息系统的安全及密码保护等多个环节存在漏洞。法国兴业银行关注的是欧洲交易所提供的汇总后的数据,而没有细分到每一个交易员的交易头寸数据。此外,它把监控点放在交易员的净头寸和特定时间段的交易风险上,并没有对套利"单边"交易的总头寸进行限制,忽视了全部交易的总规模。而让长期从事交易监督的中台员工直接参与交易,更是违背了最基本的不相容职务分离原则。

资料来源:刘华,"法国兴业银行内部控制案例分析",《财政监督》,2008年第7期。

5. 成本效益原则

成本效益原则是指内部控制应当权衡实施成本与预期效益,以适当的成本实现有效控制。正是因为内部控制的建立和实施要符合成本效益原则,所以内部控制对目标的保证程度不是绝对保证,而是合理保证。

建立和实施内部控制是有成本的,首先表现为内部控制自身的成本。内部控制不是存在于企业的天然制度,它的建立和实施需要耗费一定的人力、物力、财力,如企业聘请会计师事务所制定内部控制制度而支付的服务费,信息系统的更新与优化等都是内部控制制度建立的成本。其次,内部控制的成本还包括人员在实施内部控制过程中的机会成本。制度的存在,一方面能够使目标活动按照规则有条不紊地进行,另一方面也往往造成过多的限制与约束,进而导致对人员创新意识和能力的抑制。

延伸阅读　《萨班斯法案》所带来的成本压力

资料介绍

出纳能否去取银行对账单?

如果做一项调查,90%以上的企业在实际操作中都是让出纳去取银行对账单。但由出纳来领取银行对账单,可能会给出纳挪用或侵占公司货币资金并通过对银行对账单做手脚来掩盖其舞弊行为留下机会。因此,从内部控制的原理而言,企业不应该让出纳而是应该派专人去取银行对账单。为什么实际操作与内控原理之间存在如此大的反差呢?这就需要从成本效应原则上获得答案。

基于成本效益原则,企业在采取一项内部控制措施时,要衡量其所能带来的风险降低而减少的风险损失(即收益)与采取控制措施而额外增加的成本之间的大小。如果前者高于后者,那么企业采取该项控制措施是适当的做法;如果前者低于后者,那么企业应当考虑其他可替代的低成本办法。派专人去取银行对账单固然是一种降低风险的有效措施,但是对于大多数企业而言,这样做的成本过高,因此企业通常选择让出纳去取银行对账单。但这种简便做法存在一定的风险,因此企业还应当采取必要的替代控制措施,比如要求密封银行对账单、取回后立即交给他人处理等,以尽量减少出纳接触银行对账单的机会。

> **资料介绍**
>
> **其他规范涉及的内部控制原则**
>
> 2010年8月,中国保监会印发了《保险公司内部控制基本准则》,指出保险公司建立和实施内部控制,应当遵循全面和重点相统一、制衡和协作相统一、权威性和适应性相统一的原则。
>
> 2012年11月,财政部印发了《行政事业单位内部控制规范(试行)》,指出单位建立与实施内部控制,应当遵循全面性原则、重要性原则、制衡性原则、适应性原则。
>
> 2014年9月,中国银监会印发了修订后的《商业银行内部控制指引》,指出商业银行内部控制应当遵循全覆盖原则、制衡性原则、审慎性原则、相匹配原则。

二、内部控制的局限性

内部控制固然在防弊纠错、提高经营效果和效率方面对企业具有重大意义,然而,它作为一种机制和工具,并不是包治企业"百病"的"灵丹妙药",设计再好的内部控制也不能保证企业不出任何问题,这就是内部控制的固有局限性。认识内部控制的局限性有两个角度:制度设计的局限性和制度执行的局限性。

(一) 内部控制的制度设计局限性

1. 成本限制

根据成本效益原则,内部控制的设计和运行是要花费代价的,企业应当充分权衡实施内部控制带来的潜在收益与成本,运用科学、合理的方法,有目的、有重点地选择控制点,实现有效控制。也就是说,内部控制的实施受制于成本与效益的权衡。内部控制的根本目标在于服务企业价值创造,如果设计和执行一项控制带来的收益不能弥补其所耗费的成本,就应该放弃该项控制。成本效益原则的存在使内部控制始终围绕着控制目标展开,但同时也制约了内部控制制度的制定,使之难以达到尽善尽美。

2. 例外事件

内部控制主要是围绕着企业正常的生产经营活动来展开,针对经常性的业务和事项进行的控制。但在现实企业中,由于复杂多变的外部环境,企业常常会面临一些意外和偶发事件,而这些业务或事项由于其特殊性和非经常性,没有现成的规章制度可循,造成了内部控制的盲点。也就是说,内部控制的一个重大缺陷在于它不能应对例外事件。企业在处理这些事项时,往往更多地凭借管理层的知识和经验以及对环境变化的感知度,这就是所谓的"例外管理原则"。

(二) 内部控制的制度执行局限性

1. 越权操作

内部控制制度的重要实施手段之一是授权批准控制。授权批准控制使处于不同组织层级的人员和部门拥有大小不等的业务处理及决定权限,但是当内部管理者的权力超过内部控制制度本身的力量时,管理层越权操作就有了可能。管理层越权操作的危害极大,轻则打乱正常的工作秩序和工作流程,重则出现徇私舞弊、违法违规等严重后果。在现实中,管理层越权操作也一直是导致许多重大舞弊事件发生和财务报告失真的重要原因。

延伸阅读　陈久霖越权操作　中航油新加坡终破产

2. 串通舞弊

内部控制制度源于内部牵制的理念:因为相互有了制衡,在经办一项交易或事项时,两个或两个以上人员或部门无意识地犯同样错误的概率要大大低于一个人或部门;两个或两个以上人员或部门有意识地合伙舞弊的可能性要大大低于一个人或部门。内部控制制度达到控制目的的前提是公司员工按照制度的规定办事,但当员工合伙舞弊和内外串通共谋时,就会完全破坏内部牵制的设想,削弱制度的约束力,从而导致内部控制的失灵。

3. 人为错误

内部控制的设计和执行终究都是由人完成的,受到设计人员经验和知识水平的限制,可能会出现人为失误和由于人为失误而导致的内部控制失效。同时,内部控制制度的执行人员因粗心、精力不集中、身体欠佳、判断失误或误解上级发出的指令等,也会使内部控制制度失效。

本章小结

我国《企业内部控制基本规范》规定:内部控制是由企业董事会、证监会、经理层和全体员工实施的、旨在实现控制目标的过程。由于企业的组织关系存在契约关系与科层关系两种形式,同时内部控制设计需要切合人性两面性的特征,内部控制的本质从制衡、监督与激励三个侧面得以体现。

内部控制的目标是合理保证企业经营管理合法合规、资产安全、财务报告及相关信息的真实完整、提高经营效率和效果、促进企业实现发展战略。上述目标是一个完整的内部控制目标体系不可或缺的组成部分,然而,由于所处的控制层级不同,各个目标在整个目标体系中的地位和作用也存在着差异。内部控制按照不同的标准有不同的分类:按照控制层次可分为战略控制、管理控制和作业控制;按照控制地位可分为主导控制和补偿控制;按照控制方式可分为预防性控制、检查性控制和补偿性控制。

内部控制的对象是内部控制措施作用的客体。一般而言,内部控制的对象包括三个方面:人员与组织行为、资金与实物和信息。企业建立与实施有效的内部控制,应当包括内部环境、风险评估、控制活动、信息与沟通和内部监督等五大要素。

建立和实施内部控制必须遵循以下原则:全面性原则、重要性原则、制衡性原则、适应性原则和成本效益原则。内部控制作为一种机制和工具,并不是包治企业"百病"的"灵丹妙药",也存在局限性。认识内部控制的局限性有两个角度:制度设计的局限性和制度执行的局限性。

思考题

1. 如何理解我国《企业内部控制基本规范》对于内部控制的定义？
2. 请描述内部控制五个目标之间的关系。
3. 请描述内部控制五大要素之间的关系。
4. 为什么信息也是内部控制的对象？谈谈信息化对内部控制的影响。
5. 企业建立与实施内部控制应把握哪些原则？内部控制的全面性原则与重要性原则有冲突吗？
6. 如何理解内部控制存在局限性？

案例分析

WG 公司组织结构问题分析

WG 公司主要从事园林景观设计和施工项目，共有员工 158 人，是一家小型民营企业。公司成立之初，充分发挥了民营企业机制灵活的优势，吸引了大批优秀人才。公司制定了完善的管理制度，确保"制作优良"成为公司所有工程的施工目标。公司拥有素质优良的施工队伍和较强的技术力量，保障了公司所有工程的施工实现"多、快、好、省"。公司本着"服务四方"的原则，坚持客户是生命、品质是基础、员工是财富、创新是未来的经营理念，安全、高效、环保、人性化、低成本地满足客户需求。

随着公司业务的不断扩大，管理水平对公司生存和发展的重要性日益突出。但是，这是一家小型民营企业，人员少，对制度化、规范化管理没有给予足够的重视。一方面，部门分工不清，业务流程烦琐复杂，权责不对等；另一方面，公司缺乏有效的考核体系和薪酬管理，完全靠领导"拍脑袋"决定，导致大量人才流失。同时，因为公司业务发展得非常快，对管理的灵活性要求很高，但公司的管理者都是搞技术出身，内部管理实行粗放式管理，导致公司内部管理混乱，缺乏制度约束。以上这些问题，在初期被公司的大好形势所掩盖，但当公司发展到一定阶段、规模达到一定层次后，问题便逐渐暴露出来，与市场的发展趋势不相匹配，严重制约了公司的进一步发展。

资料来源：曹嘉晖，"公司组织结构的优化案例"，《中国市场》，2006 年第 32 期。

根据上述案例，结合你对本章相关知识的理解，回答以下问题：

（1）内部控制的本质是什么？从本质上看，该公司内部控制的缺陷有哪些？
（2）该案例体现了内部控制哪些方面的原则？该公司要想取得进一步的发展，应如何改进内部控制？

技能训练题

登录国家审计署网页，搜寻整理截止到搜寻日的所有政府审计公告，并分组从内部控制三大本质的角度系统总结各种组织类型（如政府部门、事业单位、中央企业）普遍存在的内部控制问题。

第三章

内部环境

【引言】

按照《企业内部控制基本规范》及其配套指引的规定,企业的内部环境主要包括组织架构、发展战略、人力资源、社会责任和企业文化等五个方面,本章主要从这五个方面阐述它们的定义、内容与意义,并着重分析了其存在的关键风险以及应采取的主要控制措施。

【学习目标】

完成本章的学习后,您将能够:

1. 了解组织架构的内涵及其在内控方面的作用,理解组织架构设计与运行中的关键风险与主要控制措施;

2. 了解发展战略的内涵、意义与流程,理解发展战略制定和实施中的关键风险与主要控制措施;

3. 了解人力资源管理的内涵、意义与流程,理解人力资源管理中的关键风险与主要控制措施;

4. 了解企业社会责任的定义、内容和意义,理解企业履行社会责任中的关键风险与主要控制措施;

5. 了解企业文化的定义、意义和表现形式,理解企业文化建设中的关键风险与主要控制措施。

案例引入
从企业内部环境要素看巨人集团的兴衰

在史玉柱的带领下,巨人集团从兴起到衰败、从没落到重新站立,演绎了中国市场经济中富有传奇色彩、具有悲喜剧风格般的财富故事。而集团的掌门人史玉柱,从白手起家到名列《福布斯》排行榜的第八位,从饱受大家赞扬到遭受毁灭性的失败,从背负2.5亿元的巨债前行到再次崛起成为内地新首富。究竟是什么让巨人集团柳暗花明?曾经内部控制的缺陷与现今内部控制的优质护航,成为根本性的因素;而内部环境的奠基性作用,也成为内部控制中连接各个要素的有力绳索。

1. 法人治理结构

老"巨人"的失败,从表面上看是由于领导人好大喜功,盲目采取多元化经营战略,投资于自己完全生疏的房地产领域,而没有对投资项目的成本效益和资金预算做出充分的分析,结果资金链断裂所致。其实背后更深层的原因在于老"巨人"缺乏良好的法人治理结构和科学的决策机制。老"巨人"的董事会形同虚设,史玉柱手下的几位副总都没有股份,在集团讨论重大决策时,他们很少坚持自己的意见,也无权干预史玉柱的错误决策。也就是说,在巨人集团的高层没有权力制约机制,实际上就是史玉柱一个人说了算。最终伴随着"巨人大厦"项目的搁浅,老"巨人"名存实亡了。新"巨人"成立后,史玉柱在整改公司治理结构的基础上进一步规范了科学的决策机制。新"巨人"的发展强调安全,环环相扣,步步前进。史玉柱通过脑白金项目的运作,以及后期投资3亿元买入银行的法人股股票,完成了重返IT行业的资本积累。而后,史玉柱又通过自己超强的商业能力和对网络游戏产品的把握,把巨人推到全球规模最大、规则最严苛、历史最悠久的纽约证券交易所上市,同时也再次明确,公司不再实行多元化战略。史玉柱说:"下半辈子就靠做网络游戏,不会再盖巨人大厦了。上市募集的资金也不可能用来支持保健品业务的发展,宁可错过100次机会也不会瞎投一个项目。"

2. 企业的内部机构设置及权责分配

新"巨人"的发展,在企业内部机构的设计中下了很大的功夫,其中"款到提货"是脑白金销售的市场规则,即总部把货卖给各地的经销商,各地经销商无论大小一视同仁,货款是经销商与总部之间的事情,绝对不允许分公司染指,除此之外,每个销售经理的背后都附带多人的信用担保。企业内部权责分配合理,没有过大过小的权利压制,这与新"巨人"稳步发展的治理结构有着很大的关系,也有利于集团内部审计机制的运行。

3. 企业内部审计机制

新"巨人"制定了更为严密合理的内部审计机制,例如,为脑白金建立了一支50人的纠察队伍,一旦发现分公司弄虚作假或隐瞒问题,就会对其进行处罚。除了这支总部的纠察队伍,省级分公司也有纠察队查市级市场,市级纠察队再查县级市场。这样的环环相扣、连环审查,成为企业内部审计制度的亮点。同时,新的审计制度也减少了企业之前管理松弛、内控弱化、风险频发、资产流失、营私舞弊和损失浪费的问题,同时也创下了保健品行业零坏账的纪录。在充沛的现金流的保证下,企业不断做大做强,同时内审机制也随时提醒企业需要注意的危机信息，使其保有危机意识，随时预防可能发生的财务风险和经营风险。

4. 企业文化

新"巨人"倡导一种"有奖必有罚，奖罚比配套""只认功劳不认苦劳""说到做到，做不到就不要说"的企业文化。和一般公司只奖励先进不惩处落后相比，史玉柱每次召开总结大会，都一定让最佳与最差同时登台，给最佳颁发奖金，而给最差颁发黄旗。对于每一位经理，史玉柱不仅为他们提供了获得巨额奖金的机会，而且通过"做不好就必须接受惩罚"的机制对他们形成了负向激励。这样赏罚分明的企业文化，对新"巨人"的发展起到了巨大的支撑与推动作用。

巨人的由衰转兴，与其良好的内部环境息息相关。如果没有内部环境的保证，再完美的内部控制设计也只能是"镜中花、水中月"，发挥不出其应有的作用。那么内部环境究竟包括哪些内容？企业又该如何建立或优化自身的内部环境呢？按照《企业内部控制基本规范》及其配套指引的规定，企业的内部环境主要包括组织架构、发展战略、人力资源、社会责任和企业文化等五个方面，本章主要从这五个方面进行阐述。

资料来源：改编自翟璐，"从企业内部环境要素浅析巨人集团兴衰"，《中国市场》，2014 年第 38 期。

第一节　组织架构

一、组织架构的定义

根据《企业内部控制应用指引第 1 号——组织架构》的定义，组织架构是指企业按照国家有关法律法规、股东（大）会决议、企业章程，结合本企业实际，明确董事会、监事会、经理层和企业内部各层级机构设置、职责权限、人员编制、工作程序和相关要求的制度安排。其中，核心是完善公司治理结构、管理体制和运行机制问题。

组织架构涵盖了治理结构和内部机构两个层次。其中，治理结构即企业治理层面的组织架构，是与外部主体发生各项经济关系的法人所必备的组织基础，它可以使企业成为法律上具有独立责任的主体，从而使得企业能够在法律许可的框架下拥有特定权利、履行相应义务，以保障各利益相关方的基本权益。内部机构则是企业内部机构层面的组织架构，是指企业根据业务发展的需要，分别设置不同层次的管理人员及相应的专业人员管理团队，针对各项业务功能行使决策、计划、执行、监督、评价的权力并承担相应的义务，从而为业务顺利开展并实现企业发展战略提供组织机构的支撑平台。企业应当根据发展战略、业务需要和控制要求，选择适合本企业的内部组织机构类型。

一个现代企业，无论其处于新建、重组改制抑或是存续状态，要实现发展战略，都必须把建立和完善组织架构放在首位，否则其他方面都无从谈起。建立和完善组织架构可以促进企业建立现代企业制度，有助于防范和化解各种舞弊风险，并在内部控制制度的建设中起到结构性支撑的作用。

二、组织架构设计与运行的关键风险点

《企业内部控制应用指引第 1 号——组织架构》第九条指出,企业至少应当关注组织架构设计与运行中的下列风险:治理结构形同虚设,缺乏科学决策、良性运行机制和执行力,可能导致企业经营失败,难以实现发展战略;内部机构设计不科学,权责分配不合理,可能导致机构重叠、职能交叉或缺失、推诿扯皮、运行效率低下。

延伸阅读　呼啦啦大厦倾,悠荡荡一场梦

资料介绍

组织架构的潜在风险——"大企业病"

1983 年元旦,立石一真在出席由东京经济学团体联合会主持召开的企业家与新闻界例行联席会议时,首次使用"大企业病"这个词。

现在,"大企业病"成为一个泛指的概念,是指企业规模扩大、产业类型和管理层次增多后,可能产生的信息阻隔、信息传递速度下降或内容失真、决策得不到不折不扣地贯彻、指令执行出现严重偏差、企业成本增加、制度烦琐以及组织机构官僚化等,使企业响应市场的能力降低,生存质量不断弱化,逐步走向低劣甚至衰败的一种慢性综合病症。

"大企业病"是当今世界各国大型企业普遍存在的现象。企业一旦患上"大企业病",往往会失去创业的激情与冲动,丧失应有的生机和活力,显得步履维艰、老态龙钟。"大企业病"的病症往往表现为:

(1)身躯肥胖。表现出:企业机构臃肿,部门林立,层次多,冗员多;企业内部壁垒严重,部门间协同松散,信息传递较慢或失真失效;企业制度烦琐,职责不明,扯皮增多,办事程序复杂,官僚习气十足。

(2)心动无力。表现出:重大决策不能得到有效执行或实施不力,达不到预期效果;领导者陷于具体的日常业务中,企业缺乏有效的中长期计划。

(3)步履维艰。表现出:员工不计成本、不讲实效,导致成本居高不下、效益下滑;企业生产与市场严重脱节,畅销的供不上,滞销的大积压,技术创新不足;不注重客户关系管理,客户对企业产生信任危机。

(4)缺乏激情。表现出:企业从上到下看不到危机,沉浸在泡沫式的繁荣中。以往创办、领导企业的"元老""长老"们,仍然在公司内部拥有强大的势力,阻碍了持不同意见者的生存发展;不重视培养人才,企业各个层面出现后备人才"短缺"现象,人才流失现象严重。

为什么中小企业不会患上"大企业病",而大企业在不同程度上都或多或少地会有"大企业病"呢?我们知道,组织结构设计的合理与否,直接关系到信息传递与沟通的效率和管理行为的有效性。随着企业规模的扩大,职能部门的数量与彼此之间的联系明显增多,这就越来越需要设计良好的组织结构以支持经营管理活动的有效运作。

资料来源:改编自百度文库资料"大型企业管理中存在的问题和根源",作者不详。

三、治理结构的设计与运行

（一）治理结构的设计

1. 企业治理结构设计的一般要求

治理结构包括股东（大）会、董事会、监事会和经理层。企业应当根据《企业内部控制应用指引第1号——组织架构》第四条的要求，按照决策机构、执行机构和监督机构相互独立、权责明确、相互制衡的原则，明确董事会、监事会和经理层的职责权限、任职条件、议事规则和工作程序等。其中，董事会对股东（大）会负责，依法行使企业的经营决策权。企业可按照股东（大）会的有关决议，设立战略、审计、提名、薪酬与考核等专门委员会，明确各专门委员会的职责权限、任职资格、议事规则和工作程序，为董事会科学决策提供支持。监事会对股东（大）会负责，监督企业董事、经理和其他高级管理人员依法履行职责。

延伸阅读　民生银行董事会内斗凸显公司治理尴尬

延伸阅读　IT之星的陨落

经理层对董事会负责，主持企业的生产经营管理工作。经理和其他高级管理人员的职责分工应当明确。董事会、监事会和经理层的产生程序应当合法、合规，其人员构成、知识结构、能力素质应当满足履行职责的要求。

从内部控制建设角度看，新设企业或转制企业如果一开始就在治理结构设计方面存在缺陷，必然会对企业的长远发展造成严重损害。比如，有些上市公司在董事会下没有设立"真正意义上"的审计委员会，其成员只是"形式上"符合有关法律法规的要求，难以胜任工作，甚至也"不愿"去履行职能。又如，部分上市公司的监事会成员或多或少地与董事长存在某种关系，在后续工作中难以秉公办事，直接或间接地损害了股东尤其是小股东的合法权益。再如，有些上市公司因为在上市改制时治理结构设计不合理，出于人情等因素让某人担任董事长，而实际上公司总经理才是幕后真正的"董事长"。在治理结构的设计过程中，应当尽力避免上述情况的发生。

2. 上市公司治理结构的特殊要求

上市公司是公众公司，具有重大公众利益，必须对投资者和社会公众负责。因此，上市公司在进行治理结构设计时，应当充分考虑其"公众性"的特点。

（1）建立独立董事制度。上市公司董事会应当设立独立董事，独立董事应独立于所受聘的公司及其主要股东，且不得在上市公司担任除独立董事外的其他任何职务。独立董事对上市公司及全体股东负有诚信与勤勉等义务，尤其要关注中小股东的合法权益不受损害。在履行职责的过程中，独立董事要确保不受公司主要股东、实际控制人以及其他与上市公司存在利害关系的单位或个人的影响。

（2）设立董事会专业委员会。上市公司董事会应当根据治理需要，按照股东大会的有关决议设立战略决策、提名、审计、薪酬与考核等专门委员会。其中，审计委员会、薪酬与考核委员会中，独立董事应当占多数并担任负责人，审计委员会中至少还应有一名独立董事是会计专业人士。董事会专业委员会中的审计委员会，对内部控制的建立健全和有效实施发挥着非常重要的作用。审计委员会对经理层提供的财务报告和内部控制评价报告进行监督。审计委员会成员应当具有独立性、专业性和道德性。

（3）设立董事会秘书。董事会秘书是上市公司的高级管理人员，直接对董事会负责，并由董事长提名，董事会负责任免。董事会秘书是一个重要的角色，负责公司股东大会和董事会会议的筹备、文件保管以及公司股东资料的管理，办理信息披露事务等事宜。

延伸阅读　中信泰富事件折射出国企内部治理问题

3. 国有独资公司治理结构设计的特殊要求

在我国，国有独资公司是比较独特的一类企业，也是我国国民经济的骨干力量，其治理结构设计应充分反映其特色，主要体现在：

（1）国有资产监督管理机构代行股东（大）会职权。国有独资公司不设股东（大）会，由国有资产监督管理机构行使股东（大）会职权，决定公司的重大事项。国有资产监督管理机构可以授权公司董事会行使股东会的部分职权，决定公司的重大事项，但公司的合并、分立、解散、增加或者减少注册资本和发行公司债券，必须由国有资产监督管理机构决定。

（2）国有独资公司董事会成员主要由国有资产监督管理机构委派，但还应包括由公司职工代表大会选举产生的职工代表。国有独资公司董事长、副董事长由国有资产监督管理机构从董事会成员中指定产生。

（3）国有独资公司监事会成员由国有资产监督管理机构委派，但监事会成员中的职工代表由公司职工代表大会选举产生。监事会主席由国有资产监督管理机构从监事会成员中指定产生。

（二）治理结构的运行

根据《企业内部控制应用指引第1号——组织架构》第九条的要求，企业应当根据组织架构的设计规范，对现有治理结构和内部机构设置进行全面梳理，确保本企业的治理结构、内部机构设置和运行机制等符合现代企业制度要求。企业梳理治理结构，应当重点关注董事、监事、经理及其他高级管理人员的任职资格和履职情况，以及董事会、监事会和经理层的运行效果。治理结构存在问题的，应当采取有效措施加以改进。

延伸阅读　公司治理结构与内部控制结合分析——中航油事件的启示

案例 3-1　　　　　　　　　　东芝治理失败起底

东芝公司早在1998年就引进了所谓的"执行董事制度"，1999年导入了所谓的"社内分社制度"，2000年设置了提名委员会和报酬委员会，2001年导入了外部董事制度。如今，在东芝公司总共16名董事中，有一半（8名非执行董事）来自公司之外。

从治理架构来看，东芝的公司治理显得非常完善。董事提名委员会由3人组成，其中2名来自公司外部；监察委员会的5名委员中有3名来自公司外部；决定董事及执行董事薪酬的报酬委员会的5名委员中也有3名委员来自公司外部。而且，提名和报酬委员会的委员长都由公司外部委员担任。

然而,这种治理架构只是一个空壳而已,各个机构并没有真正发挥其价值。不仅如此,东芝公司在邀请外部董事之际,还特别在人事选择上做了"手脚"。例如在3名外部监察委员会委员中,"竟然没有一位熟知财务、会计的业内人士"。而且,对于这个重要机构的委员长人选,东芝没有从外部委员中选择,而是从内部2名委员中指定。

于是,东芝的传统企业文化丝毫没有因公司治理改革而得到转变。"不能违背上司""部长会议只是传达命令""月例会议只是布置利润指标"等企业文化仍然大行其道。此次东芝丑闻暴露后,负责调查的"第三者委员会"就披露了这样的实例:2008年12月,即将要发布2008年第三季度业绩前,当时任社长西田厚聪得知营业利润数字是亏损184亿日元时,就指出"这个数字太令人难堪了,我们不能宣布它"。于是,东芝公布的数字就从亏损184亿日元变成了盈利5亿日元。2012年9月东芝内部的月例会议上,东芝DS(数码服务)分公司汇报说,2012年度上半年将出现201亿日元营业赤字,时任社长佐佐木则夫却硬是逼迫他在此基础上将其改为80亿日元的盈利。2013年继任的田中久雄社长仍然延续这种作风,他曾在上任仅3个月时就命令电视机业务的分社长,"电视机事业实现黑字化是公司的对外承诺,所以无论采取何种手段,都必须实现这个目标"。

资料来源:改编自《董事会》2015年第9期同名报道,作者张玉来。

企业对治理结构的梳理应着力从两个方面入手。一是关注董事、监事、经理及其他高级管理人员的任职资格和履职情况。对于任职资格,重点关注行为能力、道德诚信、经营管理素质、任职程序等方面;对于履职情况,重点关注合规、业绩,以及履行忠实、勤勉义务等方面。二是关注董事会、监事会和经理层的运行效果,包括:(1)董事会是否按时定期或不定期地召集股东大会并向股东大会报告;是否严格认真地执行了股东大会的所有决议;是否合理地聘任或解聘经理及其他高级人员等。(2)监事会是否按照规定对董事、高级管理人员行为进行监督;在发现违反相关法律法规或损害公司利益时,是否能够对其提出罢免建议或制止并纠正其行为等。(3)经理层是否认真有效地组织实施董事会决议;是否认真有效地组织实施董事会制订的年度生产经营计划和投资方案;是否能够完成董事会确定的生产经营计划和绩效目标等。①

四、内部机构的设计与运行

(一)内部机构的设计

内部机构的设计是组织架构设计的关键环节,企业应当结合经营业务特点和内部控制要求进行内部机构设计。

1. 按照《企业内部控制应用指引第1号——组织架构》第六条的要求

企业应当按照科学、精简、高效、透明、制衡的原则,综合考虑企业性质、发展战略、文化理念和管理要求等因素,合理设置内部职能机构,明确各机构的职责权限,避免职能交叉、缺失或权责过于集中,形成各司其职、各负其责、相互制约、相互协调的工作机制。常

---

① 摘自财政部会计司《内部控制配套指引解读》。

见的职能机构包括规划、设计、采购、生产、销售、人事、会计、后勤等。

2. 按照《企业内部控制应用指引第1号——组织架构》第七条的要求

企业应当对各机构的职能进行科学合理的分解,确定具体岗位的名称、职责和工作要求等,明确各个岗位的权限和相互关系。在内部机构设计过程中,企业尤其应当遵循不相容岗位相分离原则,努力识别出不相容职务。不相容职务通常包括:可行性研究与决策审批;决策审批与执行;执行与监督检查;等等。

岗位职责是对某一工作部门或个人的工作任务、责任与权限所做的统一规定。企业应当对岗位职责进行描述,包括工作名称、工作职责、任职条件、工作技能要求、工作对个性的要求等。企业对岗位职责的描述对象是工作本身,与从事这项工作的人无关,目的是便于员工理解职位的能力要求、工作职责及衡量标准,让员工有一个可遵循的标准。

3. 按照《企业内部控制应用指引第1号——组织架构》第八条的要求

企业应当制定组织结构图、业务流程图、岗(职)位说明书和权限指引等内部管理制度或相关文件,使员工了解和掌握组织架构设计及权责分配情况,正确履行职责。需要特别指出的是,就内部机构设计而言,建立权限指引和授权机制非常重要。有了权限指引,不同层级的员工就知道该如何行使并承担相应责任,也有利于事后考核评价。授权机制是指企业各项决策和业务必须由具备适当权限的人员办理,这一权限通过公司章程约定或其他适当方式授予。

企业内部各级员工必须获得相应的授权,才能实施决策或办理业务,严禁越权处理。按照授权对象和形式的不同,授权分为常规授权和特别授权。常规授权一般针对企业日常经营管理过程中发生的程序性和重复性工作,可以在由企业正式颁布的岗(职)位说明书中予以明确,或通过制定专门的权限指引予以明确。特别授权一般是由董事会向经理层或经理层向内部机构及其员工授予处理某一突发事件(如法律纠纷)、做出某项重大决策、代替上级处理日常工作的临时性权力。

4. 对"三重一大"的特殊考虑

无论是上市公司还是其他企业,在实务中发生的重大经济案件大多牵涉到"三重一大"问题,即"重大决策、重大事项、重要人事任免及大额资金使用"问题。《企业内部控制应用指引第1号——组织架构》第五条明确要求,企业的重大决策、重大事项、重要人事任免及大额资金支付业务等,应当按照规定的权限和程序实行集体决策审批或者联签制度。任何个人都不得单独进行决策或者擅自改变集体决策意见。此项规定是对我国企业近十几年来的成功经验和失败教训的总结,可以有效避免"一言堂""一支笔"现象。

案例 3-2 贪婪无度不收敛 自作聪明终被捉

吴维汝的"落马",源于福建三钢集团公司纪委协助省委巡视组开展的专项巡视。

2014年年底至2015年1月,福建省委巡视组对福建三钢集团进行专项巡视,并在福建三钢集团公司纪委协助下,延伸检查其直属企业小蕉实业发展有限公司。其间,发现了吴维汝涉嫌利用职权为亲友谋取私利的问题线索,并将该问题线索移交三明市纪委。

翻阅吴维汝的档案资料,发现他从普通工人到财务处处长助理、副科长,再到小蕉轧钢厂副厂长、厂长。44岁时,他就担任中国国际钢铁制品有限公司总经理,当选三明市人大代表,可谓是年轻有为、令人艳羡的"企业精英"。2010年,吴维汝任小蕉实业有限公司董事长、总经理,兼任中国国际钢铁制品有限公司董事长、总经理。"那时的我有理想、有追求、有激情、有进取心,一心一意想把企业做好,并主动向干部职工发出'向我看齐'的承诺",吴维汝说。

财务管理、业务承揽、工程基建、物资采购等涉及资金密度高、与公司外部关联企业多的环节,是吴维汝插手干预的重点。

为了更多地"赚钱",吴维汝独断专行、以权谋私。他在班子中搞"一言堂",使"三重一大"事项等民主决策流于形式,在企业内部编织自己的"利益圈",安排"亲信"到重要岗位任职,插手干预公司高炉布袋除尘灰、废钢等副产品经营活动,为亲友转售谋取私利,放任甚至帮助亲友围标串标……

此外,吴维汝生活奢靡、嗜赌成性。"忘记了自己的责任和使命,经常吃吃喝喝,休闲娱乐,情趣低俗,沾染赌博恶习,生活不检点……"这是吴维汝的自我描述。

资料来源:改编自《中国纪检监察报》2016年2月4日同名报道,作者叶水江。

(二)内部机构的运行

《企业内部控制应用指引第1号——组织架构》第九条中明确指出,企业梳理内部机构设置,应当重点关注内部机构设置的合理性和运行的高效性等。内部机构设置和运行中存在职能交叉、缺失或运行效率低下的,应当及时解决。

案例 3-3　　　　　　　　　一次高层例会引发的思考

一整天的公司高层例会结束后,D公司总经理S不禁陷入沉思。

6年来,D公司由初创时的几个人、1 500万元资产、单一开发房地产的公司,发展成为今天的1300余人、5.8亿元资产、以房地产业为主,集娱乐、餐饮、咨询、汽车维护、百货零售等业务于一体的多元化实业公司。D公司现已成为本市乃至周边地区较有竞争实力和知名度的企业。

作为公司创业以来一直担任主帅的S,在成功的喜悦与憧憬中,更多了一层隐忧。在今天的高层例会上,他在发言时也是这么讲的:"公司成立已经6年了,在过去的几年里,公司取得了很大的发展。现在回过头来看,过去的路子基本上是正确的。当然也应该承认,公司现在面临着许多新问题:一是企业规模较大,组织管理中管理信息沟通不及时,各部门协调不力;二是市场变化快,我们过去先入为主的优势已经逐渐消失,且主业、副业市场竞争都渐趋激烈;三是我们原本的战略发展定位是多元化,在坚持主业的同时,积极向外扩张,寻找新的发展空间,应该如何坚持这一定位?"

管理专业科班出身、主管公司经营与发展的副总经理L在会上说:"公司的成绩只能说明过去,面对新的局面必须有新的思路。公司成长到今天,人员在膨胀,组织层级过多,部门数量增加,这就在组织管理上出现了阻隔。例如,总公司下设5个分公司,即综合娱乐中心(下有戏水、餐饮、健身、保龄球、滑冰等项目)、房地产开发公司、装修公司、汽车维修公司和物业管理公司,各公司都自成体系。公司管理层次过多,如总公司有3级,各分公司又各有3级以上的管理层,最为突出的是综合娱乐中心的管理层次竟达7级,且专业管理机构存在重复设置现象。总公司有人力资源开发部,下属公司也相应设有人力资源开发部,造成职能重叠,管理混乱。管理效率和人员效率低下,这从根本上导致管理成本加大,组织效率降低,这是任何一个公司的发展大忌。从组织管理理论的角度看,一个企业发展到1000人左右,就应以制度管理代替'人治',我们公司可以说正处于这一管理制度变革的关口。我们公司业务种类多、市场面广、跨行业的管理具有复杂性和业务多元化的特点,现有的直线职能制组织结构已不能适应公司的发展,所以进行组织变革是必然的,问题在于我们应该构建一种什么样的组织结构以适应企业发展的需要。"

资料来源:三亿文库,http://3y.uu456.com/bp_3fx0u88zru9y6ym8bcx4_1.html。

1. 内部机构设置的合理性

从合理性角度对企业内部机构设置情况进行梳理,应当重点关注:(1)内部机构设置是否适应内外部环境的变化。(2)是否以发展目标为导向。(3)是否满足专业化的分工和协作,有助于企业提高劳动生产率。(4)是否明确界定各机构和岗位的权利与责任,不存在权责交叉重叠,不存在只有权利而没有相对应的责任和义务的情况等。

2. 内部机构运行的高效性

从高效性角度对企业内部机构的运行情况进行梳理,主要关注以下三个方面:(1)职责分工的效率。在现代市场经济中,企业面临的市场环境日益发生变化,内部各机构的职责分工也应当针对市场环境的变化及时调整。特别地,当企业面临重要事件或重大危机时,各机构间表现出的职责分工协调性,可以较好地检验内部机构运行的效率。(2)权力制衡的效率。企业应当定期评估内部机构的权利制衡机制是否有效,关注机构的权力是否过大并存在监督漏洞、机构权力是否被架空、机构内部或各机构之间是否存在权力失衡等。(3)信息沟通的效率。企业梳理内部机构的高效性,还应关注内部机构运行是否有利于保证信息的及时顺畅流通,在各机构间达到快捷沟通的目的。评估内部机构运行中的信息沟通效率,一般包括信息在内部机构间的流通是否通畅,是否存在信息阻塞;信息在组织架构中的流通是否有助于提高效率,是否存在舍近求远沟通的情况。例如,某公司在治理结构和内部机构之间,以及内部各机构之间建立了一套双向沟通机制,以达到打通信息纵向与横向流通渠道的目的。

延伸阅读 皇帝新装难掩人治之祸

五、组织架构的评价与调整

企业在对治理结构和内部机构进行全面梳理的基础上,还应当定期对组织架构设计和运行的效率与效果进行综合评价,旨在发现可能存在的缺陷并及时优化调整,使公司的组织架构始终处于高效运行的状态。企业组织架构的调整应当充分听取董事、监事、高级管理人员和其他员工的意见,按照规定的权限和程序进行决策审批。

总之,只有不断健全公司法人治理结构,持续优化内部机构设置,才能为企业的内部控制和风险管理奠定扎实的基础,才能提升企业经营管理效能,在当前激烈的国内外市场经济竞争中保持健康可持续发展。

第二节 发展战略

一、发展战略的定义

《企业内部控制应用指引第 2 号——发展战略》第二条指出:发展战略,是指企业在对现实状况和未来趋势进行综合分析与科学预测的基础上,制定并实施的长远发展目标与战略规划。通俗地讲,就是一个企业应该做什么,不能做什么;应该怎么做,不能怎么做;应该有什么样的目标,不能有什么样的目标。对这三个问题的回答就是战略。而这三个问题,绝对是企业生存发展的大问题。

发展战略的意义在于:(1)它可以为企业找准自己的行业和市场定位;(2)它是企业执行层行动的指南;(3)它为内部控制设定了最高目标。

战略是一个学习、思考、实践的过程,战略管理是一门大学问,具体包括战略制定、战略实施、战略监控、战略评价以及战略调整等环节,如图 3-1 所示。

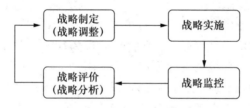

图 3-1 战略管理流程图

二、发展战略制定和实施的关键风险点

《企业内部控制应用指引第 2 号——发展战略》第三条指出,企业制定与实施发展战略至少应当关注下列风险:(1)缺乏明确的发展战略或发展战略实施不到位,可能导致企业盲目发展,难以形成竞争优势,丧失发展机遇和动力;(2)发展战略过于激进,脱离企业实际能力或偏离主业,可能导致企业过度扩张,甚至经营失败;(3)发展战略因主观原因频繁变动,可能导致资源浪费,甚至危及企业的生存和持续发展。

延伸阅读 诺基亚战略失败原因分析

三、发展战略的制定

(一)建立和健全发展战略制定机构

根据《企业内部控制应用指引第 2 号——发展战略》第六条的要求,企业应当在董事会下设立战略委员会,或指定相关机构负责发展战略管理工作,履行相应职责。战略委员会的成员应当具有较强的综合素质和实践经验,其任职资格和选任程序应当符合有关法律法规和企业章程的规定。

企业董事会应当确定战略委员会的职责和议事规则,对战略委员会会议的召开程序、表决方式、提案审议、保密要求和会议记录等做出规定,确保议事过程规范透明、决策程序科学民主。

(二)影响发展战略的内部因素分析

影响发展战略制定的关键因素有企业外部环境和内部资源两个方面。其中,企业外部环境是制定发展战略的重要影响因素,包括企业所处的宏观环境、行业环境及竞争对手、经营环境等。

1. 宏观环境因素分析

宏观环境是指那些在广阔的社会环境中影响到一个产业或企业的各种因素,如政治、经济、社会、科学等因素,即用 PEST 分析考察环境的构成,具体要点如图 3-2 所示。

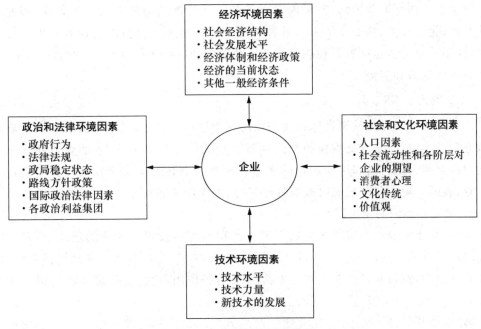

图 3-2 宏观环境因素分析

2. 行业环境及竞争对手分析

企业应当加强对所处行业的调研、分析,发现影响该行业盈亏的决定性因素、当前及预期的盈利性以及这些因素的变动情况。行业分析最常用的工具是五力分析模型,如图 3-3 所示。

3. 经营环境分析

是指企业侧重于对市场及竞争地位、消费者消费状况、融资者、劳动力市场状况等因素的分析。经营环境比宏观环境和行业环境更容易为企业所影响和控制,也

延伸阅读　百年火柴厂死于"自燃"

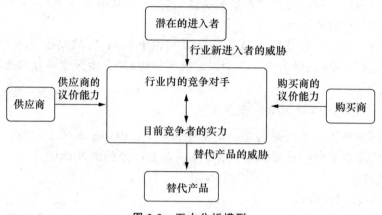

图 3-3 五力分析模型

更有利于企业主动应对其所带来的机会和威胁。

对于企业内部资源因素,由于内部资源是企业发展战略的重要制约条件,因此包括企业资源、企业能力、核心竞争力等各种有形和无形资源。分析企业拥有的内部资源和能力,应当着重分析这些资源和能力使企业在同行业中处于何种地位,与竞争对手相比,企业有哪些优势和劣势。

（三）制定发展战略

发展战略可以分为发展目标和战略规划两个层次。其中,发展目标是企业发展战略的核心和基本内容,是在最重要的经营领域对企业使命的具体化,表明企业在未来一段时期内所要努力的方向和所要达到的水平。战略规划是为了实现发展目标而制定的具体规划,表明企业在每个发展阶段的具体目标、工作任务和实施路径。

1. 发展目标的制定原则

第一,突出主业。当前我国少数大型企业存在盲目投资非主业的现象,引发了社会各界的广泛议论。因此,企业在制定发展目标时要突出主业,努力将其做精做强,不断增强核心竞争力,在行业和产业发展中发挥带头引领作用,这也是许多成功跨国公司的重要经验。

第二,稳扎稳打。为追求"超常规""跨越式"发展,当前有些企业制定过于激进的发展目标。在这种浮躁心态的驱使下,这些企业盲目追求做大,不惜成本,急于"铺摊子",试图在短期内将企业打造成"巨无霸"。但这种所谓"跨越式"的发展,在企业内部管理能力难以跟上、风险管理水平不匹配的情况下,一旦外部环境发生一点"风吹草动",企业很可能顷刻间"灰飞烟灭",迅速走向衰败。

第三,适当开拓性。当然,企业的发展目标也不能过于保守,应当具备适当的开拓性,否则会丧失发展机遇和动力。在过于保守的战略引导下,企业由于发展目标易于实现而故步自封,长此以往在激烈的市场竞争中往往不能及时抓住市场机会,导致发展滞后,最终难以逃脱被淘汰的命运。

第四,专业论证。企业制定发展目标时应组织多方面的专家和有关人员进行充分论证,主要着眼于发展方向是否正确、发展目标是否可行以及发展目标是否明确。

2. 发展目标的制定要求

根据《企业内部控制应用指引第2号——发展战略》第四条的要求,企业在制定发展目标的过程中,应当综合考虑宏观经济政策、国内外市场需求变化、技术发展趋势、行业及竞争对手状况、可利用资源水平和自身优势与劣势等影响因素,在充分调查研究、科学分析预测和广泛征求意见的基础上制定发展目标。

（四）编制战略规划

发展目标确定后,就要考虑使用何种手段、采取何种措施、运用何种方法来达到目标,即编制战略规划。战略规划应当明确企业发展的阶段性和发展程度,制定每个发展阶段的具体目标和工作任务,以及达到发展目标必经的实施路径。

延伸阅读　光伏巨人尚德倒下的四大警示

案例 3-4　　光明股份公司的战略地图

光明股份公司是一家主要从事汽车与摩托车零部件产品生产的大型企业,主导产品为汽车动力转向器与摩托车曲轴等汽摩零部件。公司位于经济发达的长三角地区,成立于20世纪80年代中期,目前有员工3 000余人,年销售额为20亿元。由于在汽摩零部件行业拥有领先的技术,生产加工设备一流,资金充裕,市场行情较好,产品供不应求,该公司于2010年年底围绕"保增长、调结构、建体系、强队伍"十二字经营方针,定义了企业使命、愿景及核心价值观,并提出"快速发展战略",未来五年将确立光明股份公司国内汽摩零部件行业领先者的地位。

光明股份公司要实现发展战略,首先要解决战略落地的问题,即如何聚焦战略规划,形成战略目标,再将战略目标通过绘制战略地图转变为企业的行动路径,最后将企业的行动路径转化为员工的具体行为。战略的落地其实就是化战略为行动。构建以平衡计分卡为导向的战略绩效管理模式是实现战略落地的最有力工具。

光明股份公司通过简化后的四步法进行战略地图开发的情况如下所示:

步骤一,战略规划聚焦,分析企业内外部环境、企业现状及未来发展前景。

步骤二,通过战略规划的聚焦,形成公司的中长期战略目标,具体包括:（1）完成董事会关注的目标;（2）调整市场结构;（3）开拓海外市场;（4）品牌塑造与提升;（5）优化供应链;（6）提升产品质量;（7）提升研发能力;（8）加强国际合作;（9）加强人才队伍建设。

步骤三,拟定光明股份公司战略地图的初稿。

步骤四,绘制光明股份公司的战略地图。

光明股份公司构建战略绩效管理体系后,取得了较好的业绩,公司制定的"快速发展战略"正在稳步实现中,公司处于健康的成长状态。

资料来源:改编自王小刚,"光明股份公司战略转型",中国品牌管理网,2013年3月18日。

(五) 审议和批准发展战略

发展战略拟定后,应当按照规定的权限和程序对发展战略方案进行审议和批准。审议战略委员会提交的发展战略建议方案,是董事会的重要职责。在审议过程中,董事会应着力关注发展战略的全局性、长期性和可行性。具体包括:第一,发展战略是否符合国家行业发展规划和产业政策;第二,发展战略是否符合国家经济结构战略性调整方向;第三,发展战略是否突出主业,有助于提升企业核心竞争力;第四,发展战略是否具有可操作性;第五,发展战略是否客观全面地对未来的商业机会和风险进行分析预测;第六,发展战略是否有相应的人力、财务、信息等资源保障。董事会在审议中若发现发展战略方案存在重大缺陷,应当责成战略委员会对建议方案进行调整。企业发展战略方案经董事会审议通过后,应当报经股东(大)会批准后付诸实施。

四、发展战略的实施

(一) 分解落实发展战略

企业的发展战略一旦明确,就需要落实、细化。这就需要制订年度工作计划,编制全面预算,将年度目标分解、落实,确保发展战略的有效实施。第一,要根据战略规划,制订年度工作计划。第二,要按照上下结合、分级编制、逐级汇总的原则编制全面预算,将发展目标分解并落实到产销水平、资产负债规模、收入及利润增长幅度、投资回报、风险管控、技术创新、品牌建设、人力资源建设、制度建设、企业文化、社会责任等可操作层面,确保发展战略能够真正有效地指导企业各项生产经营管理活动。第三,要进一步将年度预算细分为季度、月度预算,通过实施分期预算控制,促进年度预算目标的实现。第四,要通过建立发展战略实施的激励约束机制,将各责任单位年度预算目标完成情况纳入绩效考评体系,切实做到有奖有惩、奖惩分明,以促进发展战略的有效实施。

(二) 执行发展战略

发展战略实施过程是一个系统的有机整体,在目前复杂多变的市场环境和激烈的市场竞争中,对企业内部不同部门之间的协同运作提出了越来越高的要求。为此,企业应当培育与发展战略相匹配的企业文化,优化调整组织结构,整合内外部资源,相应调整管理方式。

(三) 做好发展战略的宣传工作

企业的发展战略要被员工理解,要深入人心。因而,企业应当重视发展战略的宣传工作,通过内部各层级会议和教育培训等有效方式,将发展战略及其分解落实情况传递到内部各管理层级和全体员工。具体而言,在企业董事、监事和高级管理人员中树立战略意识和战略思维,充分发挥其在战略制定与实施过程中的模范带头作用;通过采取内部会议、培训、讲座、知识竞赛等多种行之有效的方式,把发展战略及其分解落实情况传递到内部各管理层级和全体员工,营造战略宣传的强大舆论氛围;企业高管层要加强与广大员工的沟通,使全体员工充分认清企业的

延伸阅读 中国工商银行的战略实施

战略目标、发展思路和具体举措,自觉地将发展战略与自己的具体工作结合起来,促进发展战略的有效实施。

五、发展战略的监控与评价

由于企业内外部环境的因素处于不断的变化之中,企业通常会在执行战略的过程中发现实施结果与预期的战略目标不一致,战略监控就是将反馈回来的实际成效与预期的战略目标进行比较,如果有明显的偏差,就要采取有效的措施进行纠正,以保证企业发展战略的实现。因此,企业在战略实施过程中,其战略委员会应对发展战略实施情况进行监控,定期收集和分析相关信息。对于明显偏离发展战略的情况,应当及时报告。对于战略执行情况与战略目标出现的差异,应及时提请相关责任部门进行处理。

战略评价包括战略制定与实施的事前、事中和事后评价。事前评价是在战略执行前对战略是否具有可行性的分析。其目的是在外部环境和自身条件分析的基础上,发现和抓住最佳发展机遇。事中评价是对实施中的发展战略的具体执行情况进行评价,目的是及时发现战略实施中存在的偏差并予以纠正。事中评价既是战略监控的结果,也是战略调整的重要依据。事后评价是对发展战略实施后做出的评价,目的是对战略实施的整体效果进行概括性评价,总结经验教训,为未来发展战略的进一步完善和更好的落实提供信息、数据和经验。

战略评价方法的选择应采取定性与定量、财务指标与非财务指标相结合的原则。对于战略实施过程中发现的问题或偏差,应及时进行内部报告,并采取措施予以纠正。

六、发展战略的调整

一旦经济形势、产业政策、技术进步、行业状况以及不可抗力等因素发生重大变化,或者企业内部经营管理发生较大变化,即需要对发展战略做出调整。发展战略调整牵一发而动全身,确实需要对发展战略做出调整的,应当按照规定的权限和程序进行。发展战略调整的主要步骤如下:

(1) 各个战略执行单位提出各自的战略规划评估报告和修订意见。

(2) 战略管理部门汇总各单位意见,并提出修订后的发展战略规划草案。

(3) 战略委员会对修订后的发展规划草案进行评估论证,向董事会提出发展战略建议方案。

(4) 企业董事会严格审议战略委员会提交的发展战略建议方案。按公司章程规定,董事会审议通过的方案须报经股东大会批准的,还应履行相应的程序。

(5) 战略管理部门将批准的新发展战略下发各战略执行单位遵照执行。

延伸阅读　雅戈尔战略调整回归服装主业

| 案例 3-5 | 凡客的战略转型分析 |

凡客于 2007 年 10 月成立;2010 年,销售额达 20 亿元,成为行业龙头,其中男装品牌

已确立了行业领导地位,日出货量在中国男装品牌中名列前茅;2011年,在移动电子商务领域大展身手,开发手机凡客网、移动客户端,同时自建配送体系(如风达公司),对开仓城市的全天候配送得以实现。

2012年,凡客几乎一整年都在压缩广告、消化库存,不断地做促销。原因是2010年和2011年进行了频繁的广告投放,不但带来了巨大的亏损,同时广告的大量投入并未带来设想的效益,导致严重的库存积压。2013年,在库存状况稍有所缓解后,凡客为了增加销售额又开始进行扩张,实施开放平台,以收取佣金方式让其他企业在凡客网站上销售;为了吸引到更多的客户,凡客收取的佣金比例曾从17%降为5%;10月初确定转型,以小米模式为向导,开始制作极致单品。2014年1月发布羽绒被,3月发布衬衫。

凡客战略转型过程中仍有一些问题值得思考:

(1)加强品牌建设。一方面,需要建立一个迅速有效的供应链,注重供应链的内外部整合;另一方面,在定位到合适的消费人群后,迎合他们的需求,为他们设计生产出高质量、有特色的产品。

(2)明确产品定位。在互联网环境下有两种做法,一是做他人在做的东西,二是做互联网缺少的东西。凡客选择了第一种,导致盲目跟风,损失惨重。恰当的做法是以消费者需求为导向,生产消费者真正需要的东西,这样才能维护市场地位。依据消费者需求来调整产品的生产,才能提高消费者的忠诚度。特卖方式已经有了唯品会,所以凡客仍以生产高质量的服装为核心。同时也不能完全效仿小米的模式,毕竟产品性质不同,只依靠极致单品难以拯救凡客。凡客还需要回归到一流质量、二流设计、三流价格的理念,有品质、有差异也要有适当的数量,产品品类和消费人群要有一定的集中性。

(3)注重人文关怀。"得用户者得天下"是所有企业的生存之道,电商尤为如此。开发新用户不是品牌电商的主要营销之道,老用户同样重要。品牌的忠诚度主要是靠老用户建立起来的,因此需要不断地满足特定消费者的需求,去贴近他们、聆听他们、与他们产生互动。凡客的消费群体以年轻一代为主,他们思维活跃、需求不断,如果注重对他们的关怀,客户忠诚度可想而知。

资料来源:改编自《经营管理者》2014年第11期同名报道,作者谷延范。

第三节 人力资源

案例3-6 谷歌人才战略对广电媒体人力资源管理的启示

美国谷歌公司是一家成功的智力密集型企业,其独特卓越的人才战略一直被视作人力资源管理领域的标杆,谷歌也因此获誉"最适合工作的公司"。广电行业本质上也是智力密集型行业,更好地发挥人才的战略性支撑作用,对其发展至关重要。谷歌的人才战略对于我国广电媒体创新人力资源管理颇具借鉴意义。

创立于1998年的谷歌公司,是美国一家跨国高科技企业,致力于互联网搜索、云计算、广告技术等领域,开发并提供大量基于互联网的产品与服务,其主要利润来自Ad-

Words 等广告服务。作为"最成功的互联网公司"的代名词,谷歌在短短 15 年的时间里一路高奏凯歌,屡创奇迹。2012 年 10 月超越微软,成为按市值计算的全球第二大科技公司,同年被《财富》杂志选为 2012 年美国最适合工作的公司,而微软排名第 76 位,苹果、亚马逊和脸书甚至都没有进入名单。

谷歌的成功很大程度上取决于其独特的人力资源管理:在员工招聘方面,通过"严格的筛选器"招聘能力出众,兼具主动性、灵活性合作精神的优秀员工,确保每一位员工都能成为明星员工;在绩效管理方面,基于明确的岗位工作目标和团队协作任务,建立了兼顾个体绩效及团队绩效的高绩效工作系统;在薪酬方面,秉持"一流人才,一流薪酬,一流绩效"的薪酬理念,相对于业界的其他公司,提供更有竞争力的包括基本工资、奖金、优先认股权以及优厚的福利和津贴在内的整体薪酬;在领导力建设方面,管理者对下属的权威主要来自工作创新及个人魅力,而不仅仅是职位权力,使团队更加同心协力……这些具有鲜明谷歌文化印记的人力资源管理做法,有效保证了谷歌式人才的源源涌现。

资料来源:改编自《视听界》2014 年第 4 期同名报道,作者刘云芳。

一、人力资源的定义

根据《企业内部控制应用指引第 3 号——人力资源》第二条对人力资源的概念界定,人力资源是指企业组织生产经营活动而录(任)用的各种人员,包括董事、监事、高级管理人员和全体员工,本质上是企业中各类人员的脑力和体力的总和。

我国的《战略发展纲要》明确指出"人才是社会文明进步、人民富裕幸福、国家繁荣昌盛的重要推动力量",因此企业作为创造社会财富的主体,其组织架构和战略目标确定之后,人力资源管理应当摆在"重中之重"的位置。《企业内部控制应用指引第 3 号——人力资源》第四条明确要求,企业应当重视人力资源建设,根据发展战略,结合人力资源现状和未来需求预测,建立人力资源发展目标,制定人力资源总体规划和能力框架体系,优化人力资源整体布局,明确人力资源的引进、开发、使用、培养、考核、激励、退出等管理要求,实现人力资源的合理配置,全面提升企业核心竞争力。

二、人力资源管理的关键风险点

《企业内部控制应用指引第 3 号——人力资源》第三条指出,企业人力资源管理至少应当关注下列风险:(1)人力资源缺乏或过剩、结构不合理、开发机制不健全,可能导致企业发展战略难以实现;(2)人力资源激励约束制度不合理、关键岗位人员管理不完善,可能导致人才流失、经营效率低下,或关键技术、商业秘密和国家机密泄露;(3)人力资源退出机制不当,可能导致法律诉讼或企业声誉受损。

案例 3-7　　　　　　　　　　离职员工:没保密协议不用担责?

知名鞋企的跑鞋设计图纸外流,竟然是离职设计师泄密。近日,一知名鞋企向厦门市思明区法院递交诉状,状告已离职的高级设计师,要求对方立即停止侵权,并赔偿损失

42万多元。

据悉,该高级设计师是在离职之后,到另一家鞋企应聘时,向对方提供了该公司未上市的跑鞋设计图纸等商业机密,而这两家鞋企还是竞争对手关系。

设计师李先生称,他在原公司工作期间,一直恪尽职守,严守商业秘密。但离职之后,公司并未支付补偿金,双方也未签订保密协议,因此他无须担责。

根据公司与李先生的合同约定,李先生离职后两年内,不能到与原告公司有竞争关系的企业任职,否则应当承担不少于10万元的违约金。不过,在李先生离职后的两年竞业禁止期间内,原告公司每月要发给李先生一笔遵守竞业禁止义务的补偿金。"公司至今未按约定向我支付补偿金。"李先生还说,他应聘所使用的简历所附的主要是公司官方网站下载的产品实物图片以及他离职后自行设计的作品。

庭审期间,原告公司还向法院递交了一份录音证据,证明李先生承认泄密的事实。

在这份录音中,李先生面对原公司老同事的质问,承认说:"林姐,你知道我这两年都没有做设计,我没东西啊,我只能用别人的。这个,设计师都知道,大家都是这么操作的,之前他们出去面试都会拿别人的设计图。"

而且,李先生还说:"我拿的设计图全部都是没上市的,一共有二三十款。"

法院认为,原告公司的设计图、产品方案构成商业秘密。李先生在录音谈话中承认简历涉及的内容并未上市,因此其行为已经侵犯了原告的商业秘密。

法官分析说,双方签订的《劳动合同》仅约定,如果原告未支付补偿金时放弃竞业禁止限制,但并未约定放弃对员工保密义务的要求,因此,公司仍然有权向泄密员工索赔。

资料来源:http://www.sjfzxm.com/news/caijing/201603/09/482951.html。

三、人力资源的引进

根据《企业内部控制应用指引第3号——人力资源》第五条的要求,企业应当根据人力资源总体规划,结合生产经营实际需要,制订年度人力资源需求计划,完善人力资源引进制度,规范工作流程,按照计划、制度和程序组织人力资源引进工作。

(一)人力资源规划

"凡事预则立,不预则废",企业人力资源管理同样如此。企业的人力资源是内部环境的核心要素,缺乏源源不断的优秀人力资源基础,实现企业内部控制的目标就毫无根基可言。因此,为构建坚实的人力资源基础,企业首先必须做好人力资源的规划工作。简单地讲,人力资源规划就是企业在某个时期内对人员需求进行预测,并根据预测的结果采取相应的措施来平衡人力资源的供需。它包含三层含义:(1)企业进行的人力资源规划是一种预测;(2)人力资源规划的主要工作是平衡供需关系,制定必要的人力资源政策和措施;(3)人力资源规划必须与企业的发展战略相适应,必须反映企业的战略意图和目标。

人力资源规划的内容包括两个方面:(1)人力资源总体规划。人力资源总体规划是指对计划期内人力资源规划结果的总体描述,包括预测的需求和供给分别是多少,企业平衡供需的指导原则和总体政策是什么,等等。(2)人力资源业务规划。人力资源业务规划是指总体规划的分解和具体表现,包括人员补充计划、人员配置计划、人员接替和提升计划、人员培训与开发计划、人员工资激励计划、人员关系计划、人员退休解聘计划等内容,这些业务规划的每一项都应当设定自己的目标、任务和实施步骤,其有效实施是总体规划得以实现的重要保证。

科学的人力资源规划既有助于企业发展战略的制定,又有助于企业保持人员状况的稳定。同时,通过人力资源规划,企业还可以使人员招聘与录用、培训与开发、考核与薪酬和激励等人力资源的具体管理职能保持相互协调和配套。

(二) 招聘与录用

《企业内部控制应用指引第 3 号——人力资源》第六条明确要求,企业应当根据人力资源能力框架要求,明确各岗位的职责权限、任职条件和工作要求,遵循德才兼备、以德为先和公开、公平、公正的原则,通过公开招聘、竞争上岗等多种方式选聘优秀人才,重点关注选聘对象的价值取向和责任意识。企业选拔高级管理人员和聘用中层及以下员工,应当切实做到因事设岗、以岗选人,避免因人设事或设岗,确保选聘人员能够胜任岗位职责要求。需要强调的是,企业选聘人员应当实行岗位回避制度。

企业招聘是保证员工素质的第一个环节。企业人事部门应严格审查应聘人员的专业技术等素质,以便保证其能满足具体的工作要求。招聘人员可以通过资格审查、初选、面试、测试以及甄选等方式评估人员的技术情况和掌握的技能,以及调查其过去有无不诚实行为和渎职情况的发生。面试和测试是招聘选拔中的主要手段。通过面试,可对应聘人员有深层次的了解;测试是在面试的基础上进一步了解应聘者的一种手段,一般包括心理测试和智能测试。

根据《企业内部控制应用指引第 3 号——人力资源》第七条的要求,企业确定选聘人员后,应当依法签订劳动合同,建立劳动用工关系。特别要注意的是,企业对于在产品技术、市场、管理等方面掌握或涉及关键技术、知识产权、商业秘密或国家机密的工作岗位,应当与该岗位员工签订有关岗位的保密协议,明确保密义务。

(三) 选聘人员考察

根据《企业内部控制应用指引第 3 号——人力资源》第八条的要求,企业应当建立选聘人员试用期和岗前培训制度,对试用人员进行严格考察,促进选聘员工全面了解岗位职责,掌握岗位基本技能,适应工作要求。试用期满考核合格者,方可正式上岗;试用期满考核不合格者,应当及时解除劳动关系。

四、人力资源的开发

《企业内部控制应用指引第 3 号——人力资源》第九条指出,企业应当重视人力资源开发工作,建立员工培训长效机制,营造尊重知识、尊重人才和关心员工职业发展的文化氛围,加强后备人才队伍建设,促进全体员工的知识、技能持续更新,不断提升员工的服务效能。

开发人力资源是充分发挥人力资源作用的重要手段,是实现人力资源保值、增值的基础工作。人力资源开发应针对人力资源的不同类型和层次,按高级管理人员、专业技术人员和一般员工进行分类开发。

（一）高级管理人员的开发

按照高级管理人员从事的工作内容及岗位职责要求，高级管理人员的培训与开发要更注重概念技能和人际技能的挖掘及提升，这就要求对高级管理人员的培训开发要把企业家精神、创新思维、战略决策、领导能力和公共关系等方面置于首要位置，以此提升高级管理人员的岗位胜任能力和履职水平。此外，在对高级管理人员的培训和开发过程中，要注重激励和约束相结合，创造良好的干事业的环境，让他们的聪明才智充分显现，使其真正成为企业的核心领导者。

（二）专业技术人员的开发

对专业技术人员的培训与开发，按照其从事的工作内容和岗位职责要求，要尤其注重技术技能的培训与提高。这就要求对专业技术人员的培训与开发要保证知识持续更新，紧密结合企业技术攻关及新技术、新工艺和新产品开发来开展各种专题培训等继续教育，帮助专业技术人员不断补充、拓宽、深化和更新知识。同时，要建立良好的专业人才激励约束机制，努力做到以事业、待遇、情感留人。

（三）一般员工的开发

在经济发展迅速、环境变化较快的今天，企业要根据组织生产经营需要，不断拓展一般员工的知识和技能，加强岗位培训，不断提升一般员工的技能和水平。对一般员工的培训和开发而言，应当按照一般员工从事的工作内容及岗位职责要求，更要注重一般员工的技术技能和人际技能的挖掘与提升，这就要求把岗位知识技能、执行力、人际沟通等方面放在重要位置，以提升一般员工的岗位胜任能力，带动企业人力资源总体素质和能力的提升。

案例 3-8　爱立信公司的员工培训体系

多年来，爱立信在电信及相关设备供应方面一直居世界领先地位。目前，爱立信有 93 000 多名员工在 130 多个国家和地区为客户解决电信需求问题。爱立信在中国和世界范围内取得成功的关键环节之一是能充分调动员工潜力，重视客户的培训。

一、健全的培训组织

目前爱立信中国分公司的大多数培训工作主要由爱立信北京培训中心集中进行。课程发展部的主要功能是讲授爱立信的各类培训课程，这些培训课程有明显的阶梯和明确的课程顺序，以确保课程体系的完整和课程的质量。课程部负责调试所有教学试验设备。市场部的主要工作是开发培训市场，组织和协调培训。行政部按照培训课程进一步划分为若干个小组，如行政组负责培训课程的所有行政工作，包括在公司内部网上发出培训计划、提供学员名单、发结业证书等；顾客服务组的主要工作是提供住宿、饮食、礼品等。

二、员工的培训计划与过程

每年年初，根据市场部的需求预测及课程发展部的课程安排，爱立信北京培训中心制订全年的培训计划，内容包括课程名称、时间、费用和名额等。爱立信中国分公司有一个Intranet网，行政部把这一年的培训计划放在Intranet网上，全公司的每一个员工都可以上网查询。各分公司及各个部门根据自己的预算及员工培训计划安排全年的培训计划。爱立信培训中心一旦发出新的培训计划，员工就可以根据与经理一起讨论的培训安排去培训中心报名。

爱立信培训中心收到员工报名表后，行政部根据课程安排给员工发一份邀请函，其内容包括课程名称、时间、地址、费用以及在课程开始前一个月内允许取消课程等信息，否则，即使员工没来上课，也会收取费用。

爱立信培训中心放在Intranet网上的培训计划每月更新一次。爱立信的员工每月月初都十分关注更新的培训计划，以安排自己的时间，力争在一年内完成自己的培训计划。

爱立信培训中心规定，理论课最少不低于16人，最多不超过24人；实验操作课最少不低于6人，最多不超过8人。控制人数既可防止课程赔本，又可保证教学质量。在课程开始前一个月，如果发现有的课程报名人数还不够，行政组将在Intranet网上发布培训公告，请需要进行培训的员工尽快报名，一般都能收到很好的效果。

培训课程结束后，行政部根据考勤和考试情况给学员颁发爱立信专用证书，一般规定出勤率达90%以上才有资格领到证书。

资料来源：http://sx.96871.com.cn/page/shaoxing_index/sx_fdal/2013-03-05/3116811588343135.html。

五、人力资源的使用

（一）设置科学的业绩考核指标体系

根据《企业内部控制应用指引第3号——人力资源》第十条的要求，企业应当建立和完善人力资源的激励约束机制，设置科学的业绩考核指标体系，对各级管理人员和全体员工进行严格考核与评价，以此作为确定员工薪酬、职级调整和解除劳动合同等的重要依据，确保员工队伍处于持续优化状态。

业绩考核是指企业按照一定标准，采用科学的方法，检查和评定企业员工对职务所规定的职责的履行程度，以确定其工作成绩的一种有效的管理方法。业绩考核是人力资源管理中的一项主要的控制手段，员工在完成其工作职责和任务后，可以通过考核结果的及时反馈，了解到自己的工作状况，包括成绩有哪些、哪些地方还存在不足，以图改进。

科学的业绩考核指标体系一般应涵盖员工的业务能力、工作态度、个人素质、专业知识、工作成果等。业绩考核一般包括以下四个步骤：制订考核计划，设计考核标准；实施考核；反馈考核结果；运用考核结果。具体实施步骤的细节可因不同企业而异。业绩考核结果侧重于工作绩效改进、薪酬与奖金分配、职务调整、培训与再教育、员工职业生涯规划以及作为员工退出的重要依据等多个方面。

（二）制定与考核相挂钩的薪酬制度

根据《企业内部控制应用指引第3号——人力资源》第十一条的要求，企业应当制定与业绩考核挂钩的薪酬制度，切实做到薪酬安排与员工贡献相协调，体现效率优先，兼顾公平。合理的薪酬制度不仅对企业员工的发展至关重要,而且能极大地提高企业的管理效率。在具体的制度设计与执行过程中,可按照如下思路进行:

(1) 确立目标。以业绩考核结果为导向保证薪酬计划切实支持经营目标的达成,确定不同计划的适用对象,切忌"一刀切"的奖金计划。

(2) 规范标准。避免具有众多层次的复杂设计,关注于一两个能真正促成经营目标的主要绩效指标,"质化"的绩效指标远强于"量化"的错误的绩效指标。

延伸阅读　高管薪酬——国企公司治理的硬伤

(3) 持续管理。保证员工理解实现目标对企业与自身的意义,同时分散对薪酬的注意力。持续积累信息,为奖金额的确定与发放奠定基础。

(4) 沟通与回馈。确保员工理解企业、团队及个人目标,并使其了解自己在实现企业总体目标过程中的作用,理解和接受薪酬与不同层次绩效指标的联系。建立一个反馈体系,听取员工看法,并在合理的范围内,对计划进行评估或调整。

(三) 科学设置岗位,合理配置人力资源

根据《企业内部控制应用指引第3号——人力资源》第十二条的要求,企业应当制定各级管理人员和关键岗位员工定期轮岗制度,明确轮岗范围、轮岗周期、轮岗方式等,形成相关岗位员工的有序持续流动,全面提升员工素质。

企业在人力资源的使用过程中,要做到量才适用、人事相宜,什么等级的人员就安排什么等级的事情。运用科学合理的手段达到使人才既感到有一定的压力,又不至于压力过大;工作职位稍有挑战性,能激励人才不断进取。企业还要尊重人才成长规律,善于克服人力资源管理的"疲劳效应"。适时调整岗位和职位,使人才始终处于精神饱满的工作状态。

六、人力资源的退出

建立企业人力资源退出机制是实现企业发展战略的必然要求。如果人力资源只进不出,就会造成人力资源的臃肿,严重影响企业运行效率。实施人力资源退出机制,可以保证企业人力资源团队的精干、高效和富有活力。企业可以采取自愿离职、再次创业、待命停职、提前退休、离岗转岗等方法,让那些不适合企业战略或流程的员工直接或间接地从企业人力资源中退出,腾出岗位给更优秀的人员,真正做到"能上能下、能进能出",实现人力资源的优化配置和战略目标。

总之,为确保企业发展战略的实现,企业应当健全人力资源管理制度与机制。同时,企业还应当定期对所制订的年度人力资源计划的执行情况进行评估,总结人力资源管理经验,分析存在的主要缺陷和不足,及时改进和完善人力资源政策,促进企业整体团队充满生机和活力,为企业的长远战略和价值提升提供充足的人力资源保障。

延伸阅读　调整人事,转危为安

第四节 社会责任

一、社会责任的定义

所谓社会责任,是指企业在经营发展过程中应当履行的社会职责和义务,主要包括安全生产、产品质量(含服务)、环境保护、资源节约、促进就业、员工权益保护等。

企业作为社会的重要细胞,不仅是经济活动中的经营主体,在社会活动中同样扮演着重要的角色。国内外经验表明,企业经营和发展必然受到社会因素的影响及制约,与社会发展、社区建设相适应,履行社会责任,已成为现代企业成功的重要因素。随着经济突飞猛进的发展,社会发展与经济发展不平衡的问题在我国日益凸现,企业在从社会获取利润的同时也正在越来越多地影响着其他相关方的利益。与此同时,随着社会的进步,公众的权利意识和公民意识不断增强,对于企业承担社会责任的呼声也越来越高。企业要承担社会责任,企业家身上要流淌道德的血液。

企业通过价值创造,不断以税收、红利、工资和产品等形式为国家、股东、员工以及消费者提供财富或效用,其本质就是在履行社会责任,这也是企业最基本的社会责任。除此之外,企业还需要以其他方式履行其对于员工、消费者、社区、环境的社会责任,如安全生产、职业健康、节约资源、支持慈善事业、捐助社会公益等。履行社会责任必然会引起企业当期的资源投入的增加,但从长远来看,履行社会责任"利"大于"弊"。首先,当期履行社会责任有助于提高未来期间企业的经济效益。企业承担社会责任,有助于改善企业形象、吸引更多客户、增强企业竞争力,从而提高经济效益。其次,履行社会责任可以实现企业的可持续发展。履行社会责任可以帮助企业规避监管惩罚,赢得品牌和声誉、公信力和商机,因而赢得公众的尊敬,步入良性发展轨道,这是实现企业可持续发展的根本所在。

二、社会责任履行的关键风险点

《企业内部控制应用指引第4号——社会责任》第三条提出,企业至少应当关注在履行社会责任方面的下列风险:(1)安全生产措施不到位,责任不落实,可能导致企业发生安全事故;(2)产品质量低劣,侵害消费者利益,可能导致企业巨额赔偿、形象受损,甚至破产;(3)环境保护投入不足,资源耗费大,造成环境污染或资源枯竭,可能导致企业巨额赔偿、缺乏发展后劲,甚至停业;(4)促进就业和员工权益保护不够,可能导致员工积极性受挫,影响企业发展和社会稳定。

案例3-9 国际大牌服装屡上质量黑榜

动辄数千元、上万元的国际名牌服装居然还会有质量问题?上海市工商行政管理局最新公布的2014年第二季度流通领域快时尚服装质量抽检结果显示,65批次不合格产品中,CC&DD、ELLEHOMME、Ralph Lauren等多款国际知名名牌赫然在列。

上海查处的案例并非个例,各地每年都会相继公布市场质检结果。最近数月北京市工商行政管理局就对流通领域的服装产品进行了多批次的质量抽检,无印良品、ZARA、H&M、Polo Ralph Lauren、FNRN、VEROMODA、班尼路、纪梵希、迪士尼等国际品牌都"榜上有名"。2014年6月广州市消费者委员会也公布了16款不合格童装品牌,HELLO KITTY、ELLE、迪士尼、阿迪达斯等均榜上有名。

这些深得国内消费者信赖的名牌服装频频曝光"质量门"事件,究竟是哪些环节出了问题呢?从各地工商质检部门的抽查情况来看,服装质量问题主要包括甲醛超标、pH值超标、色牢度不合格、纤维含量不达标等。记者调查发现,从纺织、印染到成衣加工、销售等环节,都存在服装质量问题产生的漏洞。比如,阿玛尼的一款连衣裙,耐湿摩擦色牢度不达标;宝姿的两款连衣裙,纤维含量不合格;玛莎的衬衫和裤子,出现纰裂等多项问题;等等。

为什么在各地质监部门相继公布的服装质量"黑名单"中,国际知名品牌频频上榜?专家认为,处罚力度偏小、违法成本低,是一些企业"无所畏惧"的原因。

保证产品质量、维护消费者的利益是企业从事生产经营活动最基本的社会责任。那些社会责任意识淡薄、社会责任履行不到位的企业必定会被推向社会舆论的风口浪尖,最后必将会为其社会责任的不作为买单。因此,为了保障企业良性发展,必须积极履行社会责任,控制舆论风险,为企业营造一个和谐友好的舆论环境。

资料来源:改编自《国际商报》2014年11月19日同名报道,作者罗政、屈凌燕。

三、社会责任的内容

(一)安全生产

近年来,由于企业安全生产的意识非常淡薄,众多生产经营单位的生产安全条件差、安全技术装备陈旧落后、安全投入严重不足、企业负责人和从业人员安全执业素质低、安全管理混乱。安全生产事故频发,不仅给企业声誉、利润带来巨大损失,也对社会稳定造成了极大的影响。可见,最大限度地减少劳动者的工伤和职业病,保障劳动者在生产过程中的生命安全和身体健康,是企业管理必须遵循的基本原则。

延伸阅读 云南富源煤与瓦斯突出事故

企业安全生产方面的风险主要包括:(1)企业安全主体责任不落实;(2)企业安全投入不足;(3)企业员工缺乏安全意识;(4)一些企业隐患排查治理工作不力,未建立隐患排查治理工作制度和管理台账;(5)缺乏安全事故发生应急预案。

延伸阅读 贵州国有煤矿企业将实行安全责任一票否决制度

针对企业安全生产风险,企业应采取的防范控制措施有:(1)建章建制和建立健全安全生产管理机构;(2)落实安全生产责任制;(3)加大安全生产投入和经常性维护管理;(4)开展员工安全生产教育,实行特殊岗位资格认证制度;(5)建立安全生产事故应急预警和报告机制。

(二) 产品质量

据统计,中国企业的平均寿命只有 7 年。那些被市场无情淘汰的企业可能存在各种各样的内部管理以及外部市场环境恶化的问题,但毋庸置疑,许多企业是败在了产品质量低下这个环节。质量在今天之所以变得比过去更加重要,是因为市场环境同商品紧缺时代相比,已经发生了根本性的变化,那种只要能生产出来就能卖出去的年代已经一去不复返了。成功的企业无一例外地重视产品和服务的质量。

当前我国企业产品质量风险主要体现在:(1) 因产品瑕疵导致的产品质量风险;(2) 因产品缺陷导致的产品质量风险;(3) 售后服务风险。

延伸阅读 海尔的质量控制

针对企业产品质量风险,企业采取的对策包括:(1) 建立健全产品质量标准体系;(2) 实行严格的质量控制和检验制度;(3) 加强产品售后服务;(4) 对有缺陷的产品,应当采取及时召回、实行"三包"等措施,赢得消费者对企业产品的信赖和支持,维护消费者的合法权益。

延伸阅读 质检总局:2011 年产品质量抽查合格率为 87.5%

(三) 环境保护与资源节约

当前,气候变化剧烈,臭氧层被破坏和损耗严重,生物多样性减少,土地荒漠化不断加剧,森林植被被蚕食,水资源危机,海洋资源被破坏,酸雨污染等环境问题已成为当代全球性的问题。

延伸阅读 康菲溢油环境影响报告出笼 870 平方公里海水遭严重污染

而中国则面临着更为严重的环境问题,如环境污染、生态恶化、自然灾害频发等。因此,改变传统的高投入、高消耗、低效率的粗放型增长方式,转方式、抓创新、调结构、促增长、实现可持续发展战略,是企业目前唯一的选择。

综合国内外情况,企业在环境保护和资源节约方面可能面临的风险有:(1) 环境法律法规、行业政策的限制风险;(2) 绿色消费的推崇、绿色贸易壁垒的设置风险;(3) 企业所属行业的特点引起的环境风险;(4) 生产技术、管理水平的限制引起的环境风险。

企业应采取的相应的控制措施包括:(1) 转变发展方式,实现清洁生产和循环经济;(2) 依靠科技进步和技术创新,着力开发利用可再生资源;(3) 建立环境保护和资源节约监测考核体系;(4) 投保环境污染责任险;(5) 采取排污权交易等市场行为提升环保工作。

(四) 促进就业与员工权益保护

员工是企业最为重要的资源。坚持以人为本,尊重和保护员工的各项合法权益,是企业经营的基本原则。最大限度地创造就业、保障就业、稳定就业,是社会稳定和发展的大计,也是企业应尽的义务。

1. 促进就业

企业在促进就业方面的风险主要包括:(1) 法律风险,即企业因违反相关法律法规,形成事实上的就业歧视并由此导致被投诉的风险;(2) 招聘失败风险,一般表现为招入的员工不能胜任并由此导致的试用期工资、重新招聘的各项费用和不必要的损失与纠纷等;(3) 人才过剩风险,是指企业的人才引进计划与发展阶段脱节,导致人才过剩,加大了企业的运行成本。

相应地,企业促进就业方面的风险控制措施包括:(1) 提供公平就业机会。企业作为就业工作的最大载体,应当以宽广的胸怀接纳各方人士,为国家和社会分担困难,促进充分就业。(2) 加强对应聘人员的审查。企业应当严格审查应聘人员的年龄(是否满16周岁)、学历、资格、工作经历等是否真实,是否有同其他企业签订的未到期劳动合同,防止由于招录尚未解除劳动合同关系的劳动者所带来的连带赔偿责任。

2. 员工权益保护

企业不断提高员工的素质,维护员工的合法权益,既是社会和谐稳定的需要,也是企业长远发展的需要。企业应当尊重员工、关爱员工,维护员工权益,促进企业与员工的和谐稳定及共同发展。

延伸阅读　华为员工集体辞职引起的深思

企业在保护员工合法权益方面的风险主要包括:(1) 侵犯员工民主权利的风险。通过职工代表大会和工会组织参与企业重大决策是员工重要的民主权利,而有些企业对此有意淡化处理,或者"走过场"搞形式主义。(2) 侵犯员工人身权益的风险。例如,一些企业缺乏对员工生命和人身安全的尊重与保护,不负责任,员工生产作业和居住条件极为恶劣。(3) 薪酬管理风险。是指企业未能提供合理的薪酬来保证劳动力的再生产。(4) 员工发展风险。是指企业未履行为员工提供公平、科学的培训和晋升机制。

为此,企业应采取相应的控制措施,保护员工的合法权益,具体包括:(1) 建立完善科学的员工培训和晋升机制;(2) 建立科学合理的员工薪酬增长机制;(3) 维护员工的身心健康。

(五) 支持慈善事业

慈善事业是企业践行社会责任的有效方式之一。企业社会责任涵盖了企业对员工、消费者、社区和环境等诸多方面的责任,有很多实施方式,而企业通过捐赠款物开展慈善事业就是其中一种非常有效的方式。从微观上讲,企业从事慈善事业可以提升产品品牌、增强企业文化、提高员工凝聚力、赢得消费者信赖。从宏观上讲,企业从事慈善事业可以改善企业的生存环境,如提高潜在劳动力的素质、改善基础设施条件、扩大市场规模等。另外,企业还可以由此获得来自政府、社区等多方面的支持。

企业在慈善活动中,要注意以下几点:(1) 企业应该对慈善支出有预算控制,防止盲目或不计成本;(2) 对于突发性的社会事件的捐赠,如地震捐款等,企业应从事件的严重程度和企业的承受能力出发,经过评估和管理层研究决策,决定捐赠额度;(3) 对慈善实施过程和结果加强监督考核,防止慈善行为失败;(4) 建立慈善事业信息沟通机制,通过公开渠道公布企业慈善行为的全过程,防止外界误解导致的负面影响。

案例 3-10　　王石"捐款门"事件

2008年5月12日,在为四川地震灾区捐款200万元之后,万科董事长王石表示,"万科捐出200万元是合适的",并规定"普通员工限捐10元,不要让慈善成为负担"。顿时网民的质疑、不满、嘲讽、谩骂遍布各大网络论坛,王石在焦点房地产网的博客点击量也迅速蹿升。迫于舆论压力,王石在灾区对公司"捐款门"事件公开道歉,万科公司也随即提出捐助1亿元资金重建灾区的方案。

王石说道:"我现在认为在当时这种情况下,我所说的那句话还是值得反思的。这段时间,我也为我这句话感到相当不安!主要基于三方面的原因:一是引起了全国网民的分心,伤害了网民的感情;二是造成了万科员工的心理压力;三是对万科的公司形象造成了一定的影响。在这里对广大网民表示歉意!"

资料来源:《王石"捐款门"事件全记录》,腾讯读书网,http://book.qq.com,2008年10月7日,作者不详。

四、社会责任的履行

(一) 建立健全制定机构和运行机制

企业履行社会责任,首先要明确归口管理部门,建立健全预算安排,逐步建立和完善企业社会责任指标统计和考核体系,为企业履行社会责任提供坚实的基础与保障。

(二) 企业负责人要高度重视

强化企业履行社会责任,取决于企业负责人的意识和态度。高层领导的支持和承诺是企业社会责任管理体系的核心。

(三) 建立责任危机处理机制

近年来,一系列与人民生活息息相关的企业社会责任事件不断被曝光,不少企业相继陷入社会危机之中。面对危机,有的企业化险为夷,有的企业则轰然坍塌。在出现履行社会责任危机时,企业应主动对利益相关者群体和媒体说明真相,与公众真诚对话,公开检讨,做出承诺,以求得公众的谅解和支持。

(四) 完善社会责任的信息披露制度

建立企业社会责任信息披露制度,定期发布社会责任报告,是企业履行社会责任的重要组成部分。发布企业社会责任报告,可以让股东、债权人、员工、客户、社会等各方知晓企业在社会责任领域所做的工作和取得的成就,可以增强企业的战略管理能力,使企业由外而内地深入审视与社会的互动关系,全面提高企业的服务能力和水平,提高企业的品牌形象和价值。

《中国企业社会责任报告(2014)》的数据显示,近年来我国企业社会责任报告数量持续增长,2014年发布企业社会责任报告达1526份,较2013年的1231份增长了24%,其中上市公司和国有企业为主力军。而在2009年,这一数量还仅是582份,至2014年就增长了将近2倍。在看到我国企业社会责任建设和披露取得巨大成就的同时,也应该看到当前还存在诸如信息披露的广度和深度不足、覆盖面不够,与利益方进行沟通的效果不够明显等问题,因此在这些方面需要不断加强和完善。

第五节 企业文化

一、企业文化的定义

延伸阅读　狼性文化,成就华为

内部控制最新研究成果表明,现代内部控制越来越强调"软控制"的作用。"软控制"主要是指那些属于精神层面的事物,如高级管理阶层的管理精神、经营哲学、企业文化、内部控制意识等。随着现代企业制度的建立,人们越来越认识到企业文化在经营管理中的重要性,一个好的企业文化可以促进企业的发展,阻止企业的衰败,而一个差的企业文化则可能使企业陷入困境。因此,企业应注重企业文化的建设,形成良好的企业文化氛围,以使企业在健康的轨道上不断发展。

企业文化是企业的经营理念、经营制度以及依存于企业而存在的共同价值观念的组合。它是将企业员工的思想观念、思维方式、行为方式进行统一和融合,使员工自身价值的体现和企业发展目标的实现达到有机结合。根据经验可知,各项制度都有失效的时候,而当制度失效时,企业经营靠的就是企业文化(魏杰,2002)。企业文化是一个企业的中枢神经,它所支配的是人们的思维方式、行为方式。在良好的企业文化基础上所建立的内部控制制度,必然会成为人们的行为规范,如果能够得到很好的贯彻执行,会有效地解决公司治理和会计信息失真的问题。

《企业内部控制基本规范》第十八条规定:"企业应当加强文化建设,培育积极向上的价值观和社会责任感,倡导诚实守信、爱岗敬业、开拓创新和团队协作精神,树立现代管理理念,强化风险意识"。一方面,企业内部控制制度的执行需要企业提供文化氛围和实施环境;另一方面,在内部控制制度实行过程中不断丰富企业文化的内涵,为加强企业文化建设做出贡献。内部控制与企业文化同为现代企业制度,二者在各自的制度建设中互为前提、相互支撑、齐头并进、共同完善。企业文化的核心是其思想观念,它决定着企业成员的思维方式和行为方式。

二、企业文化建设的关键风险点

延伸阅读　文化阵地失陷,员工茫然轻生

《企业内部控制应用指引第5号——企业文化》第三条强调,加强企业文化建设至少应当关注下列风险:(1)缺乏积极向上的企业文化,可能导致员工丧失对企业的信心和认同感,使企业缺乏凝聚力和竞争力;(2)缺乏开拓创新、团队协作和风险意识,可能导致企业发展目标难以实现,影响可持续发展;(3)缺乏诚实守信的经营理念,可能导致舞弊事件的发生,造成企业损失,影响企业信誉;(4)忽视企业间的文化差异和理念冲突,可能导致并购重组失败。

案例 3-11　　中石化并购 Addax 中的经营文化冲突

中石化并购 Addax 在国内引起比较大的反响,能看到中国企业做大做强,走向世界的决心。中石化虽然成功完成并购,但在经营管理中碰到的文化冲突问题不容忽视。

在我国企业中,加班是一个很正常的现象,中石化也不例外。中石化实行的是"四班二倒",按 8 个小时工作制计算,每人每个月的加班时间超过 20 个小时,而且还不包括星期六和星期天加班的时间。相比之下,Addax 比较重视员工的生活质量,员工很少加班,碰到节假日,即使公司给出高薪水让员工加班,员工都不会答应。同时 Addax 明确规定,员工不得带病参加工作,生病了可以在家休假不扣薪水,甚至可以带小孩来公司上班等。中石化进入后,能否融入 Addax"以人为本"的大家庭文化也是一个比较棘手的问题。

从财务管理体制来看,中石化采用的是集权型的模式,企业内部的主要权限集中在集团总部,各所属单位执行总部的各项指令。这种集权型的财务管理模式有利于优化企业的资源配置,也有利于实行内部调拨价格,同时还有利于内部采取避税措施及防范汇率风险,但是这种模式使各所属单位缺乏一定的弹性,也可能因为决策程序相对复杂而难以适应市场环境,失去竞争机会。Addax 总部设立在瑞士,业务主要集中在尼日利亚和中东地区,在财务管理体制上采用的是集权和分权相结合的管理模式,区域管理者对单位的人力、物力、财力,以及供应、生产、销售环节都有自主权。这样避免了"一刀切"的管理方式,有利于各区域管理者对单位存在的问题快速做出反应,能有效地防范经营风险,调动区域管理者的积极性。

语言障碍也是中石化碰到的一个难题。Addax 的管理者的习惯用语是法语,无论在工作上,还是在签订合同上,都用法语,这导致两方之间的交流成了一个难题。刚开始,中石化不得不聘请翻译,但是涉及石油领域很多专有名词时,翻译并不是很擅长,往往会影响日常工作的效率。

资料来源:改编自《智富时代》2016 年第 1 期同名报道,作者易琴琴、吴菁菁。

三、企业文化的构建与创新

(一) 企业文化的构建

企业文化的内核属于精神范畴,常常要通过企业制度和物质形态表现出来。在我国,目前关于企业文化表现形式最流行的观点是将其划分为四个层次:精神文化、制度文化、行为文化和物质文化。

1. 企业精神文化构建

企业精神文化是指在内外环境的影响下,企业在长期的生产经营过程中形成的精神成果和文化观念。它主要由经营哲学、道德观念以及企业价值观等因素构成,是企业各种活动的指导思想,属于"核心文化"。

延伸阅读　海尔的企业文化

2. 企业制度文化构建

企业制度文化是由企业的法律形态、组织形态和管理形态构成的外显文化,企业应当合理建立与企业精神文化相符的企业法规、企业的经营制度和企业的管理制度。

3. 企业行为文化构建

企业行为文化是指企业员工在生产经营、学习娱乐中产生的活动文化。它包括企业经营、教育宣传、人际关系活动、文娱体育活动中产生的文化现象。它是企业经营作风、精神面貌、人际关系的动态体现,也是企业精神、企业价值观的折射。行为文化比物质文化"隐藏"得相对深一些,但也比较容易观察与感知,所以它仍然属于"浅层文化",经加以宣传推广后作为企业的行为文化。

4. 企业物质文化构建

企业物质文化是指以客观事物及其相应组合为表现形式的文化。它由企业的物质环境、生产设备、最终产品与包装设计等构成。由于物质文化的表现形式相对直观、容易"触摸",所以物质文化也被称为"表层文化"。物质文化的构建要求企业将精神文化的内在要求赋予到企业产品和其他物质设备的外在形象上,使其具有明显的企业文化烙印。

内部控制制度作为企业制度文化的重要组成部分,是检查管理者、各部门员工工作质量的尺度,也是衡量企业经济效益和管理水平的标准。企业内部控制制度的建立完善、贯彻执行是企业文化建设的重要内容,也是培养员工爱岗敬业、诚实守信、廉洁自律、忠于职守、刻苦钻研、勤勉尽责的一种制度约束,有助于员工对企业内部控制制度的建立和完善统一的行为标准产生强烈的认同感,在长期遵守和执行内部控制制度过程中对价值观达成共识,潜移默化地塑造企业的精神支柱,形成企业的风格和形象,以无形的精神力量,推动企业不断进步。

(二) 企业文化的创新

企业文化一旦形成,并能够对企业领导层和全体员工的经济行为产生影响后,应使其保持相对稳定,特别是要防止其因领导更替后发生主观变更。当然,当企业外部环境和内部条件发生变化时,企业的战略方向也可能进行调整,这时企业文化应当进行相应的变更,实现文化的创新与发展。

1. 构建企业文化评估体系

企业文化评估是企业文化建设与创新的重要环节。《企业内部控制应用指引第 5 号——企业文化》第九条提出,企业应当建立企业文化评估制度,明确评估的内容、程序和方法,落实评估责任制,避免企业文化建设流于形式。企业在定期对企业文化建设工作以及取得的进展和实际效果进行检查与评估的时候,应当重点关注董事、监事、经理和其他高级管理人员在企业文化建设中的责任履行情况、全体员工对企业核心价值观的认同感、企业经营管理行为与企业文化的一致性、企业品牌的社会影响力、参与企业并购重组各方文化的融合度,以及员工对企业未来发展的信心。

2. 根据综合评估结果推进企业文化创新

《企业内部控制应用指引第 5 号——企业文化》第十一条指出,企业应当重视企业文化的评估结果,巩固和发扬文化建设成果,针对评估过程中发现的问题,研究影响企业文化建设的不利因素,分析深层次的原因,及时采取措施加以改进。企业还要在此基础上,结合企业发展战略调整以及企业内外部政治、经济、技术、资源等因素的变化,着力在价值观、经营理念、管理制度、品牌建设、企业形象等方面持续推动企业文化创新。其中,要特别注意通过不断打造以主业为核心的企业品牌,实现企业文化的创新和跨越。

四、企业文化的传播与导入

(一)企业管理层带头示范

《企业内部控制应用指引第5号——企业文化》第七条要求,企业的董事、监事、经理和其他高级管理人员应当在企业文化建设中发挥主导和垂范作用,以自身的优秀品格和脚踏实地的工作作风,带动影响整个团队,共同营造积极向上的企业文化环境。美国学者约翰·科特和詹姆斯·赫斯克特认为,"企业文化是指企业中各个部门,至少是企业高层管理者们所共同拥有的那些企业价值观念和经营实践……"。这就要求董事、监事、经理和其他高级管理人员应该身体力行,在企业文化建设中发挥主导和垂范作用,以自身的优秀品格和脚踏实地的工作作风,使企业文化人格化,给企业中的其他成员提供可供效仿的榜样,通过企业群体行为和外部表象而具体化,形成和强化企业文化。

(二)加强企业文化内部传播

企业应当促进文化建设在内部各层级的有效沟通,加强企业文化的宣传贯彻,确保全体员工共同遵守。企业应当加快内部的文化网络建设,建立各种正式与非正式的信息传递渠道,促进企业文化建设在内部各层级的有效沟通。同时,企业还可以通过各种表彰、奖励活动、聚会以及文娱活动等,把企业中发生的某些事情戏剧化和形象化,来生动地宣传和体现企业文化,使员工通过这些生动活泼的活动来领会企业文化的内涵,让企业文化"寓教于乐"。

(三)全面导入企业员工的各项活动中

《企业内部控制应用指引第5号——企业文化》第八条指出,企业文化建设应当融入生产经营全过程,切实做到文化建设与发展战略的有机结合,增强员工的责任感和使命感,规范员工行为方式,使员工自身价值在企业发展中得到充分体现。因此,企业应当加强对员工的文化教育和熏陶,全面提升员工的文化修养和内在素质。由于企业中的每个成员的生活环境、成长经历和受教育程度不同,其价值观表现千差万别。企业价值观念的培育是通过教育、倡导和模范人物的宣传感召等方式,使员工扬弃传统落后的观念,树立正确、有利于企业生存发展的价值观念,并达成共识,成为全体员工思想和行为的守则,全面提升全体员工的文化修养和内在素质。

■ 本章小结

组织架构包括治理结构与内部机构。治理结构即企业治理层面的组织架构,是企业成为可以与外部主体发生各项经济关系的法人所必备的组织基础,具体是指企业根据相关的法律法规,设置不同层次、不同功能的法律实体及其相关的法人治理结构。内部机构则是企业内部机构层面的组织架构,是企业根据业务发展需要,分别设置不同层次的管理人员及由各专业人员组成的管理团队,针对各项业务功能行使决策、计划、执行、监督、评价的权力并承担相应的义务,从而为业务的顺利开展进而实现企业发展战略提供组织机构的支撑平台。企业应当根据发展战略、业务需要和控制要求,选择适合本企业的内部组织机构类型。

发展战略是企业在对现实状况和未来趋势进行综合分析与科学预测的基础上,制定并实施的长远发展目标与战略规划。发展战略是一个动态的过程,企业需要敏锐地感知外界环境的变化,并对发展战略进行及时的调整。

人力资源政策是影响企业内部环境的关键因素,它所包括的雇用、培训、评价、考核、晋升、奖惩等业务向员工传达着有关诚信、道德行为和胜任能力的期望水平方面的信息,这些业务都与公司员工密切相关,而员工正是公司中执行内部控制的主体。一个良好的人力资源政策,能够有效地促进内部控制在企业中的顺利实施,并保证其实施的质量。

社会责任是指企业在经营发展过程中应当履行的社会职责和义务,主要包括安全生产、产品质量、环境保护、资源节约、促进就业、员工权益保护等。近年来,社会责任越来越成为社会关注的焦点,我国上海证券交易所和深圳证券交易所相继出台文件,鼓励上市公司发布社会责任报告。企业发布社会责任报告有益于得到公众的认可,并实现企业的可持续发展。

企业文化属于精神范畴,常常要通过企业制度和物质形态表现出来。在我国,目前关于企业文化表现形式最流行的观点是将其划分为四个层次:精神文化、制度文化、行为文化和物质文化。企业应当加强文化建设,培育积极向上的价值观和社会责任感,倡导诚实守信、爱岗敬业、开拓创新和团队协作的精神,树立现代管理理念,强化风险意识。

思考题

1. 内部环境包含哪些要素?
2. 上市公司治理结构设计应考虑哪些问题?
3. 如何设定与内部机构相匹配的岗位职责?
4. 发展战略制定时需要考虑的因素有哪些?
5. 人力资源政策对内部控制有何影响?
6. 社会责任包含的内容有哪些?
7. 企业文化与内部控制的关系如何?

案例分析

雷曼兄弟破产之路

作为华尔街排名第4位的投资银行,2007年雷曼兄弟在世界500强中排名第132位。自1850年创立以来,雷曼兄弟多次获得全球最佳投资银行的良好声誉。然而,2008

年9月15日,在次级抵押贷款市场危机加剧的形势下,雷曼兄弟最终丢盔弃甲,宣布申请破产保护。雷曼兄弟由盛转衰的历程源于外部和内部的多方面原因,而内部控制环境不健全是雷曼兄弟落败的根本原因之一。

受司法部下属机构"美国托管项目"委托,芝加哥律师沃卢克斯历时1年调查完成了一份2 200页的报告。该报告详述了雷曼兄弟走向破产的来龙去脉,其中有300页记录了雷曼兄弟"做假账"的内容。报告说,雷曼兄弟高管层参与"可付诸行动的资产负债表操纵"和"没受处罚的商业判断错误",前首席执行官理查德·富尔德"至少(犯有)严重疏忽"。

雷曼兄弟从2001年开始,通常在一个季度即将结束时,把旗下资产转移给其他机构,从对方那里获取资金,用所获资金偿还部分债务,在资产负债表日体现为资产减少、负债减少;编制财务报表后再购回资产,以隐藏债务、降低账面所显现的财务杠杆比率,进而维持信用评级。这种被业内人士称为"回购105"的交易在2007年下半年使用频率骤增。雷曼兄弟全球财务控制人员马丁·凯利称,这么做的"唯一目标或动机是减记资产负债表的负债项目""交易本身毫无实际内容"。他曾提醒前财务主管埃林·卡伦和伊恩·罗维特,"如果公众知道真相,雷曼兄弟将名誉扫地"。可见,高管的道德素质对企业内部控制的建设有着直接的影响。

董事会的监督流于形式也是雷曼兄弟走向破产的罪魁祸首。当富尔德率领雷曼兄弟大举进军按揭市场,买下多家按揭公司及银行,并将按揭包装成债券出售时,雷曼兄弟的董事会并没有识别和发现巨大的债券投资将给雷曼兄弟带来极高的风险。2008年6月,因第二季度亏损达28亿美元,引发投资者对雷曼兄弟高管层的不满;下半年,美国楼市由盛转衰,次贷危机爆发,雷曼兄弟手中大量的债券抵押证券无法脱手。为恢复市场信心,公司董事会才下决心对其高管层进行整顿,数位国际业务主管离任。但是,对于首席执行官富尔德,董事会却显得无能为力。当富尔德由于盲目自信,丧失了将雷曼兄弟25%的股份以40亿到60亿美元之间的价格卖给韩国产业银行并试图借机起死回生的机会时,他们只得听任他做出糟糕的决定,并最终将公司带向灭亡。

战略决定着一个公司的发展方向。作为一家顶级投资银行,雷曼兄弟在很长一段时间内专注于传统的投资银行业务,但随着房地产和信贷这些业务的蓬勃发展,它开始涉足这些领域,不过由于扩张速度过快,加之主要投资于不动产,缺乏竞争对手所具有的多元化,无疑增加了它的风险。即当市场繁荣时,可以获得巨大的收益;相反,当市场形势走弱时,将会遭受严重的损失,甚至会给公司带来灭顶之灾。上天跟雷曼兄弟开了个玩笑,玩笑过后,雷曼兄弟也就不复存在了。

资料来源:敖金俐,"从内部控制看雷曼的破产之路",《会计之友》,2011年第3期。

根据上述案例,结合本章相关知识,从内部环境角度分析雷曼兄弟破产的原因。

技能训练题

请登录全国工商联网页,分组搜寻并下载从2011年开始至今所有年度的"中国民营企业500强排行榜",整理前100强企业的生命周期,基于内部控制视角对其中生命周期超过30年的企业开展比较分析,并系统总结这些企业在内部环境中的共同特征。

21世纪经济与管理规划教材

财务管理系列

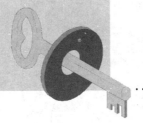

第四章

风险评估

【引言】

本章首先对风险进行概述,包括风险定义、分类、特征及风险管理过程;其次界定了目标设定的定义及如何制定目标;再次介绍了风险的识别,包括风险识别的定义和识别方法;从次详细说明了风险分析的定义和方法;最后阐述了风险应对的定义、策略及其选择。

【学习目标】

完成本章的学习后,您将能够:
1. 熟悉风险的定义、分类、特征及风险管理过程;
2. 理解目标设定的定义及其制定;
3. 了解风险识别的定义和方法;
4. 了解风险评估的定义和方法;
5. 掌握风险应对的定义、策略及其选择。

案例引入
从中航油事件看企业风险管理

中国航油（新加坡）股份有限公司（简称中航油新加坡公司）于1993年在新加坡成立，2001年12月在新加坡股票交易所主板挂牌上市，2002年被新加坡证券交易所评为"最具透明度的上市公司"，其总裁陈久霖被《世界经济论坛》评选为"亚洲经济新领袖"。然而，正是这样一家明星公司，于2004年12月1日宣布向法庭申请破产保护令，原因是公司在之前的石油衍生品交易中出现了5.54亿美元的巨额亏损。事件披露后，新加坡投资者称其为1995年巴林事件后最大的金融丑闻。

中航油新加坡公司自2003年开始做油品套期保值业务。在此期间，其总裁陈久霖擅自扩大业务范围，从事中航油集团公司和国家的一些规范条例所禁止的石油衍生品期权交易。2004年6月，在面临3 580万美元潜在亏损的情况下，继续追加错误方向上的"做空"资金。由于陈久霖在场外进行交易，集团、新加坡当地的监督机构通过正常的财务报表都没有发现其有违规现象，才使得中航油事件从一个并不算很大的失误转变成令人瞠目的大案、要案。

根据上述描述可以看出中航油新加坡公司的失败除了内部环境原因之外，在风险评估方面也存在一些非常值得关注的问题：

1. 关注企业风险比关注企业细节控制更为重要

ERM框架最大的变化就是将企业内部控制更名为企业风险管理，这是一个革命性的变化。其要求董事会与管理层将精力主要放在可能产生重大风险的环节上，而不是所有细小环节上。事实上，中航油新加坡公司曾在2003年被新加坡证券监督部门列为最具透明度的企业，说明该企业确实在内部控制的细节方面做得非常周到。但是，从事后暴露出的结果来看，恰恰是在经营风险管理上出了问题。所以，关注企业风险比关注企业细节控制更为重要。

2. 企业目标设定的随意性导致经营风险加大

内部控制体系要求管理人员要设立适当的目标，以支持企业的使命，并与其风险偏好相一致。2001年，中航油新加坡公司以中国航油垄断采购的概念成功登陆新加坡市场。然而，其总裁陈久霖并不满足单纯的油品现货交易，擅自将企业战略目标移位于不合规的、风险极大的投机性期货交易，这种目标设定的随意性，最终导致了中航油新加坡公司的毁灭性打击。

3. 通过事项识别区分机会与风险

一个组织必须识别影响其目标实现的内、外部事项，区分哪些是风险、哪些是机会，从而使管理层的战略或目标始终不偏离正确方向。如果陈久霖能认清形势，在赚取巨额利润的同时，清醒地意识到可能产生的风险，或许中航油新加坡公司的历史会被改写。

资料来源：金彧昉、李若山、徐明磊，"COSO报告下的内部控制新发展——从中航油事件看企业风险管理"，《会计研究》，2005年第2期。

第一节 风险概述

一、风险的定义

根据国务院国资委《中央企业全面风险管理指引》，企业风险是指未来的不确定性对企业实现其经营目标的影响。这种不确定性既包括正面效应也包括负面效应，即既有收益也有损失。风险主要有以下特征：

（1）客观性。风险是不以企业意志为转移，独立于企业意志之外的客观存在。企业只能采取风险管理办法降低风险发生的频率和潜在的损失幅度，而不能彻底消除风险。

（2）普遍性。风险无处不在、无时不有。在现代社会，企业面临着各式各样的风险。随着科学技术的发展和生产力的提高，企业所处的经营环境更具复杂性和多变性，因此会不断产生新的风险，且风险事故造成的损失也会越来越大。

（3）不确定性。不确定性是风险的最基本特征。它主要表现为空间上的不确定性、时间上的不确定性、发生概率的不确定性、损失程度的不确定性。

（4）动态可变性。风险一般是动态而非静态的，在一定的条件下，风险可以发生转化。风险或者按正反馈的规律不断增强，或者经过人们的努力予以减弱以致消除。

延伸阅读　飓风桑迪带来的思考

（5）可测性。风险虽具有客观性和不确定性，但就大量的风险事件而言，则必然呈现出一定的规律性。因此，风险的发生可以用概率等方法加以测度。

二、风险的分类

按照不同标准，企业风险可以划分为以下几类：

1. 按风险的来源可以将风险划分为外部风险和内部风险

外部风险是指企业外部环境存在的各种因素对企业所造成的不确定影响，如自然风险、市场风险、政策风险、政治风险等。

内部风险是指企业内部环境存在的各种因素对企业所造成的不确定影响，如战略风险、人员风险、经营风险、财务风险、法律风险等。

2. 按风险的性质可以将风险划分为纯粹风险和投机风险

纯粹风险是指只有损失可能而没有获利机会的纯损失风险。例如，自然灾害和个人不诚实的品质会造成经济损失。该风险对社会无任何益处，但具有一定的规律性，是可以预测的。

延伸阅读　合俊集团盲目多元化导致"失血"严重

投机风险是指既有损失可能又有获利机会的风险。例如，新项目的建设、新产品的开发既可能使企业蓬勃发展，也可能使企业陷入困境；股票行情的变化既可能给股票持有者带来盈利，也可能带来损失。

案例 4-1　　　　　　　　　　太子奶"对赌"败阵

借力财务投资者、走上市融资之路是太子奶多年的梦想。2006年下半年,李途纯遇上了曾帮助蒙牛上市的英联,而英联也正在中国寻找"下一个蒙牛",双方一拍即合。2006年11月,太子奶引进英联、高盛、摩根三大投行共同注册中国太子奶(开曼)控股有限公司,三大投行联手注资7 300万美元。根据协议,新公司股权比例大致为李途纯61.7%、太子奶研发人员7%、三大投行31.3%。同时,李途纯与这三家投行签下"对赌"协议:在收到三家投行注资后的前3年,如果太子奶业绩增长超过50%,就可调整(降低)对方股权;如完不成30%的业绩增长,李途纯将失去控股权。在李途纯看来,与其他所涉"对赌"协议的中国企业相比,太子奶的这份期权并没有非常严苛,此前,太子奶的业绩已连续10年复合增长率超过100%。

曾经里程碑式的融资事件,最终成了甜蜜的毒药。李途纯,成了又一个败在"对赌"桌上的中国企业家。曾经年复合增长率超过100%的太子奶,在签订"对赌"协议后竟完不成30%的业绩增长。始于2007年下半年的原材料上涨似乎是直接诱因。2007年至2008年的一年间,进口奶粉从2.2万元/吨上涨到5.3万元/吨,导致太子奶成本骤增、现金流日趋紧张,为此,公司不得不压缩开支、减少应付账款。

2008年上半年,供应商催款、经销商催货、员工催工资的情况骤然多了起来。

2008年6月,媒体引爆的"讨薪、追债、停产风波"迅速传导到各地,李途纯身陷各种债务的"围追堵截"之中。

2008年8月,银行中断了对太子奶放贷。更为致命的是,个别企业用来扶持太子奶渡过难关的"救命钱"也直接被银行划走。

2008年10月,因李途纯与三大投行在引进新的战略投资者方面产生分歧,后者联手以花旗为首的国际六大财团对李途纯"逼宫"。

2008年11月,三大投行亮出"对赌"协议的"底牌",在支付李途纯约5亿元转让款后,三大投行获得了李途纯持有的超过六成的太子奶股份,全面接管太子奶。但因李途纯的其他关联企业尚欠太子奶同等数额的债务,两相抵消后,李途纯"净身出户"。

资料来源:改编自《太子奶:标王+对赌=民营企业家成败史?》,网易财经新闻,http://money.163.com/09/0713/10/5E3IB9NT00253G87.html。

---

3. 按风险的承受能力可以将风险划分为可接受风险和不可接受风险

可接受风险是指在分析本身承受能力、经济状况的基础上,在能够接受的最大损失限度之内的风险。

不可接受风险是指在分析本身承受能力、经济状况的基础上,已超过或大大超过所能承受的最大损失限度的风险。

延伸阅读　负债筹资导致神话破灭

三、风险管理过程

案例 4-2　　　　　　　　　　　雷曼内控失败案

被称为"债券之王"的美国雷曼公司,曾在住房抵押贷款证券化业务上独占鳌头,但其股票在1周内暴跌77%,直至最后破产。雷曼公司倒塌的根本原因是企业内部控制制度的缺失或失效,尤其缺乏有效的风险管理,具体表现如下:

其一,一味追求金融创新,忽视风险控制。公司盲目使用大量高杠杆率的金融产品,只专注于快速拓展业务,置风险控制的重要性于不顾。整个金融业沉浸在高额投放式收益的狂喜中,却忽视了企业实际的承受能力、忽视了贷款对象的信用状况,因此当贷款人开始违约时,其资金状况不断恶化,造成公司资金流枯竭,最后轰然倒下。

其二,杠杆率过高,无法有效规避风险。雷曼公司自身拥有的资本不足,因此,常会依赖债券市场和银行间拆借来满足中长期资金的需求。但杠杆效应是一把双刃剑,它在给公司带来巨额收益的同时,也给公司带来了巨大的潜在风险。公司管理层为了实现短期利益,乐于接受风险,公司未能通过有效的内部控制进行风险管理,从而在外部经济环境不稳定时,无法有效地规避风险。

资料来源:胡光华,"论我国企业内部控制的改进——由雷曼公司破产引发的思考",《经济研究导刊》,2008年第18期。

按照COSO《企业风险管理》框架的定义,企业风险管理是一个过程,它由一个企业的董事会、管理层和其他人员共同实施,应用于战略制定并贯穿于企业之中,旨在识别可能会影响企业的潜在事项,管理风险以使其在企业的风险承受能力(风险容忍度)之内,并为企业目标的实现提供合理的保证。

企业的风险管理是一个动态的、循环的过程,贯穿于企业的整个经营活动中。企业应该按照目标设定、风险识别、风险分析和风险应对四个程序进行风险管理。

目标设定是风险管理的基础和前提,目标必须在管理部门识别可能影响其实现的事件之前存在。企业风险管理确保了管理部门以适当的程序设定目标,且所选定的目标支持并与企业的使命或展望一致,同时与企业的风险偏好相符。

风险识别是在目标的指导下,及时认识到潜在的风险机会和潜在的损失,它是风险分析和风险应对的基础。管理层除了应该对影响企业成功实现目标的潜在事件进行识别,包括识别其产生的内在和外在原因,也要识别潜在事件之间的相互关系,并对其进行分类,加强风险意识,从整个企业范围内以组合观的视角来考虑风险。

风险分析是对所识别的风险进行分析的过程,是针对不同性质的风险采取不同应对措施的前提。风险是与可能会受到影响的有关目标相关联的,管理层应从风险的可能性及影响两个方面对风险进行分析,且通常将定量和定性方法结合起来考虑。

风险应对是在识别和分析风险的基础上,为实现目标而采取的策略。管理部门应根据战略和目标,并在风险容忍度和成本效益原则的前提下选择一种或多种风险应对策略,使所评估的风险与企业的风险偏好一致,使企业风险发生的可能性和影响都在风险容忍度之内。

延伸阅读 海外投资密集批复,风险规避面临新考验

综上所述,企业风险管理的四个程序紧密衔接,并且相互作用、相互影响,如图 4-1 所示。

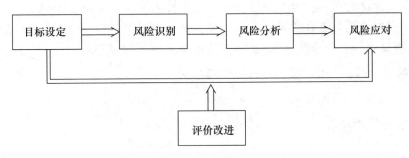

图 4-1 风险管理过程

第二节 目标设定

> 目标管理的最大好处是,它使管理者能够控制他们自己的成绩。这种自我控制可以成为更强劲的动力,推动他们尽最大的力量把工作做好。
>
> ——〔美〕切斯特·巴纳德,管理学家

一、目标设定的定义

目标设定是指企业在识别和分析实现目标风险并采取行动来管理风险之前,采取恰当的程序去设定目标,确保所选定的目标支持和切合企业的发展使命,并且与企业的风险承受能力相一致。

《企业内部控制基本规范》第二十条规定,企业应当根据设定的控制目标,全面、系统、持续地收集相关信息,结合实际情况,及时进行风险评估。可见,目标设定是企业风险评估的起点,是风险识别、风险分析和风险应对的前提。

企业应当根据自身的风险偏好和风险承受能力制定战略目标,然后在此基础上确定业务层面的目标,并对这些目标与该企业的风险偏好和风险承受度的一致性进行检验。

延伸阅读 农凯集团混乱的产业战略

案例 4-3　联想集团新产品开发风险管理案例

联想集团从 2000 年开始在新品研发中系统地引入项目管理理论和思想,规范产品开发过程,在项目的生命期内,进行项目策划、范围划分、计划制订、控制实施、收尾总结和项目后评估。通过实施项目管理,联想开发的产品出错率降低,缩短了产品投入市场的时间,增加了顾客的满意度。

在新产品开发的项目管理实践中,风险管理的效果尤为突出。作为高科技企业,在项目运作中随时会遇到新技术的引入以及其他各种不确定性的因素,会影响到项目的运作,如何将项目中的损失降为最低,是联想风险管理追求的目标。

资料来源:沈建明,《项目风险管理》,机械工业出版社,2003 年版。

二、战略目标

(一)战略目标的定义

战略目标是指企业在实现其使命过程中所追求的长期结果,是在一些最重要的领域对企业使命的进一步具体化。它可以帮助企业找准市场地位、指导企业执行层的行动,并为企业内部控制指明方向。

企业应当在董事会下设立战略委员会,或指定相关机构负责发展战略管理工作,履行相应职责,并在充分调查研究、科学分析预测和广泛征求意见的基础上制定战略目标。

(二)战略目标的内容

不同企业的战略目标是不同的,但需要制定目标的领域却是相似的。德鲁克在《管理实践》一书中提出了八个关键领域的目标:(1)市场方面的目标,如希望达到的市场占有率或在竞争中达到的地位;(2)技术改进和发展方面的目标,如对改进和发展新产品的认知及措施;(3)生产力方面的目标,如有效地衡量原材料的利用率;(4)物资和金融资源方面的目标,如提高物资和金融资源的利用率;(5)利润方面的目标,如用一个或几个经济目标表明希望达到的利润率;(6)人力资源方面的目标,如人力资源的获得、培训和发展水平的提升;(7)职工积极性发挥方面的目标,如在职工激励、报酬等方面采取的措施;(8)社会责任方面的目标,如注意公司对社会产生的影响。

表 4-1 列示的是一些企业的战略目标。

表 4-1　一些企业的战略目标

企业名称	战略目标
达美乐	在 30 分钟内能够安全地运送热的,而且保证质量的、低价位的或者是适当价位、满意价位的比萨
福特汽车	提高汽车的质量,开发新产品,减少新车上市的时间
联想	做一个长久性的公司;做百年的老字号;做有规模的公司;做有国际性市场定位的公司;做高技术的公司
万达	国际万达,百年企业

（三）战略目标的制定原则

目标管理中，有一项原则叫做 SMART，分别由 Specific（明确性）、Measurable（可度量性）、Attainable（可实现性）、Relevant（相关性）、Time-based（时限性）五个英文单词组成。这也是企业在制定战略目标时，必须谨记的五项要点。

延伸阅读　关于目标管理 SMART 原则的解释

案例 4-4　　　　宝钢股份战略导向型预算模式

2002 年以后，宝钢股份进行了预算体系改革，以六年经营规划为指导，进行季度滚动预算，强调资本预算管理，完善预算信息化平台，逐步形成了以战略目标为导向，年度预算为控制目标，滚动执行预算为控制手段，覆盖产品研发、生产、销售、投资的战略导向型预算管理模式，如图 4-2 所示。这种预算管理模式有助于宝钢股份在不断变化的经济环境中更好地指导经营活动，以长远的管理视角，引导管理行为长期化，以确保公司战略目标的实现。

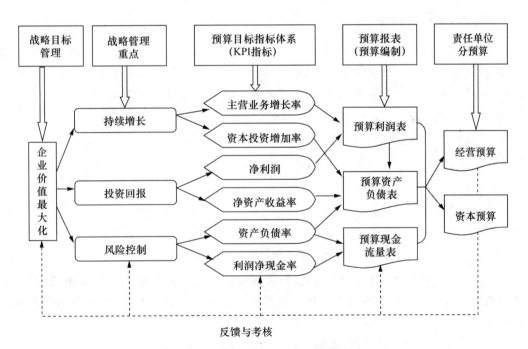

图 4-2　宝钢股份战略导向型预算模式

资料来源：百度文库（http://wenku.baidu.com/view/f62ab73e5727a5e9856a616d.html），资料贡献者为 linjj19871031，2012 年 2 月 14 日。

(四)战略目标的制定步骤

战略目标需要通过董事会与员工的相互沟通来确定,同时还要有支持其实现的战略计划及年度预算。战略目标的制定主要包括以下五个步骤:

(1)调查研究。调查研究的重点是可能会对企业产生重大影响的外部环境因素,以及企业未来的发展趋势。

(2)拟定目标。首先,分析企业外部环境,并据此确定目标方向;其次,通过对企业资源和能力的分析,确定沿着目标方向展开的活动所要达到的水平,形成可供选择的目标方案。

(3)评价论证。在评价论证时,主要考虑战略目标的正确性、可行性、完善程度;通过对比、权衡利弊,找出各个目标方案的优劣所在。

(4)目标决断。在对选定目标进行决断时,可从目标的正确程度、有望实现的程度、期望效益的大小这三个方面综合衡量各个目标方案,并从中选择这三个方面的期望值都尽可能大的方案。

(5)目标分解。将目标层层分解到各个部门及个人,并确定相应的职责权限,以便目标的有效执行与考核。

三、业务层面目标

业务层面目标包括经营目标、报告目标、合规目标和资产安全目标,它来自企业战略目标及战略规划,并制约或促进企业战略目标的实现。业务层面的目标应具体并具有可衡量性,且与重要的业务流程密切相关。业务层面目标的制定需要经过以下四个阶段,具体如图4-3所示。

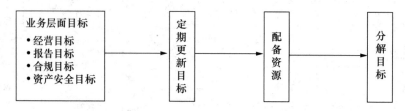

图4-3 业务层面目标的设定过程

(1)制定业务层面目标。企业的总目标及战略规划为业务层面的目标指明方向,业务层面根据自身的实际情况及总体目标的要求提出本单位的目标,通过上下不断沟通最终确定。

(2)根据企业的发展变化,定期更新业务活动的目标。

(3)配置资源以保证业务层面目标的顺利实现。企业在确定各业务单位的目标之后,将人、财、物等资源合理分配下去,以保证各业务单位有实现其目标的资源。

(4)分解业务目标并下达。企业确定业务层面的目标后,再将其分解至各具体的业务活动中,明确相应岗位的目标。

四、目标设定与风险偏好、风险承受度

目标设定是否科学有效,取决于其是否与企业的风险偏好和风险承受度保持一致。

1. 风险偏好

风险偏好是指企业在实现其目标的过程中愿意接受的风险的数量。可以采用定性和定量两种方法对风险偏好加以度量。在战略制定阶段,企业应进行风险管理,考虑将该战略的预期收益与企业的风险偏好结合起来,帮助企业的管理者在不同的战略方案之间选择与企业的风险偏好相一致的战略。

2. 风险承受度

风险承受度是指企业能够承担的风险限度,是企业在风险偏好的基础上设定的对相关目标实现过程中所出现的差异的可容忍限度,包括整体风险承受能力和业务层面的可接受风险水平。在确定各目标的风险承受度时,企业应考虑相关目标的重要性,并将其与企业风险偏好联系起来。

案例 4-5　　　　某航空公司有关准时服务的风险容限

一家航空公司决定围绕较高质量的准时服务设定一个目标。管理当局认识到,引起航班延误的因素中有些在其控制之内,而有些则不在其控制之内,并充分了解了各种因素对监管者有关准时服务的公众报告产生的影响。在考虑风险容限、市场营销、客户服务和经营的过程中,职员明确了以下信息:(1) 85%的班机准时到达是公司多年来一直保持的目标,它通常已经实现并与其营销计划中的信息一致。(2) 在过去几年相应航线的行业平均准时到达率保持在大约 80%。(3) 如果准时到达次数暂时降到和行业平均数一样低,对公司的客户航班订票造成的影响很小。(4) 实现 87%以上准时到达的成本是不经济的,而且这个成本不能转嫁到票价上。(5) 公司因为未能降低成本已经遭到了行业分析者的批评。根据这些信息,管理当局将其平均准时到达率的目标维持在 85%,容限为 82%—86%。着眼于其他目标的容限,管理当局能更好地分配资源以确保实现贯穿多重目标的结果的合理可能性。可见,目标设定是企业风险评估的起点,是风险识别、风险分析和风险应对的前提。

资料来源:百度文库(http://wenku.baidu.com/view/f62ab73e5727a5e9856a616d.html),资料贡献者为 linjj19871031,2012 年 2 月 14 日。

3. 风险组合观

风险管理要求企业管理者以风险组合的观点看待风险,对相关的风险进行识别并采取措施,以使企业所承担的风险在风险偏好的范围内。对企业内的每个部门而言,其风险可能落在该部门的风险承受度范围内,但从企业总体来看,总风险可以超过企业总体的风险偏好范围。因此,应从企业总体的风险组合观看待风险。

案例 4-6 使命、目标、容量和容限之间的关系

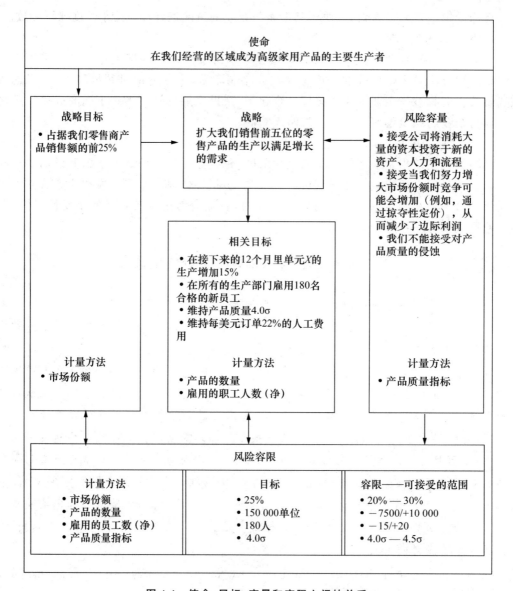

图 4-4 使命、目标、容量和容限之间的关系

资料来源：百度文库(http://wenku.baidu.com/view/f62ab73e5727a5e9856a616d.html)，资料贡献者为 linjj19871031，2012 年 2 月 14 日。

第三节 风险识别

一、风险识别的定义

风险识别是风险分析的基础性工作，也可以视为风险的定性评价。风险识别是指对资产当前或未来所面临的和潜在的风险加以判断、归类，并对风险性质进行鉴定的过程。对风险加以识别的目的，就是确认风险的来源、风险的种类及风险的可能影响，正确识别出资产所面临的风险，从而主动选择恰当有效的方法进行应对。

具体来说，风险识别应解决以下问题：企业存在哪些风险，哪些风险应予以考虑，引发风险的原因，引发风险的后果及其严重程度等。风险识别不仅在企业层面开展，还要在业务活动层面加以确认。只有对公司主要业务单元和职能部门（如销售、生产、营销、技术开发等）存在的各种不确定性事件进行预测、分析和确认后，企业经营战略与职能战略的实施才有更加可靠的保证。

资料介绍

风险管理失控的教训

创业不易，守业更难，而毁业则易如反掌。一个企业要获得成功非常不容易，需要创业者、管理者和员工付出艰苦的劳动和心血，还需要有天时、地利等外部环境，然而企业却很有可能因为一个重大失误而顷刻倒塌，使前面所有的过程与努力付诸东流。可谓一百次成功有时还赶不上一次失败。英国巴林银行的破产，日本八佰伴的失败，韩国大宇集团的衰落，美国安然和世界通信的倒闭、AT&T 的尴尬，中国德隆和南方证券的惨败以及中航油新加坡公司的投机失败，都是血淋淋的教训。

中关村每年大约有 500 家新入驻的企业，但是每年差不多都有相同数量的企业因为种种原因离开，绝大多数是因为支持不下去，这其中表现出的就是一种风险。传统文化中的八卦讲究阴阳平衡，其实做企业也是一样的，创新和发展当然非常重要，但这是一只手，企业的另外一只手同时要注重控制经营风险。

任何企业都面临着来自内部和外部的风险，风险影响着企业的生存能力，影响着它们能否在竞争中取得成功。管理人员的每一个决策都在创造风险，因此，只要企业持续经营，风险就永远存在，而在实施风险管控的过程中，首先需要明确影响控制目标的实现的不确定性因素，既包括外部环境风险，也包括企业内部出现的一些不利变化。因此，风险识别是进行风险评估和风险应对的前提与基础。

二、风险识别需要考虑的因素

按照《企业内部控制基本规范》第二十二条的规定，企业识别内部风险，应当关注下列因素：(1) 董事、监事、经理及其他高级管理人员的职业操守、员工专业胜任能力等人力资源因素。(2) 组织机构、经营方式、资产管理、业务流程等管理因素。(3) 研究开发、技术投入、信息技术运用等自主创新因素。(4) 财务状况、经营成果、现金流量等财务因素。(5) 营运安全、员工健康、环境保护等安全环保因素。(6) 其他有关内部风险因素。

按照《企业内部控制基本规范》第二十三条的规定，企业识别外部风险，应当关注下列因素：(1) 经济形势、产业政策、融资环境、市场竞争、资源供给等经济因素。(2) 法律法规、监管要求等法律因素。(3) 安全稳定、文化传统、社会信用、教育水平、消费者行为等社会因素。(4) 技术进步、工艺改进等科学技术因素。(5) 自然灾害、环境状况等自然环境因素。(6) 其他有关外部风险因素。

延伸阅读 从风险评估角度看中信泰富事件

三、风险识别的方法

目前存在着多种识别风险的方法，每一种方法都有其优点和局限性。在实际情况中需灵活运用多种方法，以便及时发现已存在的和潜在的风险。风险识别主要有以下六种方法：

1. 德尔菲法

德尔菲法又称专家调查法，是指在识别风险时，对多位相关专家进行反复咨询及意见反馈，直到得到比较一致的意见，最终确定影响企业的主要风险因素的方法。

德尔菲法的优点是能充分发挥各位专家的作用，集思广益；参与者可以免受团体的压力，不必附和他人的看法，可以避免个性特征和相容性问题。其局限性是过程比较复杂，花费时间较长。

案例 4-7　某建筑业上市公司的国际工程项目风险评审表

某建筑业上市公司近年来积极开拓海外市场，并在制度中规定，对任何一项国际工程项目在进行投标之前都首先要进行风险评估。为此该公司专门设计了国际工程项目风险评审表，其风险评审表主要从政局与社会环境、经济与商情、合同、自然条件、勘察与设计、施工组织与管理6个方面列示了46项指标，并分别赋予权重。在实际操作时，主要是聘请有经验的专家根据项目的实际情况，依据每个指标所反映出的风险级别分别进行评分，最后加总计算出总分。公司最终是根据总分的高低决定是否参与国际工程项目的投标。表4-2给出了部分风险评审指标。

表 4-2　某建筑企业的国际工程项目风险评审表（节选）

编号	指标	权重	风险级别					得分
			低	次低	中	次高	高	
1	政局与社会环境	7	0	0.25	0.50	0.75	1	
1.1	政局稳定	1	0	0.25	0.50	0.75	1	
1.2	法律法规及政策	1	0	0.25	0.50	0.75	1	
1.3	与中国的双边关系	1	0	0.25	0.50	0.75	1	
1.4	国际关系状况	1	0	0.25	0.50	0.75	1	

（续表）

编号	指标	权重	风险级别					得分
			低	次低	中	次高	高	
1.5	是否有特殊国别政策	1	0	0.25	0.50	0.75	1	
1.6	社会环境	1	0	0.25	0.50	0.75	1	
1.7	基础设施状况	1	0	0.25	0.50	0.75	1	
2	经济与商情	25	0	0.25	0.50	0.75	1	
2.1	经济运行状况	2	0	0.25	0.50	0.75	1	
2.2	业主基本情况	3	0	0.25	0.50	0.75	1	
2.3	项目资金来源	3	0	0.25	0.50	0.75	1	
2.4	中间人基本情况	2	0	0.25	0.50	0.75	1	
2.5	融资条件	2	0	0.25	0.50	0.75	1	
2.6	预付款比例	1	0	0.25	0.50	0.75	1	
2.7	支付货币	1	0	0.25	0.50	0.75	1	
2.8	汇率变化	3	0	0.25	0.50	0.75	1	
2.9	银行保函及担保	2	0	0.25	0.50	0.75	1	
2.10	保险	2	0	0.25	0.50	0.75	1	
2.11	物价上涨、通货膨胀	2	0	0.25	0.50	0.75	1	
2.12	税费水平	2	0	0.25	0.50	0.75	1	
3	自然条件	5	0	0.25	0.50	0.75	1	
3.1	地震	0.5	0	0.25	0.50	0.75	1	
3.2	强暴雨、飓风	0.5	0	0.25	0.50	0.75	1	
3.3	严寒或高温	0.5	0	0.25	0.50	0.75	1	
3.4	场址地形、地貌	1	0	0.25	0.50	0.75	1	
3.5	地方疾病	0.5	0	0.25	0.50	0.75	1	
3.6	环境污染	0.5	0	0.25	0.50	0.75	1	
3.7	地质水文条件	0.5	0	0.25	0.50	0.75	1	
3.8	资源缺乏	1	0	0.25	0.50	0.75	1	

2. 现场调查法

现场调查法是指通过直接进行实地观察和分析，了解企业生产经营中存在的风险隐患的方法。现场调查法一般分为三步：调查前的准备，现场调查和访问，形成调查报告与反馈。

现场调查法的优点是：可获得第一手资料；可与现场工作人员建立良好的关系，宣传风险概念，为之后的风险管理措施的落实做铺垫。其局限性是耗时较长，成本较高，有时因疲于应对调查还会引起被调查人员的反感。

3. 风险清单分析法

风险清单分析法是指将企业可能面临的风险和潜在的损失分类，按照一定的顺序排列，形成风险清单（见表4-3），再逐项对照检查的方法。

风险清单分析法的优点是：风险识别过程简单迅速；可以同时跟踪检测整个风险管理过程，不断修订风险清单以适应环境的变化。其局限性是风险清单的初次制作以及回收都比较费时、回收率可能较低，而且质量难以有效控制。

表 4-3　某企业风险清单示例(部分)

序号	风险源 危险因素	伤害方式	伤害地点及人员	管理措施
1	作业现场不配备安全保护装置	物体打击	作业现场工作人员	严格执行管理制度,加大考核力度
2	进入容器内作业不办证	中毒窒息	作业现场工作人员	遵守管理制度,专人监护
3	违章动火	火灾、爆炸	作业现场工作人员	遵守管理制度,动火前要制订方案
4	违章操作	各种伤害方式都有可能	作业现场工作人员	按培训要求进行安全学习
5	违反劳动纪律受到伤害	各种伤害方式都有可能	作业现场工作人员	增加考核频次
6	清理运转设备运转部件卫生	物体打击	作业现场工作人员	挂牌警示运转部位禁止打扫卫生
7	一人巡检	各种伤害方式都有可能	违纪人员	执行二人巡检制度
8	特种作业人员无证上岗	各种伤害方式都有可能	现场人员	严格执行《特种作业人员管理办法》

4. 财务报表分析法

财务报表分析法又称杜邦分析法,是指以企业的资产负债表、利润表和现金流量表等财务报表为依据,通过水平分析、垂直分析、趋势分析、比率分析等方法,从财务角度发现企业面临的风险的方法。其中,杜邦分析法能够将财务指标逐层分解,揭示指标之间的相互关系,对财务指标进行综合分析,为识别企业财务风险提供了有力的切入点,如图 4-5 所示。

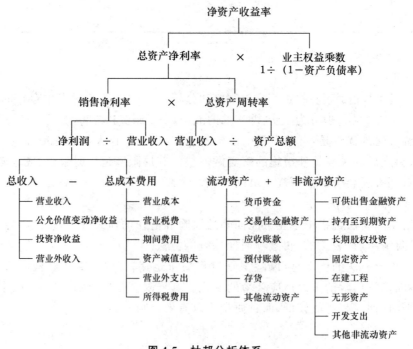

图 4-5　杜邦分析体系

财务报表分析法的优点是较为方便有效,且易于被内部和外部人员接受。其局限性是不能反映以非货币形式存在的问题,如人员素质、创新能力、业务流程和其他经济因素的变化等,需要辅以其他识别方法和手段。

5. 流程图法

流程图法是将企业的各项经济活动按照内在的逻辑联系绘制成作业流程图,然后针对其中的关键步骤或薄弱环节进行调查、研究和分析,以识别企业风险的方法,如图4-6所示。

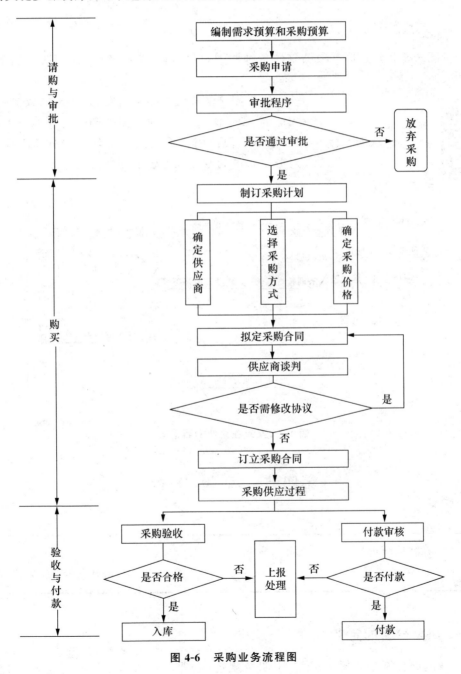

图 4-6 采购业务流程图

流程图法分为三步：首先，分析、识别作业流程中的各个阶段；其次，据此绘制流程图，解释流程中的所有的风险点，尤其是主要风险点；最后，进一步解释风险发生的原因以及可能造成的影响。

流程图法的优点是可以将复杂的生产过程或业务流程简单化，从而易于发现风险。其局限性是流程图的绘制一般要由具有专业知识的风险管理人员绘制，需要花费的时间比较长，其管理成本也比较高；流程图的准确与否决定着风险管理部门识别风险的准确性。

6. 因果图法

因果图法是指将造成某项结果的各种原因，以图解的方式表达，即用图表达结果与原因的关系。

因果图法从损失的结果出发，先找出导致损失的重大原因，步步深入，最终找出损失产生的根本原因，如图4-7所示。但使用因果图法需要分析的业务流程较多，对分析人员的专业水平要求较高。

延伸阅读　中国神华内部控制与风险管理实践的基础性成果

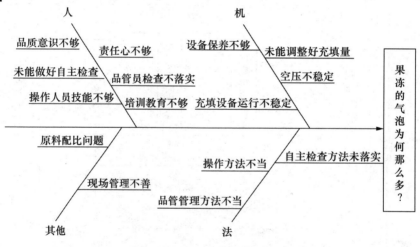

图4-7　某果冻企业的因果图

第四节　风险分析

> 不对风险进行管理是最大的冒险。
> ——〔美〕诺顿，诺贝尔奖获得者

一、风险分析的定义

《企业内部控制基本规范》第二十四条规定，企业应当采用定性与定量相结合的方法,按照风险发生的可能性及其影响程度等,对识别的风险进行分析和排序,确定关注重点和优先控制的风险。

企业进行风险分析,应当充分吸收专业人员,组成风险分析团队,按照严格规范的程序开展工作,确保风险分析结果的准确性。

案例 4-8　　中国恒天召开管理提升诊断专题会

2012年10月14日和15日,根据管理提升活动整体进展情况,为进一步明确集团管理短板和难点、集思广益、促进共识,恒天集团召开了管理诊断专题会。集团公司领导,总部各职能部门、事业部主要负责人,恒天集团管理顾问及管理提升活动领导小组办公室全体工作人员参加了会议。

恒天集团集中两天时间对24个管理领域进行封闭式诊断,每个管理领域诊断均包括:各部门主要负责人汇报所主管管理领域的自我诊断情况;恒天集团分管领导对所分管管理领域诊断情况进行总结性陈述和补充;管理顾问结合该管理领域自我诊断的情况介绍独立诊断的基本意见;与会人员对该管理领域的自我诊断提出问题和建议,进行诊断研讨,帮助主管部门找出管理差距、问题及其动因,贡献对策思路;恒天集团董事长张杰和总裁刘海涛对每个管理领域的诊断情况逐一进行小结。

资料来源:中国恒天集团有限公司网页,http://www.chtgc.com/n142/n162/c7455/content.html,2012年10月30日。

二、风险评估的程序

风险评估活动其实是一个输入转化为输出的过程,它的具体工作步骤如图4-8所示。

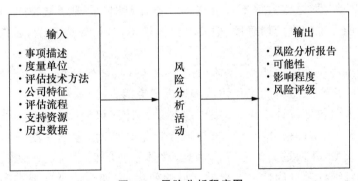

图 4-8　风险分析程序图

资料来源:胡为民,《内部控制与企业风险管理——实务操作指南》,电子工业出版社,2009年版。

1. 建立分析流程

识别风险分析过程中所有必要的活动,确定这些活动的顺序和相互关系,准确地描述,并形成书面化的文件,加以实施和监控。风险分析的基本流程包括以下几项基本活动:数据收集、技术方法选择、分析实施、分析结果、数据存档。

同时,为保证风险分析流程的有效运行,必须对流程的各个环节进行规定,提出明确具体的责任、目标、分析要求。对于风险分析活动过程应进行必要的记录,相关记录也应加以存档。

2. 分析策划

在进行风险分析策划时,风险管理人员应确定下列内容:(1)风险分析参与人员的结构及技能要求;(2)风险分析策划的时机;(3)风险分析所需的相关信息及来源;(4)风险分析的相关技术。

3. 收集必要的风险分析数据

风险分析建立在数据收集的基础之上,公司通过对数据的收集分析,可以把握问题的根源,掌握问题的发展趋势,更精确地分析风险。

(1)宏观环境监测数据。宏观环境因素的变化是战略风险的主要来源,通过对主要的宏观环境因素变化进行检测和记录,有助于分析该风险对目标的影响程度和可能性。

(2)行业基准数据。行业生命周期、行业竞争对手、行业市场份额分布、行业关键成功因素等数据,有助于评估风险的可能性和影响程度。

(3)外部专家数据。外部专家对企业风险的可能性和影响程度的判断,为公司风险分析提供了权威且重要的借鉴,是公司重要的数据来源。

(4)公司的历史数据。公司的历史数据是公司执行战略活动结果的精确描述,是制定新战略的基础,也是企业风险分析的基础。公司历史数据包括:过去的战略目标和战略规划数据;战略目标的达成分析数据;战略执行和监控数据;人力资源、设计、采购、生产、销售、财务等经营方面的数据。

4. 选择分析技术和方法

依据风险的复杂程度和重要性选择适当的分析技术及方法。风险评估方法包括定量分析和定性分析。在不要求做定量分析,或者定量分析所需要的充分可靠的数据实际上无法取得,以及获取这些数据不符合成本效益原则时,管理者通常采用定性分析的方法。定量分析能带来较高的精确度,但要求数据较多,分析较为复杂,通常应用在特别重要的活动中。

定性分析方法包括问卷调查、集体讨论、专家咨询、情景分析、政策分析、行业标杆比较、管理层访谈、由专人主持的工作访谈和调查研究等。

定量分析方法包括统计推论(如集中趋势法)、计算机模拟(如蒙特卡罗分析法)、失效模式与影响分析、事件树分析等。进行风险定量评估时,应统一制定各风险的度量单位和风险度量模型,并通过测试等方法,确保评估系统的假设前提、参数、数据来源和定量评估程序的合理性及准确性。要根据环境的变化,定期对假设前提和参数进行复核及修改,并将定量评估系统的估算结果与实际效果对比,据此对有关参数进行调整和改进。

风险分析中,定量与定性技术的结合是必要的,两者可以互相补充。公司可以依据自身的特征决定采用具体的组合形式。

5. 借助外部专家的力量

风险分析是一项具有较高难度的复杂工作,聘请外部专业团队和借助外部分析专家的支持(如专门的风险管理咨询公司等)是有必要的,特别是在公司导入风险管理的阶段。外部专家的专业技能可以提高风险分析的效率和准确性,同时通过外部专家的知识传播,公司风险分析人员的技术水平和整个公司成员的风险意识水平也可以得到提升。

6. 编制风险分析报告

风险分析的结论以正式文本的形式报告,至少包括以下几个方面的内容:(1) 风险可能性;(2) 风险影响程度;(3) 风险重要性评级;(4) 风险地图。

7. 建立风险分析数据库

把风险分析过程的数据或文字记录加以保存,使之成为企业风险管理数据库的重要组成部分。

延伸阅读　中广核集团全面风险管理体系建设初见成效

三、风险分析的方法

1. 风险坐标图

风险坐标图是把风险发生可能性的高低、风险发生后对目标的影响程度,作为两个维度绘制在同一个平面上(即绘制成直角坐标系)。对两个维度的评估有定性、定量等方法。定性方法是直接用文字描述风险发生可能性的高低、风险对目标的影响程度,如"极低""低""中等""高""极高"等。定量方法是对风险发生可能性的高低、风险对目标的影响程度用具有实际意义的数量描述,如对风险发生可能性的高低用概率来表示,对目标影响程度用损失金额来表示,等等。

对两个维度进行定性或定量评估后,依据评估结果绘制风险坐标图。例如,某公司绘制了如图 4-9 所示的风险坐标图,并将该图划分为 A、B、C 三个区域,公司决定承担 A 区域中的各项风险且不再增加控制措施;严格控制 B 区域中的各项风险且专门补充制定各项控制措施;确保规避和转移 C 区域中的各项风险且优先安排实施各项防范措施。

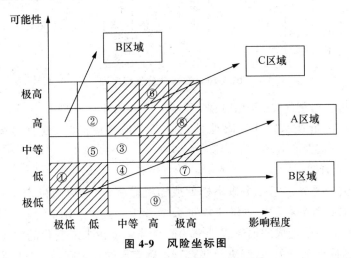

图 4-9　风险坐标图

2. 情景分析

情景分析是评估一个或多个事项变动对目标产生的影响的方法。它通过想象、联想和猜想来构思及描绘未来可能发生的情况,从而为指定风险应对策略提供支持。这是一种自上而下的、考虑"如果……那么……"问题的分析方法,衡量的是某事件或事件组合对企业将会产生的影响。

情景分析的主要程序是:(1)确定分析的主题,明确分析的范围;(2)建立风险数据库,并将风险按其对主题的影响进行分类;(3)构思风险的各种可能的未来图景;(4)设想一些突发事件,看其对未来情景可能的影响;(5)描述未来各种状态的发展演变途径。

情景分析可以结合经营连续性计划、估价系统故障或网络故障的影响来使用,从而反映风险对企业经营的全面影响。情景分析法对以下情况特别有用:提醒决策者注意某种措施或政策可能引起的风险或危机性的后果;建议需要进行监视的风险范围;研究某些关键性因素对未来过程的影响;提醒人们注意某些技术的发展会带来哪些风险。

3. 敏感性分析

敏感性分析是通过分析、预测项目主要因素发生变化时对经济评价指标的影响,从中找出敏感因素,并确定其影响程度的方法。它通过逐一改变相关变量数值的方法,来解释关键指标受这些因素变动影响大小的规律,找出对投资项目经济效益指标有重要影响的敏感性因素,并分析、测算其对项目经济效益指标的影响程度和敏感性程度,进而判断项目承受风险的能力。

敏感性分析的具体操作步骤如图 4-10 所示,包括:(1)确定敏感性分析的对象,即选择评价指标;(2)选择敏感性分析的风险因素;(3)确定系统目标对各种敏感性因素的敏感程度;(4)分析比较并找出最敏感的因素;(5)评价风险承受能力。

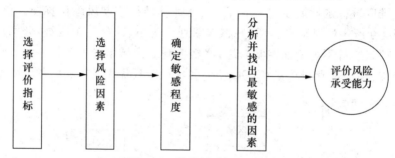

图 4-10 敏感性分析程序图

敏感性分析法通俗易懂、使用方便,可显示出备选项目的稳健性及其排序,是一种实用性很强的风险衡量技术。其局限性是只是孤立地考虑风险,没有考虑风险之间的联系,没有研究风险发生的概率。

4. 蒙特卡罗方法

蒙特卡罗方法是先建立一个概率模型或随机过程,然后以随机产生的风险因子回报值来模拟组合的收益分布的一种随机模拟数学方法。该方法用来分析评估风险发生的可能性、风险的成因、风险造成的损失或带来的机会等变量在未来变化的概率分布,其可以随机模拟各种变量间的动态关系,解决某些具有不确定性的复杂问题。具体操作步骤如下:

(1)量化风险。对需要分析评估的风险进行量化,明确其度量单位,得到风险变量,并收集历史相关数据。

(2)根据对历史数据的分析,借鉴常用的建模方法,建立能描述该风险变量在未来变化的概率模型。建立概率模型的方法很多,大致分为两类:一类是对风险变量之间的关系及其未来的情况做出假设,直接描述该风险变量在未来的分布类型(如正态分布),并确定其分布参数;另一类是对风险变量的变化过程做出假设,描述该风险变量在未来的分布类型。

(3) 计算概率分布的初步结果。利用随机数字发生器,将生成的随机数字代入上述概率模型,生成风险变量的概率分布初步结果。

(4) 修正完善概率模型。通过对生成的概率分布初步结果进行分析,用实验数据验证模型的正确性,并在实践中不断修正和完善模型。

(5) 利用该模型分析评估风险情况。

5. 压力测试

压力测试是指在具有极端影响事件的情景下,分析评估风险管理模型或内控流程的有效性,发现问题,制定改进措施的方法。极端情景是指在非正常情况下,发生的概率很小,而一旦发生,后果十分严重的事情。压力测试可以用来分析那些通过与概率技术一起使用的分布假设可能没有充分捕捉到的低可能性、高影响力的事件的结果。与敏感性分析类似,压力测试通常用来评估经营事项或金融市场中各种变化的影响,其目的是防止出现重大损失事件,具体操作步骤如下:

(1) 针对某一风险管理模型或内控流程,假设可能会发生的极端情景。假设发生极端情景时,不仅要考虑本企业或与本企业类似的其他企业有过的历史教训,还要考虑历史上不曾出现,但将来可能会发生的事情。

(2) 评价极端情景发生时,该风险管理模型或内控流程是否有效,并分析对目标可能造成的损失。

(3) 制定相应的措施,进一步修改和完善风险管理模型或内控流程。

案例 4-9　　　　　　　　　　　　**美国银行业的压力测试**

2009年2月10日,美国财政部部长盖特纳提出对全美最大的19家银行进行压力测试。截至2008年年底,这19家银行资产均超过1000亿美元,共拥有美国银行系统2/3的资产和超过一半的贷款。这是美国政府旨在判定银行"缺血"程度而设定的一项调查,其最终目标是让这些金融机构在未来两年继续持有充足的资本,同时仍能提供消费信贷。

测试设定了当前危机之下和危机深化的两种情景。在第一种情景中,测试方设定:美国2009年失业率为8.4%;2010年失业率达到8.8%,房价继续下跌14%。在第二种情景中,测试方设定:美国2010年失业率达到10.3%,房价继续下跌22%。测试检验了19家银行在这两种情景中损失有多大、是否能生存下来、"弱者"需补充多少资本金等情况。

2009年5月7日,美国联邦储备委员会正式公布对这19家大型银行的压力测试结果,其中10家银行必须在2009年11月底前筹措到746亿美元的新增资本金,以应对经济衰退加剧的形势。

资料来源:张锐,"压力测试:美国银行业的'危机式'体检",《中国经济时报》,2009年5月14日。

6. 盈亏平衡分析法

盈亏平衡分析法又称平衡点分析法，是在一定的市场、生产能力及经营管理条件下，研究成本与收益平衡关系的一种方法。将盈亏平衡分析应用于风险量化，是根据盈亏平衡分析的基本原理和基本方法，侧重于研究风险管理中的盈亏平衡点的分析，即对产量、成本和利润三者之间的平衡关系进行研究分析，确定产量、价格、成本等方面的盈亏界限，据此判断在各种不确定因素作用下系统的适应能力和对风险的承受能力。盈亏平衡点越低，表明系统适应变化的能力越强，承受风险的能力也越强。某钢铁公司扩建项目的盈亏平衡表如表 4-4 所示。

表 4-4 某钢铁公司扩建项目的盈亏平衡表

指标名称	单位	数值
盈亏平衡产量	吨	492.91
盈亏平衡销售单价	亿元	0.42
盈亏平衡单位产品变动成本	亿元	0.15
安全边际率	%	50.77
价格安全度	%	15.11

注：安全边际率、价格安全度越高，盈利机会就越大，抗风险能力也就越强。

7. 综合评分法

综合评分法是先按照不同指标的评价标准对各项指标进行评分，然后采用加权相加，求得总分，并据此按照评价目的对评价对象做出判断的一种方法。综合评分法的一般步骤包括确定评价指标、制定评价等级和标准、制定评分表、根据指标和评级标准评出分值、计算总得分、运用评价结果等。

案例 4-10　某机械制造业企业的信用评价体系

某机械制造业企业的销售结构包括国内和海外两大板块。为此，企业分别建立了国内和海外赊销业务的信用标准体系。以下为该企业海外赊销业务的信用标准体系。首先，该企业采用专家判断法，建立了信用评价指标体系如表 4-5 所示。

表 4-5 某机械制造业企业海外赊销业务的信用评价指标体系

类别	指标	权重
1. 品质	(1) 账龄记录	10
	(2) 上年欠款回收率	15
	(3) 管理规范	5
	(4) 历史遗留问题	5
2. 规模	(5) 上年交易量	10
	(6) 销售渠道	5
	(7) 办公场所自有/租赁	6
	(8) 客户数量	6

(续表)

类别	指标	权重
3. 能力	(9) 销售额	5
	(10) 净资产	5
	(11) 速动比率	5
	(12) 资产负债率	5
	(13) 净利润率	5
4. 条件	(14) 国家	8
	(15) 公司知名度	5

其次,确定了评分规则。对于每一个评价指标,企业确定了评分标准,即将指标数据的可能范围划分为5段,每段依次设置评价系数0.2、0.4、0.6、0.8和1.0。如果某一客户某一指标的实际数据对应于第3段,则其分数可评为该指标对应的标准分0.6。

最后,明确了信用评分与信用评级之间的对应关系,如表4-6所示。

表4-6 信用评分与信用评级对应表

信用等级	信用评分	信用评定
A	85—100	信用优良,允许大额赊销
B	60—84	信用一般,允许适中额度赊销,且需要进行监控
C	46—59	信用稍差,允许小额赊销,且需要进行严格监控
D	0—45	信用极差,不允许赊销

第五节 风险应对

一、风险应对的定义

《企业内部控制基本规范》第二十五条规定,企业应当根据风险分析的结果,结合风险承受度,权衡风险与收益,确定风险应对策略。

风险应对是指在风险识别和风险分析的基础上,针对企业存在的风险因素,采取适当的方法和措施,对风险加以有效应对,以降低风险的过程。

二、风险应对的策略

《企业内部控制基本规范》第二十六条规定,企业应当综合运用风险规避、风险降低、风险分担和风险承受等风险应对策略,实现对风险的有效控制。

1. 风险规避策略

该策略是指企业对超出风险承受度的风险,通过放弃或者停止与该风险相关的业务活动以避免和减轻损失的策略。即通过评估后,企业直接拒绝承担某种风险。

企业应对风险的策略首先考虑的是如何避免,尤其对于欺诈行为造成的资产损失及质量低劣带来的法律责任等。当风险造成的损失不能由该项目可能获得的利润予以抵消时,避免风险是最可行、最简单的办法。

采取风险规避的策略既有优点也有缺点。其优点主要表现为:(1)有效地避免了可能遭受的风险损失;(2)将有限的资源应用到风险效益比更佳的项目上。

规避风险的策略也具有很大的局限性:(1)只有在风险可以避免的情况下,避免风险才有效果;(2)有些风险无法避免,如市场风险、政治影响等;(3)有些风险虽然可以避免,但成本过大;(4)事事都采取避免风险的态度可能使企业产生安于现状、不思进取的风气。

案例 4-11　　中止与客户的合作避免更大的损失

澳大利亚 AFV 公司是大连华泰用品有限公司的供应商。2003 年,大连华泰用品有限公司突然增加了进货金额,同时出现回款不及时的现象。AFV 公司即委托华夏信用对其进行信用调查,发现该公司虽然是合法存在的法人实体,但长期经营混乱;通过对其相关财务资料进行分析,发现该公司的偿债能力很弱,与其开展业务存在很大的经营风险。据此,AFV 公司立即中止了与大连华泰用品有限公司的合作,避免了可能带来更大损失的风险。

资料来源:根据相关媒体报道资料整理。

2. 风险降低策略

该策略是指企业在权衡成本效益之后,准备采取适当的控制措施降低风险或者减轻损失,将风险控制在风险承受度之内的策略。风险降低的目的在于积极改进风险特性,使其能为企业所接受,从而使企业不丧失获利机会。因此,相对于风险规避而言,风险降低是较为积极的风险处理策略。

企业在风险不能避免的情况下会自然地想到如何控制风险的发生、降低风险发生的概率,或如何降低风险发生后带来的损失。降低风险的策略主要有两个方面:一是控制风险因素,降低风险发生的概率。二是控制风险发生的频率和降低风险的损害程度。降低风险的频率需要准确的预测,如利率预测、汇率预测、债务人信用评价等;降低风险损害的程度则需要果断地采取措施,如对债务人进行债务重组、积极调整收账政策等。

案例 4-12　　采取分步购建固定资产的策略降低投资风险

梧州电子仪器厂在开发生产高频插件时,面临多种策略选择。如果从日本引进全套设备需投资 800 万元,这对当时仅有百人、微薄财力的小企业来说是不能企及的。若借款引进设备,稍有差池,就会使企业承担巨额债务,导致其破产。于是该厂采用逐步试探的策略,先用 200 万元引进散件和后道工序设备,待收回投资后再成套引进,新产品开发最终获得成功。这说明在企业财力有限,不能一步到位实现投资时,可以采取分步购建固定资产的策略来降低投资风险。

3. 风险分担策略

该策略是指企业准备借助他人力量,采取业务分包、购买保险等方式以及适当的控制措施,将风险控制在风险承受度之内的策略。风险分担与风险降低类似,也要将剩余风险降低到与期望的风险相协调的水平。

企业可以通过保险或非保险方式进行风险转移。现代保险制度是转移风险的理想方式之一,企业可以通过财产保险、医疗保险方式将风险损失转移给保险公司。此外,企业还可以通过合同条款将部分风险转移给对方,如运输合同中有关事故责任人的界定。正如《世界是平的》一书的作者所描述的那样,业务外包将成为世界企业管理发展的一种趋势,同时也是一种风险分担方式。

延伸阅读 药物研发外包:从功能外包模式向风险分担模式转变

> 不创造利润额的工作都应该外包出去,任何不提供成长机会的活动与业务都应该采取外包形式。
> ——〔美〕彼得·德鲁克,管理学大师

案例 4-13　耐克通过生产外包转移风险

耐克公司是近三十年来世界上新创建的经营消费品最成功的企业之一,也是世界上最大的一家旅游鞋供应商。耐克公司有一句响亮的口号,那就是"只卖鞋不做鞋"。为什么这样说?这是因为该公司把全部精力放在销售、设计和品牌维护上,不设工厂,不雇用工人,不购置生产设备,不直接生产一双鞋,就连新设计出来的"样鞋"都是在台湾地区生产的。耐克公司的经理人员跑遍世界各地,专门物色承包商,以寻找成本更低、质量更可靠、交货期更有保证的厂家。这样,一旦某厂生产的鞋质量不合格,或成本上升,耐克公司便立即停止订货,不再下订单,而与另一家伙伴合作。按照耐克公司的经营之道,它所关心的就是设计新式样、保证质量和交货期,并把生产成本尽可能地压低。至于厂房、设备、职工的工资等方面它完全不管。这样,耐克就通过生产外包把生产经营过程中所存在的风险转移给了承包商。

资料来源:根据相关资料整理。

4. 风险承受策略

该策略是指企业对风险承受度之内的风险,在权衡成本效益之后,不准备采取控制措施降低风险或者减轻损失的策略。

企业承担风险的方式可以分为无计划的单纯自留或有计划的自发保险。无计划的单纯自留,主要是指对未预测到的风险所造成损失的承担方式;有计划的自发保险是指对已预测到的损失的承担方式,如提取资产减值准备、坏账准备,以及对待处理的市场价值很小的一些设备不采取保管措施等。

从总体来看，企业采用风险承受策略具有以下优势：

（1）成本较低。因为从长远来看，保险费等其他费用总金额可能会超过平均损失。

（2）控制理赔过程。企业采用风险承受策略可以控制理赔过程。

（3）提高警惕性。在采用风险承受策略的情况下，企业更注重损失控制，会尽可能地减少损失发生的频率和减轻损失的程度。

（4）有利于货币资金的运用。与购买保险相比，对于企业来说，不发生损失事件，就丧失了对缴纳保险费用的所有权和使用权；发生了损失事件，企业虽然获得了经济赔偿，但是也会在一定时间内丧失对货币的紧急使用权。而在采用风险承受策略的情况下，则可以使这笔资金得到较好的运用。

同时，采用风险承受策略也具有不利之处：

（1）可能面临巨额亏损。在特殊情况下，例如发生巨大灾害等，采用风险承受策略可能会使企业面临承担巨额损失的风险，甚至可能危及企业的生存与发展。

（2）可能产生更高的成本费用。在采用风险承受策略的情况下，企业往往需要聘请专家进行指导和评估，在某些情况下，可能会比采用其他策略支出更多的费用。

延伸阅读 中国远洋抵御风险学费40亿元，第四季度盈利泡汤

（3）获得服务种类和质量的限制。由于企业自身实力有限，当采用风险承受策略时，本来由保险公司提供的一些专业化的服务就失去了。

案例 4-14 建筑企业在项目工程中应如何应对风险

ZJ公司为国内大型基建公司，现正考虑承接一项在非洲坦桑尼亚未经开发山区进行的大型桥梁工程。公司董事会经过评估，认定该工程有三大风险：

（1）由于地势险峻，容易造成严重的意外伤亡事故。

（2）该合同以当地货币结算，而当地货币的汇率近几个月来大幅波动。

（3）工程可能延误，甲公司需为此承担经济责任。

请问ZJ公司应分别采取何种策略及具体措施应对上述三项风险？

三、风险应对策略的选择

《企业内部控制基本规范》第二十七条规定，企业应当结合不同发展阶段和业务拓展情况，持续收集与风险变化相关的信息，进行风险识别和风险分析，及时调整风险应对策略。企业在选择风险应对策略时，应结合自身的风险承受能力，并考虑成本效益原则。具体而言，应遵循以下规则：

（1）对超出整体风险承受能力或者具体业务层面可接受风险水平的风险，可以实施风险规避策略。

（2）对在整体风险承受能力和具体业务层面上可接受风险水平之内的风险，在权衡

成本效益之后能够单独采取进一步的控制措施以降低风险、提高收益或者减轻损失的，可以实施风险降低策略。

（3）对在整体风险承受能力和具体业务层面上可接受风险水平之内的风险，在权衡成本效益之后能够借助他人力量，采取业务分包、购买保险等进一步的控制措施以降低风险、提高收益或者减轻损失的，可以实施风险分担策略。

（4）对在整体风险承受能力和具体业务层面上可接受风险水平之内的风险，在权衡成本效益之后无意采取进一步控制措施的，可以实施风险承受策略。

延伸阅读　沃尔玛中国公司的风险应对策略选择

本章小结

风险是不能实现目标的可能性，目标设定是风险识别、风险分析和风险应对的前提。在管理当局识别和分析实现目标的风险并采取行动来管理风险之前，必须先有目标，它往往是风险评估的前提。企业应当按照战略目标，设定相关的业务层面目标，并根据设定的目标合理确定企业整体风险承受能力和具体业务层次上可接受的风险水平。

风险识别是指对资产当前或未来所面临的和潜在的风险加以判断、归类和对风险性质进行鉴定的过程。风险识别主要有以下六种方法：德尔菲法、现场调查法、风险清单分析法、财务状况分析法、流程图法和因果图法。

风险分析是结合企业特定条件（如企业规模、经营战略等），在风险识别的基础上，运用定量或定性方法进一步分析风险发生的可能性和对目标实现的可能影响程度，并对风险的状况进行综合评价，以便为制定风险管理策略、选择应对方案提供依据。风险分析是风险应对的基础，没有客观、充分、合理的风险分析，风险应对将是无的放矢、效率低下的。风险分析的方法主要有以下七种：风险坐标图、情景分析、敏感性分析、蒙特卡罗方法、压力测试、盈亏平衡分析法和综合评分法。

企业应当根据风险分析情况，结合风险成因、企业整体风险承受能力和具体业务层面上可接受的风险水平，同时考虑成本效益原则，确定风险应对策略。风险应对具体包括以下四种类型的策略：风险规避、风险降低、风险分担和风险承受。

 思考题

1. 风险的主要来源有哪些？
2. 目标设定应遵循哪些原则？
3. 风险识别有哪些技术？这些方法的优点和局限性是什么？
4. 风险分析的方法有哪几种？
5. 风险应对策略有哪些？各种策略的优点和局限性是什么？
6. 风险应对策略选择应遵循的原则是什么？

案例分析

天价酒受禁酒令冲击，价昂贵市场难买账

从古至今，白酒就与众不同，人物故事、地理典故、年份传说无一不与其身价紧密相连。所以许多企业都会推出高端品牌，试水"天价"市场。高端白酒一瓶酒的售价就达到几万元，仅是包装就精美绝伦，价值不菲。

茅台五粮液天价酒，一瓶高达36万元

盘点高端白酒的品名，"经典""典藏""洞藏"之类的包装用语比比皆是。响亮的名字应该既有文化沉淀，又有稀缺贵重的感觉，再配上金银、陶瓷、绸缎的包装，酒的价格自然也就另当别论了。

一线品牌一边否认"奢侈品"的概念，一边却用不同的方式赚得盆满钵满。茅台年份酒83年酱香型53度500毫升市场价格为36.8万元，而五粮液、国窖1573和剑南春等也都推出了许多价值不菲的酒。其中，珍品艺术品五粮液54度3000毫升和52度剑南春珍品3500毫升价格也都达到了14万元。

往年：高端白酒春节提价，淡季也会"耍酒疯"

往年，距离元旦、春节的消费旺季一个多月时，酒类经销商就会收到茅台、五粮液厂家的提价通知。其中，主流白酒的出厂价涨幅将会超过10%。不论是淡季还是旺季，高端白酒价格上涨的同时，酒类销售仍会断货，货源十分紧缺。

以茅台、五粮液为代表的高端白酒，主要的消费群体并不是大众消费者，公务宴请、节日送礼是其最主要的消费支撑，这部分消费群体对于价格的敏感度较低，而需求却十分刚性。因此，高端白酒的提价对于其销售并不会造成影响，反而会树立其高端奢侈品的形象。

今年：从中央到地方"禁酒令"层层冲击高端白酒市场

随着"禁酒令"的下达，龙头股贵州茅台首当其冲，大跌5.55%；洋河股份跌4.97%；五粮液、山西汾酒、泸州老窖等白酒股也跌逾3%。盘后主力资金流向表明，当天仅上述五大白酒股全天主力资金净流出金额合计达91 738.2万元。而头戴"国酒"光环，政府、军队宴请的主要用酒茅台，仅一个交易日内，全天蒸发的流通市值便高达125亿元。而茅台与五粮液的报价行为，也都被指触及反垄断，最终以失败告终。

"禁酒令"从军队蔓延到地方政府。随着中央军委下达"禁酒令"之后，海南省也出台了"海南版禁酒令"。与此同时，乌鲁木齐市市委书记在乌鲁木齐市委十届五次全委会议上也提出殷切的期盼和告诫：少交酒肉朋友。

春节将至，本应该迎来消费旺季，但受"禁酒令""反垄断调查""整治公款浪费""塑化剂风波"等一系列利空因素打压，高端白酒旺季销售不旺，不但在消费市场遭遇打压，在资本市场更是"跌跌不休"，可谓两面"挨耳光"。2013年，对于白酒行业，尤其是高端白酒来讲，压力加剧。

资料来源：张宪宪，"天价酒受禁酒令冲击，价昂贵市场难买账"，搜狐酒评网，2013年1月31日。

根据上述案例，请你结合本章相关知识，回答以下问题：

（1）风险是什么，有哪些类型？你认为该案例中企业面临的风险有哪些？

（2）如何有效地进行风险识别？结合该案例说说自己的看法。

（3）在该案例中，如果你是公司的高管，你将采取什么措施应对风险？

技能训练题

请利用清科 Zdatabase 数据库或国泰安并购数据库，分组整理最近五年失败的海外并购交易，从中分析海外并购普遍存在的风险类型，并提出相应的应对策略。

21世纪经济与管理规划教材

财务管理系列

第五章

控制活动

【引言】

　　本章介绍内部控制的第三个要素——控制活动。控制活动是指有助于确保管理层的指令得以执行的政策和程序,它贯穿于企业所有层级和职能部门。本章系统阐述了不相容职务分离控制、授权审批控制、会计系统控制、财产保护控制、预算控制、运营分析控制、绩效考评控制等控制活动的原理和方法。

【学习目标】

　　完成本章的学习后,您将能够:
　　1. 熟悉内部控制的主要控制活动类型;
　　2. 掌握各项控制活动的基本原理和方法;
　　3. 应用各项控制活动解决企业营运中存在的风险。

案例引入
佛山照明隐瞒关联交易被罚

财政部 2013 年 8 月发布的我国上市公司 2012 年实施企业内部控制规范体系情况分析报告中,2 224 家上市公司中有 8 家内部控制存在重大缺陷,佛山照明(000541.SZ)赫然在列。在广东省证监局下发的《行政处罚决定书》中,详尽披露了佛山照明 2010 年以来隐瞒公司与董事长钟信才亲属旗下企业的关联交易、关联投资行为。钟信才的儿子等亲属直接或间接控制了 15 家企业与佛山照明发生关联交易、关联投资等行为,通过寄生在佛山照明身上来牟利。经查,佛山照明在关联交易和投资过程中存在以下违规行为:

1. 授权审批控制不完善,重大事件未按程序审批

根据规定,佛山照明公司董事会应该在了解到子公司锂电正极要进行担保之后,详细了解这项担保交易的真实状况,以及关联公司蓝科锂业的诚信记录、信用状况、资产情况、履约能力等,对这次担保交易事项进行审议并做出最终决定。同时,对于上报董事会审批的关联交易,及时通过董事会秘书将相关材料提交独立董事进行事前审批。独立董事在作出判断前,可以由独立董事聘请中介机构,如会计师事务所等,让中介机构出具专门的审批报告,作为独立董事判断担保交易是否可以进行的依据。但是,佛山照明控股子公司锂电正极同意为关联公司蓝科锂业提供银行贷款担保时,没有提请董事会与股东大会进行审议。

2. 董事会丧失监督作用,独立董事未审批决议

佛山照明公司规定:"公司与关联法人发生的交易金额在 300 万元以上,且占公司最近一期经审计净资产绝对值 0.5% 以上的关联交易应当及时披露佛山照明公司并召开董事会进行审议。"在关联方借款达到最近一期经审计净资产绝对值的 0.5%,即达到临时信息披露标准时,佛山照明不仅没有召开董事会进行审议,而且没有予以公告,董事长秘书邹建平也没有将这一事项提请董事会、独立董事等进行审议,并且没有在年报中进行公告。

3. 会计系统控制失效,关联交易被隐瞒

2010 年,佛山照明与施诺奇、上海亮奇、佛山泓邦、南海光明等 9 家关联公司存在与日常经营相关的关联交易,交易金额累计达 7 646.52 万元。2011 年,佛山照明与费德伦、高明瑞贝克、佛山泓邦、南海光明等 9 家关联公司存在与日常经营相关的关联交易,交易金额累计达到 8 321.02 万元。根据规定,上市公司应该在年度报告中如实披露公司的关联方及关联方交易,而佛山照明没有在 2010 年以及 2011 年年度报告和中期报告中披露上述关联方及关联交易。

4. 财产保护控制失效,企业资金被非法占用

上海亮奇、佛山泓邦等公司分别与佛山照明签署股权转让协议,将其分别持有的佛照灯具各 6% 的股权转让给佛山照明。12 月 23 日,佛山照明分别向上海亮奇、佛山泓邦等公司支付相应的股权转让款 30.54 万元。上海亮奇法人代表正是钟信才的儿子钟永亮。在佛山照明 2010 年的年报中此次股权转让并没有被提及。从佛山照明刻意隐瞒此

次股权转让来看,在钟信才的儿子钟永亮为上海亮奇的法人代表的情况下,佛山照明向关联方上海亮奇等公司转移资金30.54万元。佛山照明的资金被关联方非法占用。

资料来源:改编自《第一财经日报》2013年3月7日同名报道,作者匡志勇。

可见,佛山照明受到证监会的处罚很大程度上可以归咎于其内部控制活动即控制措施方面的漏洞,那么内部控制活动主要有哪些类型?每一种类型的基本原理是什么?本章将详细解答以上问题。

《企业内部控制基本规范》第二十八条指出,企业应当结合风险评估结果,通过手工控制与自动控制、预防性控制与发现性控制相结合的方法,运用相应的控制措施,将风险控制在可承受度之内。控制措施一般包括:不相容职务分离控制、授权审批控制、会计系统控制、财产保护控制、预算控制、运营分析控制和绩效考评控制等。

企业应当根据内部控制目标,结合风险应对策略,综合运用控制措施,对各种业务和事项实施有效控制。同时,企业应当建立重大风险预警机制和突发事件应急处理机制,明确风险预警标准,对可能发生的重大风险或突发事件,制订应急预案、明确责任人员、规范处置程序,确保突发事件得到及时妥善的处理。

延伸阅读 一入"债门"深似海——由四川金顶"债务门"引发的内控问题思考

资料介绍

《行政事业单位内部控制规范(试行)》规定,单位内部控制的控制方法一般包括:

(1)不相容岗位相互分离。合理设置内部控制关键岗位,明确划分职责权限,实施相应的分离措施,形成相互制约、相互监督的工作机制。

(2)内部授权审批控制。明确各岗位办理业务和事项的权限范围、审批程序和相关责任,建立重大事项集体决策和会签制度。相关工作人员应当在授权范围内行使职权、办理业务。

(3)归口管理。根据本单位实际情况,按照权责对等的原则,采取成立联合工作小组并确定牵头部门或牵头人员等方式,对有关经济活动实行统一管理。

(4)预算控制。强化对经济活动的预算约束,使预算管理贯穿于单位经济活动的全过程。

(5)财产保护控制。建立资产日常管理制度和定期清查机制,采取资产记录、实物保管、定期盘点、账实核对等措施,确保资产安全完整。

(6)会计控制。建立健全本单位财会管理制度,加强会计机构建设,提高会计人员业务水平,强化会计人员岗位责任制,规范会计基础工作,加强会计档案管理,明确会计凭证、会计账簿和财务会计报告处理程序。

(7)单据控制。要求单位根据国家有关规定和单位的经济活动业务流程,在内部管理制度中明确界定各项经济活动所涉及的表单和票据,要求相关工作人员按照规定填制、审核、归档、保管单据。

（8）信息内部公开。建立健全经济活动相关信息内部公开制度，根据国家有关规定和单位的实际情况，确定信息内部公开的内容、范围、方式和程序。

第一节　不相容职务分离控制

一、不相容职务分离控制的定义

不相容职务是指某些由一名员工担任，既可以弄虚作假，又能够自己掩饰作弊行为的职务。经济业务活动通常可划分为授权、签发、核准、执行和记录五个步骤，这五个步骤所对应的职务和岗位应该由不同的人员担任，这便形成了组织内部的不相容职务。具体而言，常见的不相容职务包括：授权、批准、业务经办、会计记录、财产保管、稽核检查等。例如，一名员工既负责签发支票、记录支票登记簿，又负责企业银行账的对账工作，如果他伪造签名、贪污企业的款项，也就有可能隐瞒对贪污款项的支票记录，而且又因为他掌握对账工作，使得舞弊行为被隐瞒而不被发现。可见，签发支票、记录支票登记簿与银行对账两项职务就成为不相容职务，所以这两种职务必须由两个员工分别担任以便进行控制。不相容职务分离控制要求企业全面系统地分析、梳理业务流程中所涉及的不相容职务，实施相应的分离措施，形成各司其职、各负其责、相互制约的工作机制。

由上可知，企业通过不相容职务分离控制活动，可以降低错误和不当行为发生的风险。尽管在小型组织中，因为人员有限，不相容职务的分离会很有难度，但他们通常也会划分职责，以实现必要的牵制和制衡。但如果不可能做到这一点——有时会出现这种情况——所有者兼经理对不相容活动的直接监督就可以提供必要的控制。例如，在存在不当现金支付的情况下，一般会指定所有者兼经理作为唯一授权的支票签字人，或者将月度银行对账单在未开封的状态下直接送交给他，以便对已支付的支票进行审核。

延伸阅读　璀璨星光，转瞬即逝

二、建立不相容职务分离制度的原则和要求

（一）建立不相容职务分离制度的原则

不相容职务分离的核心是"内部牵制"，它要求每项经济业务都要经过两个或两个以上的人员或部门的处理，使得个人或部门的工作必须与其他人或部门的工作相一致或相联系，并受其监督和制约。根据大部分企业的经营管理特点和一般业务性质，需要分离的不相容职务主要有以下五种（如图5-1所示）：授权审批职务与业务经办职务相分离；业务经办职务与审核监督职务相分离；业务经办职务与财产保管职务相分离；业务经办职务与会计记录职务相分离；财产保管职务与会计记录职务相分离。

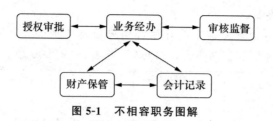

图 5-1 不相容职务图解

案例 5-1　从中海集团"资金门"事件看相容职务分离控制

2008年是中国的多事之秋。当人们刚刚从年初的冰冻灾害中舒缓过来之时，一个与冰冻灾害同样具有破坏力的财务丑闻袭击了我国的财务会计行业。其带给会计学界和实务部门的穿透力与伤痛并不亚于年初的冰冻灾害。2008年4月14日，《经济观察报》报道，中国海运(集团)总公司(简称中海集团)爆出一桩中国航运界罕见的财务丑闻。据悉，中海集团驻韩国釜山子公司的巨额运费收入和部分投资款被公司内部人员非法截留转移。目前已经确认的抽逃资金总额大约为4 000万美元(约合人民币3亿元)，主要涉案人员为中海集团韩国子公司财务部经理兼审计李克江。这是中海集团近年来发生的第二起财务丑闻事件。

根据报道，此次案件的主要嫌疑人李克江既是中海集团釜山子公司的财务负责人，又兼任审计工作。这样一来就存在着两个致命缺点：其一，财务机构和审计机构没有独立分设，审计职能完全依附于财务机构。其二，财务人员和审计人员身份上也没有独立。内部审计是专门的监督机构，而且其监督的对象主要是财务会计工作，这是企业控制链条中很重要的一环。如果离开审计的监督，企业的财务工作就失去了约束和控制，财务舞弊和风险就可能发生。中海集团在这方面显然存在缺陷。在我国，不少企业也没有设置单独的审计机构，而是把内部审计置于财务部之下。但是，他们在人员上是独立的，经办财务工作的人员不兼任审计职能工作，所以，多少还是能够发挥一定的监督作用的。因为，审计人员和财务人员毕竟不是同一个人，财务人员能够受到审计人员相对独立的监督与制约。而中海集团是机构和人员都没有独立，所谓的审计职能完全成了摆设，起不到任何程度的监督作用。这应该是此次财务丑闻发生的重要原因之一。

(二) 不相容职务分离制度的执行与落地

一项科学合理的制度有效发挥作用的关键在于执行。再完美的设计，如果没有有效的执行，也只能算是纸上谈兵。不相容职务相分离控制要想充分发挥作用，必须加大执行的力度。对于企业来说，除了以文件的形式将不相容职务控制确定下来，还可以采取引入信息技术、加强监督检查、实行问责制等措施提高制度的执行力使制度落地。

延伸阅读　从文山电力关联交易未披露看不相容职务分离制度

三、轮岗制度

（一）轮岗的定义

俗话说"常在河边走，哪有不湿鞋"，因此内部控制制度规定，对组织中的关键岗位应实行岗位轮换，即轮岗制度。所谓关键岗位，是指在组织运营过程中处于业务流程关键环节且涉及风险控制点，承担较大的风险责任，根据内部控制原理应当进行重点管理和监督的工作岗位。企业应当结合岗位特点和重要程度，明确关键岗位员工轮岗的期限和有关要求，建立规范的岗位轮换制度，防范并及时发现岗位职责履行过程中可能存在的重要风险。因此，从本质上看，轮岗制度也是内部牵制精神的一个具体体现。

案例 5-2　沈阳军区联勤部 170 余敏感岗位人员被换岗

2014 年 6 月底，按照刚刚下达的任职命令，中校会计师宋宝良告别工作 11 年的某军械仓库财务岗位，到几十公里外的某油料仓库履新。在沈阳军区联勤部推动的敏感岗位人员轮换活动中，有 170 余名任现职满 3 年的干部，和宋宝良一样告别了"铁交椅"。

让敏感岗位脱"敏"，是沈阳军区联勤部党委在第二批党的群众路线教育实践活动中达成的思想共识。他们感到，管人、管钱、管物等敏感岗位，既是部队建设的重要部位，也容易滋生"四风"问题。为此，该部党委紧盯敏感岗位，抓问题整改，推动岗位轮换。

记者从联勤部干部部门了解到，这次轮换的敏感岗位包括：师级机关涉及分管人、财、物的直工科科长、干部科科长、财务处处长、营房处处长，以及相关业务部门的参谋人员等 80 个岗位；团级机关涉及分管业务经费、干部调整、工程建设、财务管理等 8 个岗位。

联勤部党委还要求所属各单位建立主官负责、纪委牵头，军务、干部、纪检、审计等部门参加的领导小组，排出时间表，确保岗位轮换不挂空挡落到实处。

资料来源：改编自《解放军报》2014 年 7 月 13 日同名报道。

（二）轮岗的组织

企业应当从本单位实际出发，制定各级管理人员和关键岗位员工定期轮岗制度，明确轮岗范围、轮岗周期、轮岗方式等，形成相关岗位员工的有序持续流动，全面提升员工素质，从而使本单位的轮岗工作有目的、有计划地进行。组织轮岗工作要注意以下问题：

延伸阅读　可口可乐一百年的管理秘方

(1) 认真选择轮岗对象。
(2) 做好思想工作和培训组织工作。
(3) 轮岗一般不应提前通知。
(4) 企业关键岗位人员离职前，应当根据有关法律法规的规定进行工作交接或离任审计。交接时一般应三方在场，三方包括被轮岗人员、接岗人员、监督交接人员。

(三)轮岗的意义

1. 控制风险

通常,一个人在某个岗位上如果工作了较长时间(特别是5年以上),都会积累很多资源,容易形成个人垄断资源而对企业利益产生潜在危险的局面。通过轮岗就可以避免这一风险。

2. 提高效率

现代企业管理中,由于市场环境变化的加速,内部横向和纵向的沟通变得越来越重要,通过企业内部轮岗制度,人才流动了起来,企业的信息也就自然流动起来,信息的流动和扩散对于促进沟通非常有效;而且员工在部门之间的流动可以促进部门之间的互相理解,使得上游部门更加清楚自己提供的服务对于下游部门来说意味着什么,也使得下游部门更好地了解上游部门的难处和希望得到的支持,这样的互相理解会使各方在沟通时能更多地换位思考,使沟通更加顺畅,进而提高企业的办事效率。

3. 培养人才

一个企业要想高速运转,各个部门就一定要协作配合。轮岗可以使经理人亲身体验其他部门的工作,从而站在更高、更广的角度上思考问题,并进行换位思考,增加协作精神,更好地把握公司的总体战略目标,进而成为战略型人才。同时,轮岗还能挖掘一个人真正的才能。有些外企规定,经理人要有至少三次轮岗经历才有资格担任 CEO。所以,对个人成长而言,轮岗可以强化沟通能力、扩展人脉关系、扩大视野范围、培养战略眼光,从而为升职做好准备;而对于企业来说,在轮岗中发掘优秀人才也是一大收获。

> **案例 5-3　　　　　　　　　轮岗是把"双刃剑"**
>
> 深圳市中兴移动通信有限公司财务部部长赵守年向《中国会计报》记者介绍说:"轮岗这种方法很有效,至少在某个岗位的会计人员请假时,在这个岗位工作过的其他会计人员可以顶上来。"在企业有了这种通过轮岗来提高人才综合素质的理念并使之形成制度后,会计人员一般都会对岗位轮换表示欢迎。"当然,这与我们财务部门以年轻人居多、人才竞争相当激烈有很大关系。"对于岗位轮换,赵守年有亲身经历,这位年轻的财务部部长也正是通过岗位轮换,从内审到税务会计,再到财务会计,一步步被轮换到财务管理层的。
>
> 会计人员从轮岗中受益的同时,也给企业带来了不少麻烦。2009年7月10日,《中国会计报》报道了一家大型企业尽管有轮岗制度,但还是因轮换周期过长而在4年前发生了出纳卷款出逃的事件。作案的出纳已经在企业工作了11年,只被轮换过一次,当他通过内部消息得知即将被轮换到其他岗位时,第二天就消失不见了。
>
> 可见,轮岗是把"双刃剑",企业的管理者用好了,它就是一把内部控制的"利剑";用不好,它就只能是一把祸企殃工的"屠刀"。
>
> 资料来源:李一硕,"岗位轮换:是门槛还是跳板?",《中国会计报》,2009年7月10日。

四、强制休假制度

在实际中,企业可能因为某些关键岗位技术性较强、人手较为紧张等原因而无法实行轮岗,此时可以实行强制休假制度。其与轮岗有异曲同工之处。强制休假是指根据风险控制工作需要,在不事先征求本人意见和不提前告知本人的情况下,临时强制要求关键岗位人员在规定期限内休假并暂停行使职权,同时对其进行离岗审计的一种制度安排。强制休假的时间原则上不超过10个工作日。

(一)强制休假的情形

强制休假适用于以下情形:
(1)因特殊原因需要延期实行岗位轮换;
(2)为强化管理、防范风险而进行的专项安排;
(3)根据主管领导或公司的决定;
(4)其他工作需要。

(二)强制休假的工作流程

1. 制订实施方案

组织实施机构制订强制休假的具体方案,方案应包括休假时间、代职安排、工作交接、离岗审计方式等内容。

2. 宣布休假决定

强制休假决定以书面形式通知强制休假人员。为确保实施效果,在强制休假决定正式公布前,有关机构和知情人要严格保密。

3. 落实交接手续

组织实施机构按有关规定办理强制休假人员与代职人员的交接手续并限期离岗,未经组织实施机构许可,强制休假人员在强制休假期间须暂停行使其职权,不得返回工作岗位,也不得向公司内的其他人员发出任何工作指令或处理有关工作。交接工作在指定专人的监督下进行。

4. 实施离岗审计

组织实施机构根据具体情况专门组织审计力量对强制休假人员实施离岗审计,并出具书面审计报告。组织实施机构在审计期间,有权要求强制休假人员随时回公司提供有关资料或进行必要的情况说明。强制休假人员应当与组织实施机构保持通畅的联系,按要求配合做好有关离岗审计工作。

延伸阅读 法国兴业银行金融丑闻的教训

第二节 授权审批控制

一、授权审批控制的定义

根据《企业内部控制基本规范》第三十条的规定,授权审批控制要求企业根据常规授权和特别授权的规定,明确各岗位办理业务和事项的权限范围、审批程序和相应责任。企业内部各级管理人员必须在授权范围内行使职权和承担责任,业务经办人员必须在授权范围内办理业务。

授权审批的内容包括:(1) 授权审批的范围,通常包括企业全部的经营活动;(2) 授权审批的层次,应当根据经济活动的重要性和金额确定不同的授权审批层次,从而保证各管理层有权有责;(3) 授权审批的责任,应当明确被授权者在行使职权时应对哪些方面负责,避免授权责任不清,即要保证权责分明;(4) 授权审批的程序,即规定每一类业务的审批程序,以便按程序办理审批。

《企业内部控制基本规范》第三十条还规定,企业对于重大的业务和事项,应当实行集体决策审批或者联签制度,任何个人不得单独进行决策或者擅自改变集体决策。《企业内部控制应用指引第1号——组织架构》第五条进一步指出,企业的重大决策、重大事项、重要人事任免及大额资金支付业务等,应当按照规定的权限和程序实行集体决策审批或者联签制度。重大决策、重大事项、重要人事任免及大额资金支付业务的具体标准由企业自行确定。重大决策一般包括企业的发展战略、重大资产处置、利润分配、增加和减少注册资本、财务预算和决算、改制重组、破产、合并、分立等事项;重大事项一般包括年度投资计划、融资项目、担保项目、重大或关键性设备引进、重要物资招投标管理、重大工程承发包等事项;重要人事任命一般包括对本企业中层以上经营管理人员以及所属二级子公司领导班子成员的选聘、任免,向控股、参股企业委派或更换股东代表(包括委派高级经营管理人员)、推荐董事会、监事会成员等;大额资金使用一般包括年度计划的大额度资金使用、较大额度预算外资金使用、较大额度非生产性资金使用、重大捐赠、赞助等。

案例 5-4　　中信泰富事件与不当授权

2008年10月20日,中信泰富发出盈利预警,称公司为降低西澳洲铁矿项目面对的货币风险,签订若干杠杆式外汇买卖合约而引致亏损,实际已亏损8.07亿港元。至10月17日,仍在生效的杠杆式外汇合约按公平价定值的亏损为147亿港元。换言之,相关外汇合约导致已变现及未变现亏损总额为155亿港元。事件发生后,集团财务董事张立宪和财务总监周志贤辞去董事职务,香港证监会和香港交易所对中信泰富进行调查,直至调查终止,中信集团高层人士对中信泰富在外汇衍生品交易中巨亏逾155亿港元极为不满,认为荣智健应对监管疏忽承担责任,中信泰富董事会可能进行大改组。而中信泰富的母公司中信集团也因此受到影响。2009年4月8日,中信泰富发布公告,称荣智健已正式辞去中信泰富董事及董事局主席职务。

这是一个很典型的授权审批案例,正如荣智健所说的,中信泰富巨亏的问题在于公司的财务董事未遵守公司政策。数额如此大的交易,本应由集体决策或联签制度来进行决议,而中信泰富仅仅是集团财务董事张立宪和财务总监周志贤私自决定的,作为董事局主席的荣智健竟然全然不知情,公司设立的双重审批制度也形同虚设,未能发挥作用,失败也就不足为奇了。

资料来源:百度文库,http://wenku.baidu.com/view/6d8098115f0e7cd18425369d.html,资料贡献者为 xuyg007,2012年7月13日。

二、授权控制

> 授权就像放风筝,部属能力弱了,线就要收一收;部属能力强了,线就要放一放。
> ——林正大,国际战略管理顾问

(一) 授权的基本类型

1. 常规授权

是指企业在日常经营管理活动中按照既定的职责和程序进行的授权。这种授权的有效时间较长,没有特殊情况,被授权人可长期行使该权力。如销售部门确定销售价格的权力、财务部门批准费用报销的权力。《企业内部控制基本规范》第三十条规定,企业应编制常规授权的权限指引。

2. 特别授权

是指企业在特殊情况、特定条件下进行的授权。特别授权是临时性的,通常是一次有效。例如,总经理委托其助理代理某次合同的签署,就必须授予他必要的签约权力,一旦合同签订完毕,授权也自动终止。《企业内部控制基本规范》第三十条规定,企业应规范特别授权的范围、权限、程序和责任,严格控制特别授权。

(二) 授权控制的基本原则

1. 授权的依据——依事而不是依人

授权控制作为控制活动不可或缺的组成部分,归根到底还是为了实现内部控制的目标而服务的。企业应该本着最有利于实现企业战略目标、有利于资源的合理与最优配置的目的来设置职务并进行授权,而不是仅凭被授权者的能力。如果因人授权,虽然充分考虑了被授权人的知识与才能,但是不能确保职权被授予最合适的人员,不能实现人力资源的合理利用,不利于经营效率的提高。

2. 授权的界限——不可越权授权

授权者对下级的授权,必须在自己的权力范围内,不能超越自己拥有的权限进行授权。例如,总会计师有权批准报销10 000元以内的费用,可以授权财务经理10 000元以下(包括10 000元)的费用批准权限,超过10 000元的批准报销权不得被授予。

3. 授权的"度"——适度授权

授权过程中对于"度"的把握是授权控制成败的关键,既不能贪恋权力、不愿下放,也不能过度授权。权力下放不到位会直接影响下级部门的工作效率和积极性,而过度授权则等于放弃权力,甚至出现滥用职权的现象。正确的做法是应将下级在行使职责时必需的权力下放,并且做到权力和责任相匹配。对于重大事项的权限,不可轻易下放。

延伸阅读 授权不是放任不管

4. 授权的保障——监督

> 权力导致腐败,绝对权力导致绝对腐败。
> ——〔英〕阿克顿勋爵,历史学家

授权后既不能放任不管,也不能经常干涉。如果放任不管,可能发生越权、滥用职权谋取私利的行为;如果常加干涉,授权等于没授,会挫伤下级的主动性和创造性。授权控制作为控制活动的一种,同其他控制活动一样,必须对其进行监控才能保证其有效。对授权监督的重点主要是防止下级越权操作和"先斩后奏"。

5. 授权的灵活性——弹性授权

所谓弹性授权,是指授权不是一成不变的,而是随着经济业务活动的变化而不断发展变化。武侠小说里常说"天下武功,唯快不破",这句话也同样适用于企业的经营。对于企业经营来说,这里的"快"字不应该仅仅体现在进攻速度上,更应该体现在应变速度上。授权要保持灵活性,要能够快速地变化以适应企业各岗位职能的变化。

(三)授权控制的基本形式

授权控制通常采用权限指引的形式。所谓权限指引,就是对企业管理的决策权、审批权根据业务的性质和管理的层级予以明确的量化规定,通常采用业务活动类型与管理权限系列相结合的矩阵表格形式。矩阵表格的纵向项目列示授权的业务活动类型,横向项目则列示相应的管理层级。因此,矩阵表格中的每一行指企业不同的管理层级对企业的某一具体业务是否具有审批权限,有多大金额的审批权限。例如,中国石油化工股份有限公司以整个集团为基础制定了权限指引,表5-1反映了其部分业务的审批权限规定。

因此,权限指引的意义在于企业能以清晰明确的标准体系对各不同管理层级的权限范围进行界定和约束,做到进行科学的分权管理和建立完善的授权控制体系。同时,权限指引具有很强的可操作性,对于职权部门而言能明确自身的权限类型和执行标准,杜绝了越权审批;对业务部门而言能够按图索骥,大大提高了执行效率。权限指引是现代科学的授权控制工具,是企业提升经营活动效率的重要管理控制手段。

三、审批控制

(一)审批控制的原则

1. 审批要有界限——不得越权审批

越权审批就是超越被授权权限进行审批,通常表现为下级行使了上级的权力。如资金的调度权按规定属于总会计师,但总经理直接通知出纳将资金借给其他企业就属于越权审批的行为。

2. 审批要有依据——不得随意审批

审批控制的目的是保证企业的所有行为有利于经营效果和效率的提高,最终实现控制目标。因此,即便审批人有一定的审批权限,也不能随意批准,而应该依据企业的有关

表 5-1 中国石油化工股份有效公司的权限指引表（节选）

授权级别 业务类型 权限	1 股东大会 执行部门	2 董事会	2.1 董事长	3 总裁办公会	3.1 总裁	4 事业部/职能部门主任	5 分公司经理/经理班子	5.1 分公司分管副经理/总会计师	6 分公司处室负责人/业务经理	… …	会签部门或复核岗位
1.4.3 采购	分公司物资供应部门					…	…	…	…	…	…
1.4.3.3 外部采购合同（非框架采购协议项下）	分公司物资供应部门										
（1）油田炼化企业							审批： 一类企业：单笔≥1 000万元 二类企业：单笔≥500万元 三类企业：单笔≥300万元	审批： 一类企业（含）—1 000万元 二类企业（含）—500万元 三类企业（含）—300万元	审批： 一类企业：单笔＜500万元 二类企业：单笔＜300万元 三类企业：单笔＜100万元	……	分公司法律事务部门
1.4.3.4 对外付款	分公司财务部门										
（1）货到付款：油田炼化企业							批准： 一类企业：单笔≥1 000万元 二类企业：单笔≥500万元 三类企业：单笔≥300万元	批准： 一类企业（含）—1 000万元 二类企业（含）—500万元 三类企业（含）—300万元	批准： 一类企业：单笔＜500万元 二类企业：单笔＜300万元 三类企业：单笔＜100万元	……	分公司业务部门
……											

注：除特别注明外，本表所列权限指经总部批准的预算/计划项下的授权。

预算、计划或者决议进行。

延伸阅读　内部控制缺失,投资竟然跟着感觉走

3. 审批要有程序——不得越级报批

企业应该对筹资、投资、工程项目、担保业务等活动方案进行科学缜密的可行性研究。方案需报经有关部门批准的,应当履行相应的报批程序。方案发生重大变更的,应当重新进行可行性研究并履行相应的审批程序。

案例 5-5　北大荒巨亏或将被 ST 大笔坏账拖累业绩

2014 年 1 月 27 日,北大荒发布了业绩预亏的公告,称 2013 年度净利润或将亏损 3.3 亿元至 4.95 亿元,如果 2013 年经审计净利润为亏损,公司将因连续两年亏损,在年度报告披露后被予以退市风险警示的特别处理。

2013 年以来,由于违规向房地产业务拆借资金,北大荒应收房地产开发公司借款达 69 375 万元。其中,北大荒向乔仕公司的房地产项目违规拆借 1.9 亿元一案,乔仕公司股东乔治、王秉栋于 2013 年 4 月向黑龙江省高级人民法院提起诉讼,称岱旸公司单方终止合作协议,应赔偿违约金 1.6 亿元,并要求继续履行合同。北大荒称,鉴于此,岱旸公司之前投入并被乔仕公司挪用的 1.9 亿元收回风险加大,除去双方共管账户进账的 2 500 万元,其余 1.65 亿元全部计提减值准备,2012 年年末坏账准备余额 9 030 万元,本着谨慎性原则,6 月补提坏账准备 7 470 万元。虽然 2013 年 9 月乔治、王秉栋撤诉,但北大荒目前已无法与乔治、王秉栋取得联系。

在北大荒被曝光存在近 10 亿元的违规拆借资金中,由公司董事、总经理丁晓枫分多次审批的就有 6.0235 亿元之巨,而董事会秘书史晓丹也在对外发言中证实,各子公司违规拆借的资金,多数是经过丁晓枫一人口头同意的。对于重大生产经营决策,应该通过董事会或股东会的形式进行决策,而北大荒出现的单独管理人员进行决策、未履行审批程序的行为,最终给企业带来重大风险,导致企业利益受损。

授权审批制度可以保证委托代理关系中权利和责任的明确及落实,保证企业控制目标的实现。但北大荒的董事兼总经理丁晓枫违规拆借资金并未履行应有的审批程序,授权审批控制的缺失在一定程度上需要为企业的巨大亏损负责。

资料来源:改编自《证券日报》2014 年 1 月 28 日同名报道,作者桂小笋。

延伸阅读　处置审批,名存实亡

(二) 审批的形式

同授权的形式一样,审批也应该采用书面形式。采用书面形式,既可以方便上级进行批示,也可以避免口说无凭、责任不清,还便于监督检查人员对该活动进行监控。

第三节　会计系统控制

一、会计系统控制的定义

案例 5-6　三峡新材涉嫌违反证券法规　2012 年净利或被调整

2014年10月16日,三峡新材公告,因涉嫌违反证券法律法规而被证监会立案调查。在之后的首个交易日,公司股价大跌 9.95%。之后数个交易日,公司股价也表现低迷。

10 月 25 日,三峡新材又公告了湖北省证监局行政监管措施决定书,文中提及三峡新材存在五个方面的问题,分别是:公司在 2012 年年度报告中未披露董事李伟直接或间接控制的其他法人,也未披露公司与这些关联方的交易情况;公司在 2012 年年度报告中董事会报告部分关于研发支出合计数的表述不实;公司将 1 000 万元与资产相关的政府补助一次性确认为 2012 年当期收益;"三会"运作、内幕知情人管理制度等公司治理方面的措施或制度不规范;公司与国中医药有限公司托管费后续事项仍未执行到位。

三峡新材三季报显示,公司前三季度实现营业收入 7.53 亿元,同比增加 8.05%;归属上市公司股东净利润 899 万元,同比大增 71.29%。7.53 亿元的营业收入,净利润只有 899 万元,三峡新材的业绩可见一斑。资料显示,公司前三个季度的加权平均净资产收益率只有 1.14%,虽然较去年同期有了 0.46 个百分点的提高,但仍明显低于银行一年期存款利率。即便是这样微薄的盈利,其净利润也并非完全依靠主营业务获得。三季报显示,公司 1—9 月非经常性损益合计为 485 万元,已经超过了 414 万元的扣除非经营性损益后的净利润,而扣除非经常性损益后的净利润增长则和营业收入的增速基本持平,为 6.29%。

资料来源:改编自《证券日报》2013 年 11 月 2 日同名报道,作者关欣。

会计作为一个信息系统,对内能够向管理层提供经营管理的诸多信息,对外可以向投资者、债权人等提供用于投资等决策的信息。会计系统控制主要是通过对会计主体所发生的各项能用货币计量的经济业务进行记录、归集、分类、编报等来进行控制。会计系统控制要求企业严格执行国家统一的会计准则制度,加强会计基础工作,明确会计凭证、会计账簿和财务会计报告的处理程序,保证会计资料真实完整。

会计系统控制通过不相容职务的分离可以防弊查错,保护企业资产的安全、完整;通过每项业务的处理程序、各环节的职责分工、审批稽核手续、业务处理手续等过程,做到证证、账证、账账、账表、账实相符,促使各业务部门和人员建立有机的协作关系和制约关系,提高责任感和工作效率,从而确保会计信息质量。

延伸阅读　万福生科问题重重,财务造假

二、会计系统控制的内容

（一）会计准则选择

企业管理层应当依据企业具体情况选择适用的会计准则和相关会计制度。例如，大中型企业应选择《企业会计准则》，小企业应选择《小企业准则》。

（二）会计政策选择

企业的会计政策是指企业在会计确认、计量和报告中采用的原则、基础和会计处理方法。《企业会计准则》给企业会计处理留下了足够大的会计政策选择空间，这并不是说企业可以随便选择和变更会计政策，企业管理层应当以能否真实、公允地反映企业状况为标准选择适当的会计政策，变更会计政策时要说明合理变更的原因。

（三）会计估计确定

会计估计是指企业对其结果不确定的交易和事项以最近可利用的信息为基础所做出的判断。企业管理层一定要依据最能反映真实情况的信息，做出合理的会计估计。例如固定资产折旧方法的选择，管理者要考察该固定资产在企业的用途、使用环境、使用频率等因素，最终合理确定是采用直线法还是加速折旧法计提折旧。

（四）文件和凭证控制

企业应当对经济业务处理的文件记录和凭证连续编号，避免业务记录的重复或遗漏，同时也便于业务查询，并在一定程度上防范舞弊行为的发生。例如，企业对物品出入库单预先编号，这样可以有效控制企业物品的流动，不会出现物品的无故短缺。无论是文件和凭证控制，还是会计账簿登记与财务报表编制以及会计档案保管，其目的皆在于使企业经济业务的会计处理留有痕迹，以便查阅与核对。

（五）会计账簿登记和财务报表编制控制

一方面，企业应按照规定设置会计账簿，在填写"启用表"后启用会计账簿，会计账簿审核无误后才能登记入账，对会计账簿的账页或账户应连续编号，并按照规定的方法与程序登记进行错误更正；另一方面，企业应按照规定的方法和时间编制及报送财务会计报告，并且一定要由单位负责人、总会计师以及会计主管人员审阅、签名并盖章。

（六）会计档案保管控制

会计档案是指会计凭证、会计账簿和财务报表等会计核算专业资料，是记录和反映经济业务的重要史料及证据。《会计法》规定，企业每年形成的会计档案，都应由财务会计部门按照归档的要求，负责整理立卷或装订成册。当年的会计档案，在会计年度终了后，可暂由本单位财务会计部门保管一年；期满之后，原则上应由财务会计部门编造清册，移交本单位的档案部门保管。财务会计部门和经办人员必须按期将应当归档的会计档案，全部移交档案部门，不得自行封包保存。

案例 5-7　　华润集团不敢轻视会计控制

华润集团是一个多元化的控股企业,控股母公司作为出资人必须对投出资本进行管理,但这种管理既不能干预子公司的经营权、管理权,又必须充分行使控股权、监督权,维护出资人的资本权益,因而凡是子公司可能损害或减少资本权益的行为,都应受到必要的约束。按照这样的原则,华润集团不敢轻视集团内部的会计控制(因为集团对子公司经营状况的了解主要是通过会计提供的财务信息),为此华润集团提出了以下有关会计控制的管理模式。

首先,管理会计政策。会计政策是会计核算所遵循的具体原则和采纳的具体会计处理方法,是会计核算的直接依据,不同的会计政策将影响到资产、负债和出资人权益以及利润损益,因而控股母公司必须对子公司的会计政策进行审定,并满足合并财务会计报告及信息披露的需要。华润集团总部统一确定通用的会计政策,用于境内外整体财务报表合并,利润中心相应地遵循有关会计政策,特殊会计事项需要与集团财务部门协商处理。

其次,管理会计信息。会计信息影响控股公司的决策,因而需要对会计信息进行过程和结果控制。过程控制主要是指子公司使用的会计信息处理系统和传递系统需要符合控股企业信息监控与接收的需要。结果控制主要是指对会计信息质量提出要求,从而需要控制会计师事务所的聘用。华润集团总部建立了一套核心的应用系统实施动态监控,要求利润中心按统一标准定期上传财务和管理信息,并指定利润中心的会计核算软件,由软件开发商设计统一的传输接口;另外,集团还指定一家国际会计师事务所统一实施集团年度财务审计,并定期与其讨论审计中发现的问题,除了约定审计报告的信息披露外,还要求其出具各层次的管理意见书。

通过以上会计控制模式,华润集团会计系统在有条不紊地为集团管理服务。

资料来源:魏斌,"多元化控股企业怎么管——华润集团的财务管理探索",《新理财》,2004 年第 7 期。

(七) 业务流程控制

企业应当采用业务流程图[①]的形式清晰地反映其业务流程,使得员工能够充分理解企业的业务流程,从而明确自己在整个业务流程中的地位,采取适当的工作方式实现自己的岗位责任。图 5-2 是某企业的某项收费业务会计核算流程,详细地列示了从费用收取申请到最终入账的每个环节。

(八) 组织和人员控制

企业应当依法设置会计机构,配备会计从业人员。从事会计工作的人员,必须取得会计从业资格证书。会计机构负责人应当具备会计师以上专业技术职务资格。大中型企业应当设置总会计师。设置总会计师的企业,不得设置与其职权重叠的副职。

---

① 业务流程图是由特定的符号组成,反映业务处理程序及部门之间相互关系的图表。它既是企业管理的有效工具,也是评价内部控制的重要手段。

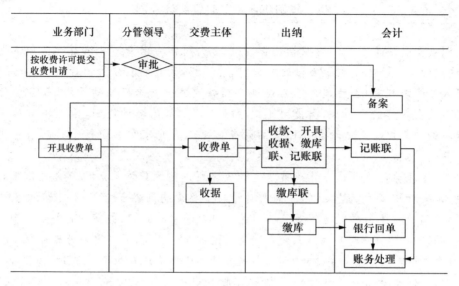

图 5-2 某企业的某项收费业务会计核算流程

(九) 建立会计岗位制度

企业根据实际需要设置会计主管、出纳、流动资产核算、固定资产核算、投资核算、存货核算、工资核算、成本核算、利润核算、往来核算、总账报表、稽核、综合分析等岗位。这些岗位可以一人一岗、一人多岗,也可以一岗多人,但出纳人员不得兼任稽核、会计档案保管和收入、费用、债权债务账目的登记工作。企业单位在建立会计人员岗位责任制时应当注意以下几个原则:

(1) 要从实际出发,坚持精简原则,切实做到事事有人管、人人有专责、办事有要求、工作有检查,保证会计工作有序进行。

(2) 要同本单位的经济(经营)责任制度相联系,以责定权,责权明确,严格考核,有奖有惩。

(3) 要从整体出发,发扬互助协作精神,紧密配合,共同做好工作。

延伸阅读　锦州港造假案

第四节　财产保护控制

一、财产保护控制的定义

内部控制的目标之一就是要保证财产的安全和完整。财产安全主要是指保护财产在使用价值上的完整性,要防止货币资金和实物资产被挪用、转移、侵占、盗窃等。

《企业内部控制基本规范》第三十二条规定,财产保护控制要求企业建立财产日常管理制度和定期清查制度,采取财产记录、实物保管、定期盘点、账实核对等措

延伸阅读　小漏洞喂养了大蛀虫

施,确保财产安全。

案例 5-8　　法规执行力弱,绊倒 313 名财会人员

前不久,江西省检察院对 2008 年以来该省检察机关立案侦查的 313 名国家机关、国有公司、企事业单位财会人员职务犯罪案件进行了剖析,归纳出犯罪分子一些共同的作案特点。8 月 1 日,记者就此话题采访了江西省检察机关的几位资深检察官。

江西省贵溪发电有限公司出纳段燕(已判刑)伙同他人贪污、挪用公款 7 000 余万元,用于网络赌博和个人挥霍;上饶师范学院出纳夏晓英(已判刑)伙同他人挪用公款 600 余万元,全部用于"六合彩"赌博活动并挥霍一空……犯罪分子一旦将贪污、挪用公款用于赌博或高风险投资,案发后就很难追回。公款频频"受伤"的案例,一再灼痛公众的眼球。

"贵溪发电有限公司出纳段燕就是通过盗用、偷盖其他财务人员保管的财务专用章和财务审核密钥等方式,将 5 300 余万元公款陆续转到她个人账户的",该省检察院反贪局相关人员告诉记者。

"不定期审查单位账目,核查银行账户资金明细与原始凭证的一致性非常重要。"某检察官认为,对涉及单位资金的关键岗位、薄弱环节,应组织定期稽查、不定期抽查或检查,同时单位有关负责人应经常对单位的银行账户资金情况进行询问检查,及时发现单位资金在支出时间、金额、项目等方面是否存在可疑问题,将犯罪消灭在萌芽状态。

资料来源:改编自《检察日报》2011 年 8 月 5 日同名报道,作者欧阳晶。

二、财产保护控制的内容

企业财产保护控制可以分为财产账务保护控制和财产实物保护控制两个部分。这里所指的财产,主要包括货币资金、存货、固定资产等。

(一) 财产账务保护控制

为了强化财产账务保护控制,应该加强对与账务记录相关部门的管理。

1. 财务部门

会计账务应当全面反映企业的所有财产。特别是对于某些低值易耗品,如果在会计账簿上未能反映,应当建立相应的备查账,同时要定期拷贝软件或相关文件资料,避免记录受损以及被盗、被毁情况的出现。

2. 行政部门

行政部门应该建立房屋、家具、电子设备等相关资产的管理台账,以便定期与财务部门进行对账。

3. 生产部门

生产部门应该建立机器设备等相关资产的管理台账,并定期与财务部门对账。

4. 仓库

对存货的进出应该及时开具票据、登记账目,并定期与财务部门对账。

(二)财产实物保护控制

财产实物保护控制主要包括限制未经授权的人员对财产直接接触和处置、实物保管、定期盘点、账实核对、财产保险等措施,具体如下:

1. 限制接触和处置

《企业内部控制基本规范》第三十二条规定,企业应当严格限制未经授权的人员接触和处置财产。这是内部控制中的一条重要原则,是指严格限制未经授权的人员对资产的直接接触,只有经过授权批准的人员才能接触该资产。

限制接触和处置包括限制对资产本身的接触和通过文件批准方式对资产使用或分配的间接接触。一般情况下,对货币资金、有价证券、存货等变现能力强的资产必须限制无关人员的直接接触(现金的保管要与有关现金记账人员相分离,平时将现金放在保险箱中并由出纳人员保管钥匙);支票、汇票、发票、有价证券等易变现的非现金资产一般采用确保两个人同时接近资产的方式加以控制,或在银行租用保险柜存放这些特殊资产;对于实物财产(如存货、固定资产等)的控制,可以让保管人员看管,或安装监视系统、采取防盗措施。

延伸阅读　出纳员侵吞百万公款

延伸阅读　"睡虎地秦简"上的财产保护控制

2. 财产清查

财产清查既是会计核算工作的一项重要制度,又是加强财产物资管理的一项重要制度。它是指定期或不定期地对各项财产物资进行实物盘点和对库存现金、银行存款、债权债务进行清查核对,并将盘点清查的结果与会计记录进行比较。如果结果与会计记录不一致,可能说明资产管理上出现错误、浪费、损失或其他不正常现象,应当分析原因、查明责任、完善管理制度。

清查范围主要包括存货、现金、票据、有价证券以及固定资产等财产。

清查的方式要采取定期清查和抽查相结合的原则。由于财产清查的内容主要是进行账实、账账核对,检查其一致性,因此企业应该在每个会计年度财务会计报告之前进行一次全面的财产清查。而抽查的次数可依据企业自身的需要适当安排。

清查一般可按以下步骤进行:(1)清查的准备,包括成立清查小组,确定小组成员构成,确定清查日期和范围,拟订具体的清查计划等;(2)清查的实施,进行资产盘点与账目核对,检查账实是否相符等;(3)清查结果的处理,分析差异并追究相关责任人的责任。

3. 建立相应的财产记录监控制度

企业应该建立相关财产项目的记录和监控制度,利用信息技术等手段加强监控力度,将各项财产项目的每一笔进出都予以详细记录和监控。如对固定资产,应当编制详细的目录,对每项固定资产进行编号,按照单项资产建立固定资产卡片,详细记录各项固定资产的来源、验收、使用地点、责任单位和责任人、运转、维修、改造、折旧、盘点等相关内容。

案例 5-9　从河北邯郸农行被盗案看财产保护控制

据《武汉晚报》报道，在邯郸农行5100万元被盗案庭审中，法官和公诉人连续用三个震惊来形容该案：一是作案过程如此之简单，让人震惊；二是作案金额如此之大，让人震惊；三是作案手法如此轻车熟路，让人震惊。

在被抓获的3个月中，主犯任晓峰在后悔之余，提笔写下了一份关于《银行金库管理制度的建议》，他说："希望能阻止银行犯罪事件的再次发生。"建议书主要内容如下：

1. 监控方面

(1) 应安排专人查看监控录像，并定期抽查以前的录像记录，查看是否有违规操作等情况。

(2) 每日必须检查监控设备的正常使用及备份情况，监控数据备份保存时间最少为3个月。

(3) 在非工作时间必须设置110联网报警系统，对非工作时间进入设防范围或金库内的人员，要马上向领导汇报详细情况。

(4) 金库内必须安装监控设备。

2. 严格执行规章制度

(1) 应安排现金中心主管或副主任每旬检查一次金库，安排现金中心主任每月检查一次金库。

(2) 在查库时，应先核对记账情况是否属实，然后根据碰库清单认真核对现金数额，对装好的整包现金必须打开包进行核对。

(3) 各级领导在查库时，都不应该固定时间和日期。

(4) 对重要岗位的人员（如记账员、管库员），应实行强制休假制度，在不事先通知的情况下，由领导监督交接工作。

资料来源：节选自新浪新闻中心，http://www.sina.com.cn，2007年7月26日。

4. 财产档案的建立和保管

企业应当建立自己的财产档案，全面及时地反映财产的增减变动，以便实现对企业资产的动态记录和管理。要妥善保管涉及财产物资的各种文件资料，避免记录受损、被盗、被毁。对重要的文件资料，应当留有备份，以便在遭受意外损失或毁坏时重新恢复，这在计算机处理条件下尤为重要。

5. 财产保险

企业可以根据实际情况，对其重要或特殊的财产投保。这样做可以使企业在意外情况发生时，通过保险补偿减轻损失程度。

案例 5-10　合信木制品公司存货内控失效案例

合信木制品公司是一家外资企业，1999年到2004年每年的出口创汇位居全市第三，年销售额达4300万元左右。2005年以后该企业的业绩逐渐下滑、亏损严重，2007年破产倒闭。这样一家中型的企业,从鼎盛到衰败,探究其原因,不排除市场同类产品价格下降、原材料价格上涨等客观因素的变化。但内部管理的混乱,是其根本的原因,在税务部门的检查中发现:该企业的产品成本、费用核算不准确,浪费现象严重,存货的采购、验收入库、领用、保管不规范,归根到底是缺乏一个良好的内部控制制度。这里我们主要介绍存货的管理问题:

(1) 董事长常年在国外,材料的采购由董事长个人掌握,材料到达入库后,仓库的保管员按实际收到的材料数量和品种入库,实际的采购数量和品种保管员无法掌握,也没有合同等相关的资料。财务入账不及时,会计自己估价入账,发票几个月以后有的甚至长达一年以上才回来,发票的数量和实际入库的数量不一致,也不进行核对,造成材料的成本不准确,忽高忽低。

(2) 期末仓库的保管员自己盘点,盘点的结果与财务核对不一致的,不去查找原因,也不进行处理,使盘点流于形式。

(3) 材料的领用没有建立规范的领用制度,车间在生产中随用随领,没有计划,多领不办理退库的手续。生产中的残次料随处可见,随用随拿,浪费现象严重。

在内部控制中,企业对单位法定代表人和高管人员对实物资产处置的授权批准制度有必要做出相互制约的规范(即制衡)。而该企业由董事长一人说了算的制度显然成为内部控制的障碍。企业应该对入库存货进行很好的监控,制定规范的材料领用和盘点制度(即监督)。流于形式的盘点、随领随用的材料领用制度,都导致了该企业的衰败。

资料来源:中华会计网校,《新企业内部控制规范及相关制度应用指南》,人民出版社,2009年版。

第五节 预算控制

> 为了实现企业内部控制目标,企业必须建立有效的精准预算与风险防范系统,什么是有效的预算与风险控制体系,如何评价和改进体系,这已成为企业可持续发展的关键。
>
> ——田哲夫,Infor公司大中华区总经理

一、预算控制的相关定义

(一) 预算的定义

预算是针对企业而言的,是企业在一定时期为达到一定的目的对资源进行配置的计划。预算是用数字或货币编制出来的某一时期的计划。预算是计划的有机组成部分,是计划的基础和落脚点。预算的计划职能反映了预算的本质,因此也有人将预算称为预算计划。

计划和预算的本质是一致的,两者应该相互融合,我们可以用战略计划涵盖传统的经营计划,使战略计划成为战略规划和年度预算之间的桥梁,将年度预算也纳入战略计

划体系中,如图 5-3 所示。预算反映了战略计划财务方面的内容;而传统的经营计划也能得以保留,反映了战略计划非财务方面的内容。因此,战略计划和通常所说的预算不是同一个概念,战略计划应该既是对未来财务结果的预测,又是对未来财务结果实现途径的安排,包括了非财务活动。

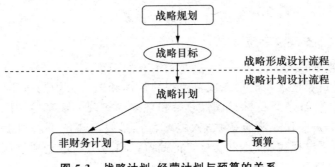

图 5-3　战略计划、经营计划与预算的关系

> 全面预算管理是为数不多的几个能把组织的所有关键问题融合于一个体系之中的管理控制方法之一。
>
> ——〔美〕戴维·奥利,管理学家

全面预算是一系列预算的总称,就是企业根据其战略目标与战略规划所编制的经营、资本、财务等方面的年度总体计划,包括日常业务预算(经营预算)、特种决策预算(资本预算)与财务预算三大类内容。整个预算体系是以预计的财务报表体系作为终结的,如图 5-4 所示。

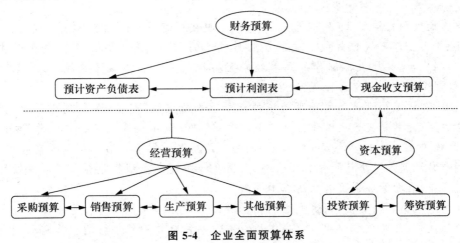

图 5-4　企业全面预算体系

其中,经营预算是明确所有的日常经营活动,如销售、采购、生产等需要多少资源以及如何获得和使用这些资源的计划,如销售预算、采购预算、生产预算等。

资本预算是公司对将要着手的长期工程(如厂房、研究开发)和将要引进的固定资产

延伸阅读 亡羊补牢，为时未晚

（如生产设备）等的投资和筹资计划，如研究与开发预算、固定资产投资预算、银行借款预算等。

财务预算是一系列专门反映公司未来一定预算期内预计财务状况和经营成果以及现金收支等价值指标的预算的总称。它具体包括预计资产负债表、预计利润表和现金收支预算等内容。

（二）预算控制的定义与要求

1. 预算控制的定义

预算控制是指通过预算的形式规范组织的目标和经济行为的过程，调整与修正管理行为与目标偏差，保证各级目标、策略、政策和规划的实现。预算控制系统作为管理控制系统的一种模式，是确保战略有效执行、战略目标最终实现的一种机制。预算控制系统的基本特征是强调过程控制，注重及时纠正偏差。预算控制清楚地表明了计划与控制的紧密联系，其意义在于：

（1）为控制组织日常活动提供标准。预算的编制和执行始终与控制过程联系在一起，为组织的各项活动确立了数量化的财务预算标准并以此对照各项活动的实际效果，大大方便了控制过程中的绩效衡量工作。

（2）为考核、评价实际工作绩效提供依据。预算使管理控制目标更加明确，使人们清楚地了解所拥有的资源和开支范围，令工作更加有效。在评定各部门的工作业绩时，可以根据预算的完成情况，分析偏离预算的程度和原因，划清责任，实现奖罚分明。

（3）有利于协调部门间的关系以达到部门间平衡。通过预算控制可以把组织内部各部门、各层次的日常工作全部纳入预算并使各项预算之间相互协调，形成一个为共同完成组织总体目标而努力的有机整体。

案例 5-11 20世纪福克斯公司的"泰坦尼克号"超载了吗？

史上最大的灾难影片《泰坦尼克号》一经上映便引起轰动。然而，在《泰坦尼克号》上映前，业内人士却怀疑该片收入是否能弥补投入的巨额制作成本。因为按照以往的经验，电影制作，尤其是大片制作的预算经常失去控制。为了按照预算执行、避免财务困境，电影制造商应该如何去做呢？

按照20世纪福克斯公司董事局主席梅卡尼克的说法，制作《泰坦尼克号》使他们有许多的收获，尤其是在预算管理方面学到了很多。20世纪福克斯公司在制作《泰坦尼克号》的过程中实施了更加严格的预算控制，并在片场派了很多代表。梅卡尼克指出，按预算来制作电影就是一个计划执行的过程，采用会计系统来跟踪钱花在什么地方以及为什么要这样花，有助于实现更有效的成本控制。

从这一案例可以看出，预算是企业对未来工作的一种计划安排，是一种对未来目标的价值量反映，同时也是企业控制成本和费用的一种有效手段。好的预算有利于企业收入的提升、成本费用的降低及利润的实现，从而有助于企业股东价值最大化目标的实现。

资料来源：〔美〕爱德华·J.布洛切著，高晨译，《成本管理——计划与决策》，华夏出版社，2002年版。本案例改编自此书第3章同名案例。

2. 预算控制的基本要求

企业实施预算控制应该做到：

（1）所编制的预算必须体现单位的经营管理目标，并明确权责。

（2）在预算执行的过程中，应该允许在经过授权批准的前提下对预算进行符合实际的调整。

（3）应当及时或定期反馈预算的执行情况。

二、预算控制的主体

要使得全面预算能够有效运行，企业首先要解决全面预算的组织问题，即解决"谁来做"这个关键问题。全面预算组织领导与运行体制健全，是防止预算管理松散、随意，预算编制、执行、考核等各环节流于形式，预算管理的作用得不到有效发挥的关键。为此，《企业内部控制应用指引第16号——全面预算》提出了明确的控制要求，即企业应当加强对全面预算工作的组织领导，明确预算管理体制以及各预算执行单位的职责权限、授权批准程序和工作协调机制。

企业设置全面预算管理体制，应遵循合法科学、高效有力、经济适度、全面系统、权责明确等基本原则。健全的预算管理体制一般具备全面预算管理决策机构、工作机构和执行单位三个层次的基本架构，如图5-5所示。

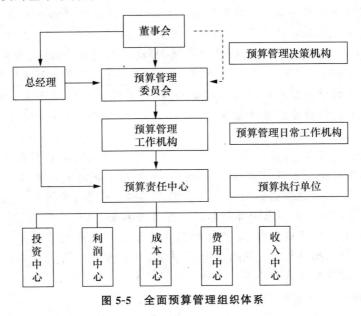

图5-5 全面预算管理组织体系

（一）全面预算管理决策机构

企业应当设立预算管理委员会，作为专门履行全面预算管理职责的决策机构。预算管理委员会成员由企业负责人及内部相关部门负责人组成，总会计师或分管会计工作的负责人应当协助企业负责人负责企业全面预算管理工作的组织领导。具体而言，预算管理委员会一般由企业负责人（董事长或总经理）任主任，总会计师（或财务总监、分管财会工作的副总经理）任副主任，其成员一般还包括各副总经理、主要职能部门（财务、战略发展、生产、销售、投资、人力资源等部门)、分(子)公司负责人等。

(二) 全面预算管理工作机构

由于预算管理委员会一般为非常设机构,企业应当在该委员会下设立预算管理工作机构,由其履行预算管理委员会的日常管理职责。预算管理工作机构一般设在财会部门,其主任一般由总会计师(或财务总监、分管财会工作的副总经理)兼任,工作人员除了财务部门的人员外,还应有计划、人力资源、生产、销售、研发等业务部门的人员参加。

(三) 全面预算执行单位

全面预算执行单位是指根据其在企业预算总目标实现过程中的作用和职责划分的,承担一定的经济责任,并享有相应权力和利益的企业内部单位,包括企业内部各职能部门、所属分(子)公司等。企业内部预算责任单位的划分应当遵循分级分层、权责利相结合、责任可控、目标一致的原则,并与企业的组织机构设置相适应。根据权责范围,企业内部预算责任单位可以分为投资中心、利润中心、成本中心、费用中心和收入中心。预算执行单位在预算管理部门(指预算管理委员会及其工作机构,下同)的指导下,组织开展本部门或本企业全面预算的编制工作,严格执行批准下达的预算。

案例 5-12　　华能集团的预算管理机构

作为中国五大发电企业之一的中国华能集团公司近年来开始探索全面预算管理,并取得了显著成效。集团公司预算工作按照"建立健全以预算为龙头、以标准为主线、以责任制为载体、绩效与薪酬挂钩的绩效管理机制,形成科学有效的指标、考核和薪酬分配三位一体的绩效管理体系"要求,开拓创新,扎实工作,取得了三个方面的积极成效:一是以财务预算为核心的全面预算管理体系基本形成;二是预算管理对集团公司实施战略、完成年度工作目标的保障作用基本实现;三是预算管理对集团公司优化资源配置、提升可持续发展能力的推动作用基本发挥。

在发挥成效的过程中,其预算管理机构——预算与综合计划部起到了上下沟通的重要作用。早在实施全面预算管理之初,华能集团公司就在总部单独成立了与规划发展部、财务部、审计部、营运协调部相平行的预算与综合计划部,专门负责集团公司的全面预算和综合计划管理工作。其他几个部门的职责分别是:规划发展部是集团公司管理发展战略、规划和计划的职能部门;运营协调部是集团公司负责生产和经营工作的日常协调的职能部门;财务部是集团公司负责会计核算、资金管理以及财务内控等财务管理工作的职能部门;审计部是集团公司负责内部审计的职能部门。

资料来源:根据中国华能集团的相关媒体报道资料整理。

三、全面预算的流程

完整的全面预算流程主要包括预算编制、预算执行和预算考核三个阶段,如图5-6所示。

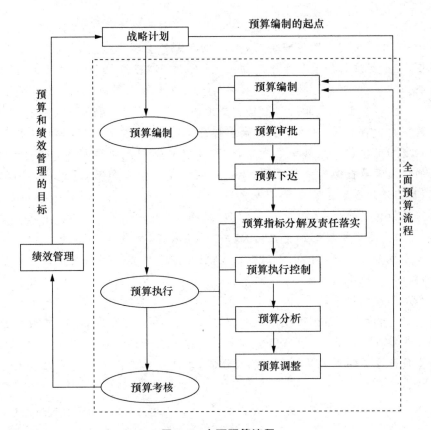

图 5-6 全面预算流程

资料来源:财政部会计司,《企业内部控制规范讲解》,经济科学出版社,2010 年版。

(一)预算编制阶段

预算编制阶段主要由预算编制、预算审批和预算下达三个环节构成。企业在预算编制环节应当关注以下风险:不编制预算或预算不健全,可能导致企业经营缺乏约束或盲目经营;预算目标不合理或编制不科学,可能导致企业资源浪费或发展战略难以实现。

1. 预算编制

预算编制是企业预算总目标的具体落实以及将其分解为责任目标并下达给预算执行者的过程。预算编制是预算控制循环的一个重要环节,预算编制质量的高低直接影响预算执行结果,也影响对预算执行者的绩效考评。因此,预算编制应根据企业实际需要选用合理的方法进行。不同类型的预算编制方法各有利弊,企业可以根据不同预算编制方法的适用条件和适用范围加以选择。

案例 5-13　　某电力公司财务部部长的烦恼

某电力公司财务部部长自从被公司老总赋予了全权负责公司的全面预算管理工作之后,就没有一天是开心的,成堆的烦恼每天都会缠绕着他。

他和他的下属非常累,半年时间相当于干了以前好几年的活,加班加点是家常便饭。

巨大的压力之下,他带领下属做了大量工作,及时出台了各种关于预算的文件。但最后出乎意料的是,在公司按季度组织的"基层单位对总部管理职能部门民主评议"中,财务部得分最低,在已经进行的前三个季度的民主评议中都"稳居"倒数第一。由于评议结果直接与薪酬挂钩,不但直接导致他本人获得的收入每次都比同级别的部门领导低好几万元,更重要的是,严重影响了部门的形象和员工的士气。为此,他感到很委屈,也不理解。都说群众的眼睛是雪亮的,可为什么群众在打分的时候,只看到财务部门的缺点,而不考虑其工作难度和工作量呢?他举了一个例子,年初各部门上报预算时,有一位与他行政级别相同的部门领导抵触情绪很严重,无论如何就是不上报预算,还说:"你们爱怎么算就怎么算,我们该怎么干还怎么干!"他也没服软,因为他知道,一旦这个口子开了,其他部门就会纷纷效仿。最后,还是在最高领导的"镇压"下,这件事才得以平息。类似的事还有很多,许多人为了指标更加宽松,就跑关系、托人情,都被他义正词严地挡了回去,他也因此得罪了许多人。其实他也不想得罪人,但是整个预算大事都是由财务部最后把关的,你是部门的"一把手",你不扛着,谁来扛?

从这个案例中我们可以看出,财务部门固然是预算编制的主体,但如果没有各业务部门的积极参与和配合,那么不仅难以形成切实可行的全面预算,也会使后期预算的执行和评价工作难以顺利开展,各部门各行其是,"该怎么干还怎么干"。归根结底,全面预算是一种全员参与编制和实施的预算管理模式,单靠一个部门的努力是难以实现预算管理的功能的。

资料来源:于增彪、刘桂萍、刘桂英,"遭遇滑铁卢——ACB电力公司全面预算管理的困境",《新理财》,2006年第6期。

2. 预算审批

预算审批是指企业全面预算应该按照《公司法》等相关法律法规及企业章程的规定报经审议批准。

3. 预算下达

预算下达是指企业全面预算经过审议批准后应及时以文件形式下达执行。

(二) 预算执行

预算执行是全面预算的核心环节。预算执行即预算的具体实施,它是预算目标能否实现的关键。预算执行主要包括预算指标的分解和责任落实、预算执行控制、预算分析和预算调整等四个部分。

预算管理委员会以董事会批准的企业年度预算为依据,分解预算指标,将整个企业的预算分解为各责任中心的预算,并下达给各责任中心,以此来约束和考评责任主体;各责任中心以下达的预算为依据,安排生产经营活动,并指定专门的预算管理员登记预算台账,形成预算执行统计记录,定期与财务部门核对;在预算执行的过程中,对于预算内支出按照预先授权审批,对于预算外支出需要提交预算管理委员会审议;财务部门对各责任中心的日常业务进行财务监督和审核,重点是财务支出的审核,尤其是成本支出和资本支出。

企业在预算执行环节应当关注以下风险:预算缺乏刚性、执行不力,可能导致预算管理流于形式。

我们经常可以看到这样一种现象,一些企业也曾轰轰烈烈地推行过全面预算,但效果却并不理想,原因之一就是重视预算编制,轻视预算反馈。这就要求实行预算管理的公司需要建立相应的预算报告制度。预算报告属于内部管理报告,与对外披露的财务会计报告无论在报告主体、报告对象、报告形式还是在报告时间上均存在一定差异,因此不能直接用财务会计报告代替预算报告。预算报告应该由各预算责任单位编制,并向上层反映。由于各预算责任单位具有各自不同的预算目标和责任,因此预算报告的内容和形式可因各预算责任单位的目标与责任而异。

延伸阅读　古城煤矿形成预算例会制度

案例 5-14　西门子的预算反馈报告体系

西门子预算管理成功的关键就在于其十分注重预算管理中的事中控制,专门实施了一套完善的预算反馈报告体系,具体如图 5-7 所示。

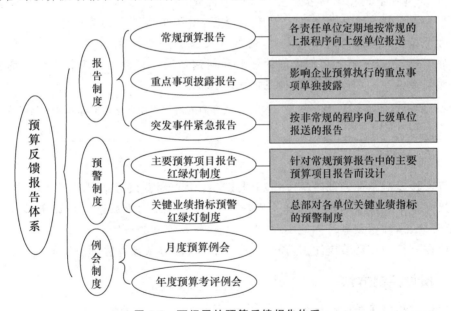

图 5-7　西门子的预算反馈报告体系

西门子预算反馈报告体系中最引人关注的就是"红绿灯"预警制度。这项制度始于 2005 年年初西门子首席执行官克劳斯·柯菲德上任伊始。"红绿灯"预警制度已经成为西门子的一种绩效文化,柯菲德表示:"要明确哪些是我们要继续的,哪些是我们要改善的,哪些是有比较大的问题、需要我们做出大的努力的。对不同的业务集团、不同的业务我们要采取不同的态度。"对不同业务集团区分预算的执行情况进行差异化管理,正是"红绿灯"预警制度的精髓所在。

在具体操作过程中,西门子对于信号灯的划分界限并非只是一个简单的"刚性"的评判标准值,而是允许存在一定的偏差。西门子定期对各业务集团的预算关键指标的实现情况进行偏差程度的判断,主要包括月度、季度和年度偏差。如表5-2所示,D1、D2、D3分别表示利润率、营业收入、货款回笼率三个预算指标实际完成数与预算目标的偏差率,D4反映的是存货周转天数实际结果与预算目标的偏差量。这种对于预算实际执行结果偏差的容忍度体现了预算管理的柔性。

表5-2 预算关键指标"红绿灯"预警制度示例

信号分类	偏差程度	信号含义	问题警示与管理对策
绿灯	D1/D2/D3＜5％ D4＜15天	正常	指出成绩,发出保持运营状态信号,同时检查预算标准的合理性
黄灯	5％≤D1/D2/D3＜10％ 15≤D4＜30天	预警	有问题,但不严重,需要采取必要的整改措施
红灯	D1/D2/D3≥10％ D4≥30天	异常	指出问题,发出危机防范信号,适时监控风险变动趋势,谨防风险恶化,并责成有关责任人做出解释与限期改进计划

当然,预算报告的基本内容应该包括以下内容:预算执行的实际结果计量,预算实际结果与预算控制标准之间的差异及其形成原因,对于不利差异的整改措施。实践中,许多企业为了保证预算目标的顺利实现,通常采用预算例会制度,以便及时发现预算执行过程中的问题,并且有利于部门之间的协调和问题的及时解决。预算报告的频度应遵循及时性和灵活性的基本原则要求,而且必须考虑成本效益原则。

资料来源:改编自郭菁晶、池国华、张玉缺,"绩效导向的西门子预算反馈报告体系及其启示",《财务与会计(理财版)》,2014年第7期。

(三) 预算考核

预算考核是对企业内部各级责任部门或责任中心预算执行结果进行评价,将预算的评价结果与预算执行者的薪酬相挂钩,实行奖惩制度,即预算激励。预算考核应该科学合理、公开公正,确保预算目标的实现,真正发挥预算管理的作用。

企业在预算考核环节应注意:预算考核不严,可能导致预算管理流于形式。

四、预算控制方法

预算控制的方法主要包括以下三种类型:

1. 预算授权控制

预算授权控制是指预算的执行必须通过授权进行。所谓授权,意味着有关预算执行部门和执行人员在处理业务时,必须得到相应的授权,经过相应的批准程序后方可进行。授权控制是一种事前控制,通过授权控制,可以有效地将一切不正确、不合理、不合法的经济行为制止在发生之前。

预算控制作为重要的内部控制方式,事前设定授权事项、权限和金额是非常必要的。预算授权又可以进一步分为预算权分配、预算内授权和预算外授权。

2. 预算审核控制

预算审核控制是指在业务发生之后,通过会计核算信息系统对与业务相关的费用报销和资金拨付进行事中控制。要做到这一点,首先需要使预算与会计核算相结合,并建立相对应的关系。这要求在设计预算控制系统时,考虑预算控制系统的软件化和信息化。公司可以通过在预算控制系统中设置结构性的、系统性的定义,使预算控制项目与会计核算科目形成一种对应关系,并保证两者对应关系的明晰、准确。在预算执行过程中,当进行凭证录入保存时,首先不是进入会计核算系统,而是进入预算控制系统,该系统会自动地检查凭证中所涉及的费用预算、资金预算是否超出该明细项目的年度、月度费用预算控制标准,并分别记录发生的费用额、资金支出额,从而进行控制预警和余额控制。

案例 5-15　DBSY 公司利用信息系统实施预算审核控制案例

DBSY 公司为了控制其费用支出,特别设计了费用预算与资金预算管理系统,并采用信息技术将其固化为预算管理信息系统。该系统会自动地检查凭证中所涉及的费用预算、资金预算是否超出该明细项目的年度、月度费用预算控制标准,并分别记录发生的费用额、资金支出额,从而进行控制预警和余额控制。在预算执行的过程中,当费用发生部门持相关凭证来财务部门进行报销时,财务人员首先根据其凭证录入信息到预算管理信息系统,然后区分不同情形进行审核。

如图 5-8 所示,如果属于预算内项目且金额未超出预警控制线,则直接进入会计核算信息系统;如果属于预算内项目但金额超出预警控制线,也可进入会计核算信息系统,但系统会对费用发生部门发出警告,提醒当期应该控制费用的发生和资金的拨付;如果属于预算内项目但金额已经超出预算,或者完全属于预算外项目,则都需要进入预算调整程序。可见,预算审核控制对业务发生、费用报销和资金拨付起到实时控制和过程控制的作用。

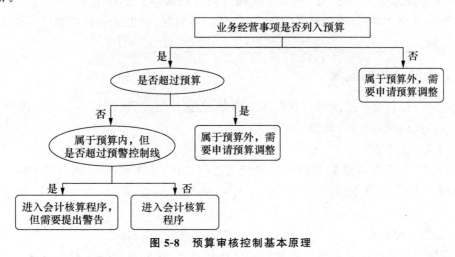

图 5-8　预算审核控制基本原理

3. 预算调整控制

预算调整控制属于一种事后控制,是指当公司内外环境发生改变时,预算与实际出现较大偏差,原有预算不再适宜所进行的预算修正。

原则上,为维护预算的严肃性,预算一经制定并下达执行,原则上不应随意变动。但预算并不是僵化的、一成不变的。当企业内外部环境发生与预算制定时所预测的情况显著不同的变化时,如果依旧遵循现有预算是不可取的,这时应考虑进行预算调整,这体现了预算灵活性的一面。当然,预算调整也不是随意的,需要满足一定的前提条件、遵循一定的审批程序。

延伸阅读　ABC 公司预算外项目控制"问题诊断"和"改进方案"

第六节　运营分析控制

一、运营分析控制的定义

《企业内部控制基本规范》第三十四条对运营分析控制提出了具体要求,要求企业建立运营情况分析制度,经理层应当综合运用生产、购销、投资、筹资、财务等方面的信息,通过因素分析、对比分析、趋势分析等方法,定期开展运营情况分析,发现存在的问题,及时查明原因并加以改进。

运营分析控制的意义在于,企业以合理的分析方法将实际经营结果通过与同行业横向对比、与历史经营情况纵向对比和与预算标准对比,及时发现不利偏差。同时,进一步深入分析企业的供、产、销与人、财、物各环节的经营管理活动,找出差异,分析原因,采取措施,扬长避短,达到不断提升公司生产经营管理水平、提高公司经营效率和经济效益的目的,确保企业的经营活动始终不偏离战略方向。在具体的操作实践中,企业应该建立购销分析会制度、生产分析会制度、仓储运输分析会制度、融投资分析会制度等来进行运营分析控制。

二、运营分析的流程

企业进行运营分析控制应当遵循四个步骤,包括计量经营成果、寻找不利偏差、分析偏差原因和提出管理建议,如图 5-9 所示。

1. 计量经营成果

企业应当对发展战略的阶段性实施情况进行总结,主要是采用不同类型的财务指标和非财务指标从不同的角度计量企业的经营活动结果,以及时掌握战略执行动态。

2. 寻找不利偏差

企业应当就这些结果同预算目标(标准)进行对比,明确企业预算执行偏差。由于企业的外部环境常常发生变化,因此为客观评价企业的经营状况,企业还须将财务结果与同行业进行横向比较、与自身历史标准进行纵向比较。在综合比较的基础上,最终确定

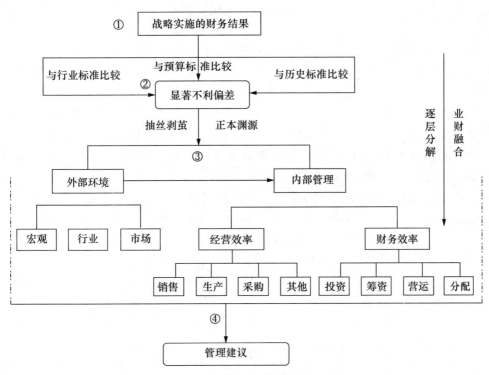

图 5-9　企业运营分析控制的核心思路

企业经营过程中所发生的重大不利偏差。

3．分析偏差原因

企业应当就这些不利偏差从外部环境和内部管理两个方面入手，逐层分解追溯到相关的责任部门，分析导致这些不利偏差的原因。

4．提出管理建议

企业在总结前三个步骤的基础上，提出纠正不利偏差的管理建议，以提高企业的经营效率和财务效率，确保全年经营目标的实现，并保证企业的经营活动始终不偏离发展战略。

三、运营分析的方法

（一）比较分析法

比较分析法是运营分析最基本的方法，具体包括纵向比较法和横向比较法。纵向与企业历史数据比较，可以知道企业某一方面的变动情况。例如，企业将本年度销售额与以前年度销售额相比较，可以看出本年度的销售额较历史年度是否有所提高，并分析原因。横向与同行业其他企业比较，可以衡量企业在同行业中的竞争力和地位，知道企业与同行业竞争对手的差距。

延伸阅读　刘姝威老师是如何发现蓝田股份问题的？

案例 5-16　　紫鑫药业炮制惊天骗局

2010年，吉林紫鑫药业股份有限公司（简称紫鑫药业）因涉足人参业务创造了惊人的业绩。2010年实现营业收入6.4亿元，同比增长151%；实现净利1.73亿元，同比大增184%。2011年上半年，紫鑫药业"再接再厉"，实现营业收入3.7亿元、净利1.11亿元，同比增长226%和325%。与业绩遥相呼应的是其股价一路飙升。从2010年下半年开始，紫鑫药业的股价一年多时间暴涨了300%，上演了一轮波澜壮阔的"大牛"行情。其间，公司成功高价增发，再融资10亿元。据紫鑫药业2010年年报，公司营业收入前五名客户分别为四川平大生物制品有限责任公司、亳州千草药业饮品厂、吉林正德药业有限公司、通化立发人参贸易有限公司、通化文博人参贸易有限公司。这五家公司合计为紫鑫药业带来2.3亿元收入，占当年营业收入的36%。而对比2009年年报，紫鑫药业前五名客户累计采购金额不足2700万元，占当年营业收入的10%。

2011年，创下"神话"业绩的紫鑫药业被质疑伪造上下游客户，虚构人参相关交易，前五大营业客户均是"影子公司"，最终被证监会立案稽查。紫鑫药业造假问题被发现，一个明显的信号就是收入的异常增长。当出现异常信号之后，需要做的就是对其合理性展开调查，分析收入的构成并与上期比较，很快就会暴露出可能存在的问题。

资料来源：新华网，http://news.xinhuanet.com/fortune/2011-08/17/c_121869033.htm。

（二）比率分析法

比率分析法主要用于财务报表分析，因此也叫做财务比率分析法，主要反映企业偿债能力、盈利能力、营运能力和发展能力的比率。

1. 偿债能力比率

企业的偿债能力有短期和长期之分。短期偿债能力也可称为企业的变现能力，主要通过流动比率和速动比率衡量。流动比率是流动资产和流动负债之比，一般该比率较高表明企业的短期偿债能力较强，但过高则表明企业的营运资本政策保守、存货积压、产品市场前景暗淡等问题，过低则表明企业有短期偿债风险。所以，企业最好保持行业平均水平。速动比率是从流动资产中剔除了存货后与流动负债的比值，它能以更谨慎的态度衡量公司短期偿债能力。长期偿债能力比率主要是指资产负债率。资产负债率越高，表明企业的长期偿债能力越差，但是企业可以从中享受到较大的财务杠杆效应。

延伸阅读　低流动比率警示了其财务风险

延伸阅读　8550万元利息难倒天威集团，国企中票付息违约首单浮现

案例 5-17　　净资产负债率804.5%　泰禾激进拿地债务隐忧

2013年，泰禾的身影频频出现在北京市国土局交易大厅。1月份，泰禾集团在北京市朝阳区斥资18.5亿元拿下孙河地区地王，楼面价达到2.84万元/平方米，在上半年全

国住宅用地成交楼面地价排名中位居前列;4月份,泰禾集团以19.3亿元竞得北京市通州区台湖镇251亩宅地,溢价率高达112%;5月20日,又以11.25亿元拿下台湖镇另一宗地块,成交楼面地价更是高达1.9万元/平方米,成为通州区新地王。2013年,泰禾在福建、北京、上海等城市共拿地12宗,耗资高达195.3亿元人民币,按照地产行业平均融资成本计算,其仅为拿地支付的财务成本就高达30亿元。但是泰禾年报显示,公司2012年度实现营业收入26.02亿元,归属于上市公司股东的净利润只有3.44亿元。换言之,泰禾2012年全年的营业收入还不够支付2013年的拿地利息。

此外,在半个月前,泰禾集团发布公告,其下属公司福州中夏拟与金融机构合作。泰禾同意为其提供担保,最高担保额度达到了39亿元人民币,时间为5年。截至目前,泰禾集团实际对外担保总额高达171.77亿元人民币,占据泰禾最近一期经审计净资产的764.27%;泰禾股权更是已接近完全抵押。

据泰禾2013年前三季度的财报显示,泰禾的净资产仅为30.4亿元,业务收入为27.93亿元,净利润为5.21亿元;而泰禾一年内到期的非流动负债为19.33亿元,短期借款为50.7亿元,应付其他款项为24.70亿元,长期借款为86.14亿元,净资产负债率更是达到804.5%,资产负债率达到81.9%。这些触目惊心的数字无不警示着人们泰禾那令人担忧的偿债能力。

资料来源:改编自《中国经营报》2014年1月20日同名报道,作者杜丽娟。

2. 盈利能力比率

企业的盈利能力是指企业在一定时期内赚取利润的能力。盈利能力也是一个相对概念,即利润是相对于一定的资源投入或一定的收入而言的。因此,不能以利润的绝对数判断一个企业的盈利能力强弱,而是要用利润相对于资源投入或收入的比率衡量一个企业的盈利能力。因此,利润率越高,盈利能力越强;反之,利润率越低,盈利能力越弱。

> 银行家在分析财务报表时,首先考察最后一行:你的企业是否盈利?如果没有,那么你必须给出解释。为什么没有盈利?是什么影响了盈利?是负债过低还是所有者权益过低,抑或兼而有之?是否有营业利润?因为须以其偿付各项费用。
>
> ——〔美〕邦思,银行家

利润率分为两大类:一类是收入利润率,包括销售毛利率、销售净利率;另一类是投入利润率,包括总资产报酬率、净资产收益率等。利用这些比率衡量企业的盈利能力,可以使得企业管理层清楚企业目前的投入产出状况,不断完善企业的经营管理。

另外,在分析盈利能力的时候还可以结合成本费用进行分析,以考察所得与所费的关系。成本费用和盈利能力的关系可以通过以下公式分析得出:

$$利润 = 收入 - 成本费用$$

从公式中可以看出,代表企业盈利能力的利润受收入和成本费用两个因素的影响。收入是企业经济利益的流入,成本费用是企业经济利益的流出,流入扣减流出即为企业最终的经营成果,在一定程度上反映了企业的盈利能力。成本费用作为减项直接影响到利润的多少,进而影响到企业的盈利能力。要增强企业的盈利能力,除了提高企业的收入水平,降低成本费用也是关键。因此,把成本费用和盈利能力结合起来进行分析对企业有着非常重要的意义。成本费用利润率就是一个实例。

3. 营运能力比率

企业的营运能力是指企业充分利用现有资源创造价值的能力。其实质就是要以尽可能少的资产占用,在尽可能短的周转时间内,生产尽可能多的产品,创造尽可能多的营业收入。因此,企业营运能力是影响企业财务状况稳定与否和获利能力强弱的关键因素。

营运能力分析主要通过对资产使用效率的分析来反映一个企业的资产管理水平和资金周转情况。企业的营运能力分析,实际上就是分析企业资源运用的效率,通常主要是从企业资金使用(资产)角度来进行的,因此很多教材也称之为资产管理效率分析。常用的分析指标包括总资产周转率、流动资产周转率、固定资产周转率、存货周转率、应收账款周转率等,利用这些指标我们可以判断分析出企业对这些可利用资产的使用效果。

4. 发展能力比率

企业发展能力通常是指企业未来生产经营活动的发展趋势和发展潜能,也可以称之为增长能力。从形成看,企业的发展能力主要是通过在自身的生产经营活动中不断扩大积累而形成的,主要依托于不断增加的资金投入、不断增长的营业收入和不断创造的利润获得一种增长能力。从结果看,一个发展能力强的企业,应该是资产规模不断扩大、股东财富持续增长的企业。

延伸阅读　海尔零库存

延伸阅读　美国三大汽车公司与微软收入增长率分析

企业发展能力的大小是一个相对概念,是就分析期的股东权益、利润、收入和资产相对于上一期的股东权益、利润、收入和资产而言。仅仅利用增长额只能说明企业某一方面的增减额度,无法反映企业在某一方面的增减幅度,既不利于不同规模企业之间的横向对比,也不能准确反映企业的发展能力。因此,在实践中通常使用增长率来进行企业发展能力分析,包括股东权益增长率、利润增长率、收入增长率、资产增长率等指标。

(三) 趋势分析法

> 我们不可以单凭一年的数字评价公司业绩。为了更清楚地了解公司业绩的发展历程和趋势,以及发现我们认为需要解释和调查的比率变动,应该分析公司3年的数字。当然,5年的数字更好。
>
> ——〔英〕鲍勃·沃斯,学者

趋势分析法是根据企业连续若干会计期间（至少三期）的分析资料，运用指数或动态比率的计算，比较与研究不同会计期间相关项目的变动情况和发展趋势的一种财务分析方法，也叫动态分析法。趋势分析法既可以用文字表述，也可以采用图解、表格或比较报告的形式。

延伸阅读　巨额冲销背后的报表粉饰——以绿大地为例

（四）因素分析法

因素分析法是通过分析影响财务指标的各项因素，计算其对指标的影响程度，来说明财务指标前后期发生变动或产生差异的主要原因的一种分析方法。因素分析法主要适用于多种因素构成的综合性指标的分析，如成本、利润、资金周转等。

因素分析法按分析特点可以分为连环替代法和差额计算法两种。连环替代法是在通过比较分析确定差异的基础上，利用各种因素的顺序"替代"，从数值上测定各个相关因素对财务指标差异的影响程度的计算方法。差额计算法是连环替代法的一种简化形式。它是利用各个因素的分析期值与基期值之间的差异，依次按顺序替换，直接计算出各个因素对财务指标变动影响程度的一种分析方法。

（五）综合分析法

综合分析法是指将反映企业偿债能力、盈利能力、营运能力、发展能力等的指标纳入一个有机的整体之中，以系统、全面、综合地对企业财务状况和经营成果进行分析与评价。因为企业的各项财务活动、各个财务报表、各项财务指标相互联系并且相互影响，单独分析任何一项或一类财务指标，都难以全面评价所分析企业的财务状况和经营成果。这就需要将企业财务活动看作一个大系统，将不同财务报表和不同财务指标联系起来，才能对企业整体做出全面的评价。现代财务分析中应用比较广泛的综合分析法有沃尔评分法、杜邦财务分析体系、帕利普财务分析体系等。

延伸阅读　帕利普财务分析体系的应用

第七节　绩效考评控制

一、绩效考评控制的定义

《企业内部控制基本规范》第三十五条对绩效考评控制提出了具体要求，要求企业建立和实施绩效考评制度，科学设置考核指标体系，对企业内部各责任单位和全体员工的业绩进行定期考核与客观评价，将考评结果作为确定员工薪酬以及职务晋升、评优、降级、调岗、辞退等的依据。这里所说的绩效考评就是我们平时所熟悉的"业绩评价""业绩考核"。

绩效考评控制是企业控制活动的一项重要措施，是实现内部控制目标，提高经营效率和效果，促进企业实现发展战略的重要手段。当前我国部分企业的内控体系存在考核奖惩机制不够健全、有效，缺乏完善的激励约束机制，缺少定量、定性的评价标准等问题，企业内控制度难以发挥出应有的作用。因此,为提升内控制度的控制力,应当完善企业绩效考评制度,提升控制活动的有效性及实施效果。

资料介绍

激励相容原则

绩效考评的一个很重要的方面就是要根据考评结果进行适当的激励。而激励的核心是要做到激励相容。哈维茨(Hurwiez)创立的机制设计理论中的"激励相容",是指在市场经济中,每个理性经济人都会有自利的一面,其个人行为会按自利的规则行动;如果能有一种制度安排,使行为人追求个人利益的行为,正好与企业实现集体价值最大化的目标相吻合,这一制度安排就是"激励相容"。现代经济学理论与实践表明,贯彻"激励相容"原则,能够有效地解决个人利益与集体利益之间的矛盾冲突,使行为人的行为方式、结果符合集体价值最大化的目标,让每个员工在为企业多做贡献中成就自己的事业,即个人价值与集体价值的两个目标函数实现一致化。

公司组织目标中的财务目标通过战略规划、战略计划和预算等环节,逐层进行分解细化,形成了部门考核目标体系,最终落实到各部门,成为各级管理者执行战略的依据。公司要最终实现其战略目标,就需要利用绩效考评这一工具了解各级管理者执行战略的效率和效果,就需要评价各级管理者实现考核目标的程度。如果缺乏对各级管理者的绩效考评,那么对管理者而言,就会缺乏执行战略、落实考核目标的主动性和积极性,就会导致管理者的行为偏离既定的考核目标;对公司而言,就可能难以掌握各级管理者执行战略、落实考核目标的效率和效果,就可能难以实现公司整体目标。可见,绩效考评对于部门考核目标和公司整体目标的实现具有不可或缺的作用。

延伸阅读 青海油田采油一厂绩效考核方式

案例 5-18 山西票号的"身股制"

山西票号在中国的历史上存续了一百多年,后因战乱才趋于衰落。作为一种新兴的行业,票号能够存续这么久,必然有其独特的优势,即操作系统,也就是我们现在所说的内部控制。

山西票号的绩效考评机制尤其是身股制对当今企业有重大影响,它是建立在三级上下负责的权力结构上的,大掌柜对财东负责,受财东监督和管理;票号员工对大掌柜负责,受大掌柜的全权监督和管理。大掌柜在票号内有无上的权力,实行高度集权制度,人事和业务都由大掌柜一人定夺,财东不干涉票号的日常管理。大掌柜每年年终向财东汇报盈亏决算,财东根据业绩对大掌柜进行奖惩,如果成绩显著,则加股加薪;如果不称职,则减股减薪甚至辞退。

上述所说的"股"就是"身股",山西票号激励机制的独特之处在于其"身股"制,也就是员工可以以身顶股。一定的工作年限和工作业绩是享有身股的前提,而股份的多少则主要取决于工作业绩。员工的身股与财东的银股可一起参与分红,企业的经营利润要按股份平分,身股与银股并重,但企业的经营亏损却完全由财东承担,顶身股者不承担亏赔责任。这种类似于"有限合伙制"的分红制度,在把员工的利益和企业的利益结合在一起的同时,大大降低了顶身股人员的风险,从而极大地调动了员工的积极性,促进了管理人才的出现,提高了票号的经营水平,增强了山西票号的竞争力。与此同时,财东的利益也得到显著增加。

以《乔家大院》中的主人公乔致庸创办的大德通票号为例,1889年其银股为20股,身股为9.7股;而到1908年,银股仍为20股,身股却增至23.95股,几乎达到20年前的2.5倍。从1889年到1908年的20年间,银股的比例变小了,但由于整个蛋糕做大——分红总额增大了,财东最终分得的银子不是少了,而是大大增加了。大德通票号在1889年账期盈利总额约2.5万两白银,每股分红约850两白银,财东分得1.7万两白银;而到1908年账期盈利总额达74万两白银,每股分红约1.7万两白银,大德通此时的资本银为22万两白银,虽然其红利的一半以上分给了员工,但财东却分得了34万两白银,相当于20年前的20倍。

资料来源:林瑞焰、田朋,"山西票号的内部控制分析",《新理财》,2007年第6期;刘俊勇,"平衡计分卡激励之道",《管理学家》,2006年第7期。

二、绩效管理的流程

绩效考评控制以绩效的考核评价为基础,以纠正偏差的控制机制为手段,以绩效的持续改进为目的,其本质上是绩效管理系统的一种内在运行机制。绩效管理的基本流程包括以下几个步骤:绩效计划、绩效实施、绩效评价、绩效反馈与改进以及绩效结果应用。这五个环节构成一个封闭的绩效管理循环,上下承接紧密,只有各环节的有效整合才能保证绩效管理最终目的的实现,如图5-10所示。

(一)绩效计划

绩效管理的第一个环节是绩效计划,它是绩效管理过程的起点。企业战略要付诸实施,必须先将战略分解为具体的任务或目标,落实到各个岗位上。为了反映任务或目标的完成或实现情况,必须选择恰当的绩效评价指标。绩效指标要满足五个基本要求:独立性、一致性、稳定性、可操作性、可接受性,应将绩效评价的目标和被评价人员所承担的工作内容作为绩效评价指标的选择依据。此外,从评价的可操作性角度考虑,绩效评价指标的选择还应考虑取得评价所需信息的便利程度。在绩效计划中,通常还需制定科学的绩效评价标准,只有将评价指标与评价标准相结合,才能正确地评价绩效。绩效评价标准既是绩效评价阶段衡量绩效完成情况的标杆,也是绩效实施阶段控制绩效偏差的工具。

(二)绩效实施

在明确了绩效计划之后,下一步就是实施绩效计划中所确定的工作或任务。绩效实施的关键是对绩效实现的过程进行管理,对可能影响绩效的不利因素进行控制,防止和纠正那些可能偏离绩效目标的决策和行为。在这个过程中,需要实施者和评估者进行持

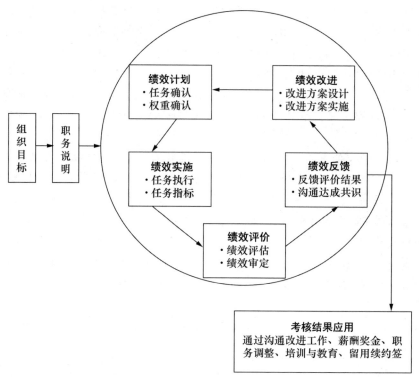

图 5-10 绩效管理流程

续的绩效沟通。这种沟通是关于双方追踪进展情况、找到并及时纠正影响绩效实现的障碍以保证最终实现绩效的沟通。

（三）绩效评价

为了及时了解绩效实施的情况，必须进行绩效评价。所谓绩效评价，就是根据事先确定的工作目标及其衡量标准，对绩效的结果进行考察和评价的过程。绩效评价可以根据具体情况和实际需要进行月度、季度、半年度和年度考核评价。在绩效实施过程中收集到的能够说明绩效表现的数据和事实，可以作为判断是否达到绩效指标要求的证据。将这些数据和事实通过一定的方法量化为相关的绩效评价指标，并与预先制定的绩效评价标准相对照，做出评价结论。

（四）绩效反馈与改进

绩效反馈是绩效评价的延续，能够指出过去绩效实现的过程中存在的问题及未来努力的方向，从而持续提高企业的整体绩效。如果只做绩效评价而不将结果反馈，那么绩效评价就不能与激励机制挂钩，也就不能发挥有效奖惩的作用。绩效改进是绩效管理过程中的一个重要环节，绩效考核的目的不只是对工作绩效进行评估，将评估结果作为确定薪酬、奖惩的标准，绩效的持续改进才是其根本目的。所以，绩效改进工作的成功与否，是绩效管理过程能否发挥效用的关键。

（五）绩效结果应用

绩效考核的成功与否，很关键的一点在于绩效考核的结果如何应用。很多绩效考核实施的不成功,其主要原因就在于没有有效合理地运用绩效考核的结果。组织可以建立基于绩效提升的培训管理体系,构建绩效模型,即企业为实现当前和未来战略目标所表现出来的绩效行为的总和。在此基础上,分析差距,再根据差距分析培训需求。

案例 5-19　　　　　　　　　阿里巴巴的绩效评估体系

2012年9月8日,阿里巴巴集团主办的第九届全球网商大会在杭州召开。集团顾问关明生在会上采用了非常有趣的动物式排列方法,公布了其员工绩效评估体系。

这一体系以业绩和价值观为两大考核指标,并按照各自的高低不同将员工分为五个类型:二者都比较差的是最低级的"狗",业绩好而价值观差的是疯狂的"野狗",价值观好而业绩差的是温顺的"小白兔",二者兼而有之的被称为"猎犬",二者都比较中庸的则是勤恳的"牛"。五种类型倒是非常贴切,而且看得出来"牛"才是最为广泛的根基性群体。

这一绩效评估体系也再次印证了价值观在阿里巴巴集团内受重视的程度。在阿里巴巴集团内部,业绩优秀且价值观符合公司要求的员工才能成为大家认可的明星员工。

资料来源:改编自韩召和,"绩效考核能强制分布吗?",《管理@人》,2008年1月11日。

三、绩效考评的控制方法

(一) KPI 绩效评价方法

关键绩效指标(KPI),是一种重要的绩效考核工具,它突出了对企业战略目标的实现起到直接控制作用的关键性领域、岗位职责、过程、因素、方法等的考核,抓住了重点和关键。它结合了目标管理和量化考核的思想,通过对目标层层分解的方法使得各级目标包括团队目标和个人目标不会偏离组织战略目标,可以很好地衡量团队绩效以及团队中个体的贡献,起到很好的价值评价和行为导向的作用,并于1999年被正式引入我国,随后成为企业绩效考核中运用最广泛的工具。

KPI 依据 20/80 定律设计,用 20%的定量化或行为化的要求完成至少 80%的绩效产出,完成 KPI 就基本能完成公司总体目标。因此,KPI 具有明确的战略导向的作用。确定 KPI 的另一个原则是 SMART 原则。SMART 是五个英文单词的第一个字母的缩写。①

KPI 能够将员工个人目标与组织目标紧密联系在一起,帮助员工明确努力方向,提高员工的目标感知、目标认同感和控制感("三因素"),KPI 通过作用于这三个因素来调动员工的积极性,增强员工的工作意愿和努力程度。

KPI 体系的建立,通常采用的方法是特性要因图分析法,又称"鱼骨图"分析法。由于问题的特性总是受到一些因素的影响,因此可以先找出这些因素,将这些因素与特性值一起按相互关联性整理成层次分明、条理清楚的图形,这样的图形就叫特性要因图。因其形状如鱼骨,所以又叫鱼骨图,它是一种透过现象看本质的分析方法。

---
① 具体解释请参看第四章风险评估中的"战略目标的制定原则"知识点。

案例 5-20　谷歌的员工考核评价制度

在人们的印象中,谷歌是一家富于创新、气氛自由,甚至"有些散漫"的互联网公司。然而,谷歌有着一套十分精密严谨、完全数值化、令人"压力山大"的内部目标考核制度——OKR。日前媒体曝光了谷歌的OKR目标考核制度。

OKR(Objectives and Key Results)的全称是目标与关键结果法,自 1990 年在互联网上诞生以来,特别是 1999 年由投资银行家、硅谷大佬约翰·多尔(John Doer)引入到谷歌、领英(LinkedIn)、脸书(Facebook)等公司后,帮助这些公司从小做到了现在的规模。其实不仅仅是谷歌,包括大量的互联网公司、创意公司,如皮克斯动画工作室(Pixar Animation Studios),都曾经全部或部分采用这种方法。

2014 年,谷歌风投公司的合伙人里克·克罗(Rick Klau)曾用一个多小时对外介绍了谷歌的考核制度,这让我们有机会近距离地了解它。谷歌的目标考核按照季度和年度进行,OKR 中的 O(Objectives)是目标;KR(Key Results)是行动,是直接实现目标的关键行动。目标包含 KPI 指标和目标值,只不过这里的 KPI 指标没有吹毛求疵地追求 KPI 的规范性,而是强调目标的可衡量性,不是空洞的目标。比如在网站建设上,不能说"计划让网站更漂亮",必须说让网站的"速度提高 30%",或是"用户交互程度提升 15%"。而且,谷歌要求目标要满足"有足够的野心"和"稍微挑战人的舒适度"的特点。

在每个季度末期,谷歌将会对 OKR 考核进行打分,分值从 0 到 1.0。一般的分值为 0.6、0.7,如果获得 1.0 分,则表明目标制定得太简单;如果分值低于 0.4,则员工需要反省哪里做错了。

在谷歌,包括首席执行官佩奇在内,所有人的 OKR 评分全部公开。在员工资料库中,任何人都可以查看同事的分数,每个季度的 OKR 目标的分值都可以一览无遗。这种考核评分公开的方式,会让一些员工感觉到"压力山大",但是可以帮助各部门进行工作协作。

资料来源:改编自刘胜男,"Google 的 OKR 制度能否破局传媒业考核难题?",《中国传媒科技》,2015 年 1 月 15 日。

(二) EVA 绩效评价方法

经济增加值(EVA),衡量的是企业资本收益和资本成本之间的差额。EVA 指标最重要的特点就是从股东角度重新定义企业的利润,考虑了企业投入的所有资本(包括股东权益资本)的成本。这种利润实质上就是属于投资者所有的真实利润,也就是经济学上所说的经济利润。EVA 指标由于在计算上考虑了企业的股东权益资本成本,并且在利用会计信息时尽量进行调整以消除会计失真,因此能够更加真实地反映一个企业的业绩。更为重要的是,EVA 指标的设计着眼于企业的长期发展,而不是像净利润一样仅仅是一种短视指标,因此,应用该指标能够鼓励经营者进行能给企业带来长远利益的投资决策,如新产品的研究和开发、人力资源的建设等。这样就能杜绝企业管理者短期行为的发生。此外,应用 EVA 能够建立有效的激励报酬系统,这种系统通过将管理者的报酬与从增加股东财富的角度衡量企业业绩的 EVA 指标相挂钩,正确引导管理者的努力方向,促使管理者充分关注企业的资本增值和长期经济效益。

> EVA 的基础是我们长期以来一直熟知的——我们称之为利润的东西,也就是说企业为股东剩下的金钱,通常根本不是利润。只要一家公司的利润低于资金成本,公司就处于亏损状态,尽管公司仍要缴纳所得税,好像公司真的盈利了一样。相对于消耗的资源来说,企业对国民经济的贡献太少。在创造财富之前,企业一直在消耗财富。
>
> ——〔美〕彼得·德鲁克,管理学大师

不得不承认的是,尽管 EVA 评价系统具有很多独特的优势,但是也存在着许多不足。首先,由于 EVA 评价系统所选择的评价指标是唯一的,即 EVA 指标,从而造成评价主体只关心管理者决策的结果,而无法了解驱动决策结果的过程因素,结果 EVA 评价系统只能为战略制定提供支持性信息,而为战略实施提供控制性信息这一目标则不易达到。EVA 评价系统的另一个局限性在于 EVA 指标的计算。EVA 的计算本身就是一个复杂的问题,其难点反映在两个方面:其一,EVA 的会计调整;其二,资本成本的计算。由于这两个问题的存在增加了 EVA 计算的复杂程度,从而对 EVA 的应用造成了一定的负面影响。因此要解决 EVA 的计算难点,就必须真正理解 EVA 的本质,同时结合我国企业的实际情况对 EVA 的计算公式进行本土化改造。只有这样,才能使 EVA 真正发挥作用。

延伸阅读　TCL 集团的 EVA 管理模式

资料介绍

中央企业 EVA 新政

"限制非主业投资,对非经常性收益如在股票、房产、期货方面的投资收益将会在计算中减半计算。"2010 年 1 月 7 日,国务院国资委在中央企业经营业绩考核工作会议上提出,将于 2010 年在中央企业层面全面推行 EVA 考核。

在国资委 2009 年 12 月 28 日新修订的《中央企业负责人经营业绩考核暂行办法》中,对 EVA 考核采用新的计算公式,同时在会计处理上有四个方面的变化。除了上述减半计算之外,还包括:鼓励加大研发投入,对研究开发费用视同利润来计算考核得分;鼓励为获取战略资源进行的风险投入,对企业投入较大的勘探费用,按一定比例视同研究开发费用;鼓励可持续发展投入,对符合主业的在建工程,从资本成本中予以扣除。

"研究开发费用视同利润来计算考核得分,能使企业自主创新上一个台阶,企业有动力去做这个事情",国资委副主任黄淑和表示。

"对非经常性收益确实会减半计算,虽然利润考核也会同时存在,但是以后在中央企业考核中 EVA 将占主要部分",国资委原业绩考核局、现综合局局长刘南昌告诉记者。

"这个举措反映了国资委从战略管理到价值管理的一个大的改变",北大纵横合伙人殷明德接受记者采访时表示。

"EVA 的新规对那些占用资本较多、投资规模较大的中央企业的影响会很大",刘南昌表示。目前 129 家中央企业中那些投资非主业资产、负债规模比较高的企业的 EVA 考核值将有可能为负值。

2012 年 12 月 29 日,国资委又公布了最新修订的《中央企业负责人经营业绩考核暂行办法》(简称《暂行办法》)。《暂行办法》指出,进一步强化业绩考核的价值导向,绝大多数中央企业 EVA 考核指标权重提高到 50%,利润总额指标权重下降为 20%。在计算企业利润总额以及 EVA 时,通过变卖企业主业优质资产所取得的非经常性收益将被全部扣除。业内人士指出,这意味着 EVA 已成为考核中央企业业绩的重要指挥棒,意在挤掉中央企业的泡沫。

资料来源:邢莉云,"央企 EVA 新政:股票期货投资收益打'半折'",《21 世纪经济报道》,2010 年 1 月 7 日;刘丽靓,"提高 EVA 权重至 50%,央企利润将更加实在",《证券时报》,2013 年 2 月 4 日;国务院国资委综合局,《关于修订〈中央企业负责人经营业绩考核暂行办法〉有关情况的说明》,2013 年 2 月 1 日。

(三)平衡计分卡绩效评价方法

平衡计分卡(Balance Score Card,BSC),是常见的绩效考核方式之一。

1992 年,哈佛商学院教授罗伯特·卡普兰(Robert Kaplan)和复兴全球战略集团创始人戴维·诺顿(David Norton)在《哈佛商业评论》上联合发表了一篇名为"BSC:驱动业绩的评价指标"的文章。该文章是以 1990 年参与项目小组的 12 家公司试用这一新的绩效评价方法所得到的实证数据为基础的。这篇文章在理论界和实务界引起了巨大轰动。之后,他们通过发表文章和出版著作等多种形式,进一步解释了企业在实践中应该如何运用 BSC 作为控制战略实施的重要工具。卡普兰和诺顿的这些文章与著作集中体现了 BSC 自产生以来的发展历程:不仅评价指标不断丰富和创新,而且系统本身也逐渐从单纯的绩效评价提升到了战略管理的高度。

BSC 的基本思路,就是将影响企业运营的包括企业内部条件和外部环境、表面现象和深层实质、短期成果和长远发展的各种因素划分为财务、客户、内部流程、学习与成长等四个方面,并针对这四个主要的方面,设计出相应的评价指标,以便系统、全面、迅速地反映企业的整体运营状况,为企业的平衡管理和战略实现服务,如图 5-11 所示。因此,BSC 是以企业的战略为导向,以管理为核心,以各个方面相互影响、相互渗透为原则,建立起来的一个网络式的绩效评价系统。

BSC 作为一种绩效评价系统,其优点在于:(1)将目标与战略具体化,加强了内部沟通;(2)有效地实现了指标间的平衡,强调了指标间的因果关系;(3)兼顾了不同相关利益者的利益,有利于获取和保持竞争优势;(4)兼顾非财务绩效计量,增强了过程控制和结果考核的联系。正是由于这些优点,BSC 自 20 世纪 90 年代初产生以来,便迅速在西

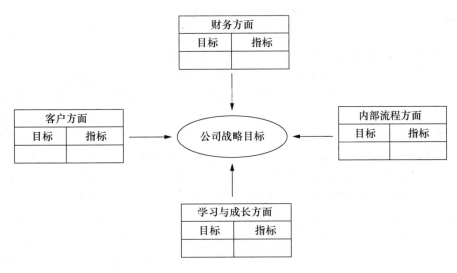

图 5-11 平衡计分卡的基本形式

方受到广泛关注并取得长足发展。《哈佛商业评论》将 BSC 评论为过去 75 年来最具影响力的管理思想之一。越来越多的企业应用 BSC，BSC 已成为西方企业的一项重要管理工具。BSC 适用于各种行业与组织，可以通过不同模式为不同目的服务，并创造出千变万化的具体结构和内容。

延伸阅读　BSC 在中外运敦豪的应用

当然，BSC 也有其自身的局限性，主要体现在以下三个方面：

第一，在评价目标的确定方面，尽管 BSC 从不同方面关注了客户、员工等利益相关者的利益，但忽略了通过利益相关者分析来认识企业的经营目标和发展战略，

延伸阅读　希尔顿酒店的 BSC 模式

因而可能导致不能准确地确定提高利益相关者满意度的关键动因。

第二，在评价指标的选择方面，BSC 对于如何选择特定的绩效评价指标并没有具体展开。在已有的相关文献中，几乎没有关于 BSC 如何将结果和方式相联系的指导性原则。正是由于这种因果关系的不明确，导致 BSC 遭到了许多的质疑。另外，非财务评价指标的设计和计算也是一个难题。

第三，在评价方法方面，BSC 并没有给出明确的答案。一种可能的解释就是，BSC 作为一种管理理论，其创新之处在于使经营者以一种正确认识企业绩效评价的视角，做出正确的战略规划并有效地加以执行；至于单个指标的计分方法、权重的确定并不是它所讨论的重点，但这恰恰是一个产生问题的重要领域。卡普兰和诺顿并没有说明如何对其所使用的不同指标进行权衡(Trade-Off)。不能明确表达如何在大量的指标中进行权衡，计分卡就无法达到"平衡"。

案例 5-21　宝钢钢管公司的业绩评价系统

宝钢钢管公司从 2002 年开始尝试全面引入价值管理（VM），并运用 EVA 和 BSC 等原理初步建立了自身的业绩评价系统，宝钢钢管公司称之为价值贡献模型。

首先，宝钢钢管公司建立了各级价值贡献中心。公司作为整体，是第一级价值贡献中心。将制造环节的轧管、精整、管加工分厂和市场营销室作为不同的第二级价值贡献中心，形成主价值链，着重关注其影响整体价值贡献的程度。将能源车间、设备管理室、工具车间、质检、成品库视为服务提供单位，形成基础保障链，它们的作用是确保主生产线流程稳定顺利的运行，着重关注其影响作业线的关键指标。将财务室、组织人事室、技术研究室、生产技术室等管理部门作为管理部门链，它们直接影响宝钢钢管公司的价值贡献结果，而不是本部门的经济结果，着重关注其如何有效地发挥管理部门的专业技能，使其他部门的价值贡献增加，并以其他部门对其工作效果的评价作为依据。

其次，宝钢钢管公司借鉴 EVA 的思路选取了综合的财务指标即价值贡献，同时选取了一些战略型的非财务指标，结合 BSC 的原理建立了融财务指标与非财务指标于一体的价值贡献模型，即业绩评价系统。公司整体的业绩评价系统如表 5-3 所示。

宝钢钢管公司涉及的有关计算公式如下：

公司整体价值贡献 ＝（实际单价 － 实际成本）× 实际销量 －
　　　　　　　　　（销售费用 ＋ 管理费用 ＋ 财务费用）－
　　　　　　　　　资本总额 × 资本成本率

非财务指标的目标价值量化 ＝ 财务指标实际值 × 20％ ÷ 80％

财务指标和非财务指标的价值贡献 ＝ 公司整体价值贡献 × 80％ ＋
　　　　　　　　　　　　　　　　　非财务指标目标价值量化 × 20％

表 5-3　宝钢钢管公司整体业绩评价系统

层面	指标	单位	第一层权重	第二层权重	得分	价值贡献
财务	公司整体价值贡献	万元	80％	—		
客户	用户满意度	分		14％		
	战略产品销量（如油井管）	万吨		16％		
内部业务流程	壁厚控制 8％的精度比例	％		15％		
	资源利用率	％	20％	10％		
	质量异议（理赔额）	万元		5％		
学习与创新	新产品销售率	％		15％		
	科研效益	万元		10％		
	合理化建议效益	万元		10％		
	技术秘密数	个		5％		
权重小计	—		100％	100％		
将非财务指标转化为价值量化指标						
财务与非财务合计						

最后,分别确定内部各单位、各部门的业绩评价方法。比如,市场销售室的业绩评价系统如表 5-4 所示。

表 5-4 市场销售室的业绩评价系统

层面	指标	计量单位	第一层权重	第二层权重	得分	价值贡献
财务	销售系统价值贡献	万元	80%	—		
客户	用户满意度	分	20%	40%		
	战略产品销量(如油井管)	万吨				20%
内部业务流程	质量异议(理赔额)	万元				10%
学习与创新	新产品销售率	%				30%
权重小计	—	—	100%	100%		
非财务指标小计		分数				
将非财务指标转化为价值量化指标		万元				
财务与非财务合计		万元				

市场销售室的销售系统价值贡献可按以下公式计算:

销售系统价值贡献 =(实际单价 — 预算单价)× 预算销量 — 销售费用
— 销售系统资本总额 × 资本成本率

销售系统资本总额 = 应收账款 + 应收票据 — 预收账款

资料来源:范松林、李文娟,"宝钢钢管公司构建价值模型探索",《会计研究》,2004 年第 5 期。

本章小结

《企业内部控制基本规范》指出,企业应当结合风险评估结果,通过手工控制与自动控制、预防性控制与发现性控制相结合的方法,运用相应的控制措施,将风险控制在可承受度之内。控制措施一般包括:不相容职务分离控制、授权审批控制、会计系统控制、财产保护控制、预算控制、运营分析控制和绩效考评控制等。

企业应当根据内部控制目标,结合风险应对策略,综合运用控制措施,对各种业务和事项实施有效控制。同时,企业应当建立重大风险预警机制和突发事件应急处理机制,明确风险预警标准,对可能发生的重大风险或突发事件,制订应急预案、明确责任人员、规范处置程序,确保突发事件得到及时妥善的处理。

不相容职务分离控制要求企业全面系统地分析、梳理业务流程中所涉及的不相容职务,实施相应的分离措施,形成各司其职、各负其责、相互制约的工作机制。在实际中,企业还应该针对关键岗位实行轮岗或者强制休假制度。

授权审批控制要求企业根据常规授权和特别授权的规定,明确各岗位办理业务和事项的权限范围、审批程序和相应责任。企业应当编制常规授权的权限指引,规范特别授权的范围、权限、程序和责任,严格控制特别授权。企业各级管理人员应当在授权范围内行使职权和承担责任。企业对于重大的业务和事项,应当实行集体决策审批或者联签制度,任何个人不得单独进行决策或者擅自改变集体决策。

会计系统控制要求企业严格执行国家统一的会计准则制度,加强会计基础工作,明确会计凭证、会计账簿和财务会计报告的处理程序,保证会计资料真实完整。企业应当依法设置会计机构,配备会计从业人员。

财产保护控制要求企业建立财产日常管理制度和定期清查制度,采取财产记录、实物保管、定期盘点、账实核对等措施,确保财产安全。企业应当严格限制未经授权的人员接触和处置财产。

预算控制要求企业实施全面预算管理制度,明确各责任单位在预算管理中的职责权限,规范预算的编制、审定、下达和执行程序,强化预算约束。

运营分析控制要求企业建立运营情况分析制度,经理层应当综合运用生产、购销、投资、筹资、财务等方面的信息,通过因素分析、对比分析、趋势分析等方法,定期开展运营情况分析,发现存在的问题,及时查明原因并加以改进。

绩效考评控制要求企业建立和实施绩效考评制度,科学设置考核指标体系,对企业内部各责任单位和全体员工的业绩进行定期考核和客观评价,将考评结果作为确定员工薪酬以及职务晋升、评优、降级、调岗、辞退等的依据。

思考题

1. 《企业内部控制基本规范》主要规定了哪几种最基本的控制活动?它们之间具有什么关系?
2. 何为不相容职务分离控制?它的内容包括什么?
3. 何为授权批准控制?它的基本原则包括哪些?
4. 何为会计系统控制?它的内容包括什么?
5. 何为财产保护控制?它的具体措施有哪些?
6. 预算控制的作用有哪些?有哪些方法?
7. 运营分析控制常用的具体方法有几种?它们的适用范围是什么?
8. 实践中存在几种常用的绩效评价方法?试评价它们的优缺点。

案例分析

管理失控、企业失败、警钟长鸣

股份有限公司 Z(简称 Z 公司)系大型国有企业集团公司 B(简称 B 公司)的境外控股公司,成立于 1993 年,注册地和经营地均在 X 国,并在 X 国证券交易所主板上市。2004 年 11 月 30 日,Z 公司突然向 X 国证券交易所申请停牌,并于次日发布公告称,Z 公司在某能源品牌的期权交易中遭受重创,累计损失 5 亿多美元。消息公布后,国内外一片哗

然。B公司迅速派出调查组,对Z公司内部控制情况进行全面调查。经过调查,发现以下情况值得关注:

总经理Chen毕业于我国某名牌大学,1997年被派驻Z公司,当时Z公司净资产为16.8万美元。2001年Z公司在X国证券交易所主板挂牌上市。2003年Z公司净资产已超过1.28亿美元。

2002年8月,Z公司在总经理Chen的策划推动下,擅自从事能源品种期权交易。由于Z公司自成立以来一直从事能源采购业务,包括总经理Chen及期权交易员在内的多数员工对期权交易业务缺乏基本常识。Z公司董事会事后通过其他渠道得知公司在从事期权交易,但从未采取任何有效措施予以制止。

2002年10月,为加强对Z公司的财务监管,B公司尝试向Z公司委派财务部经理,Z公司董事长(由B公司总经理兼任,由于其一直在国内工作,故将Z公司的经营管理业务授予Z公司的总经理Chen全权负责)对此表示同意。但Z公司总经理Chen坚持从当地聘用财务部经理,并先后将B公司委派的两任财务部经理调任他职。此后,B公司放弃了委派财务部经理的努力。

2003年7月,面对能源价格持续攀升的走势,在未对能源市场做出全面、冷静分析的情况下,总经理Chen仍主观认定能源价格将发生逆转,并授意交易员进行了看跌期权交易,导致Z公司发生较大损失。在随后的近一年中,能源价格继续大幅上涨。为扭转颓势,总经理Chen仍抱着侥幸心理坚持进行看跌期权交易,并进一步加大了交易量。为了满足不断增加的交易量对交易保证金的需求,总经理Chen授意公司财务部将董事会明确规定的用于其他用途的3亿多美元贷款用以支付交易保证金。对于上述期权交易行为和改变贷款用途的行为,总经理Chen未向董事会报告;同时,对期权交易发生的损失,也未在公司财务报告中予以反映和披露。

2004年8月,尽管已在期权交易中遭受巨大损失,但总经理Chen仍在公共场合表示Z公司收入稳定,经营状况和财务状况良好。

2004年1月至3月,油价攀升导致Z公司潜亏580万美元,公司决定延期交割合同,使得交易量增加,最后导致巨亏。为了补加交易商追加的保证金,公司耗尽近2600万美元的营运资本、1.2亿美元的银团贷款和6800万美元的应收账款资金,账面亏损高达1.8亿美元。10月26日和28日,公司因补加一些合同的保证金而遭逼仓,蒙受1.32亿美元的实际亏损。11月8日到25日,公司的衍生商品合同继续遭逼仓,截至25日的实际亏损达3.81亿美元。12月1日,在亏损5.5亿美元后,公司申请破产保护。

Z公司一直未向B公司报告,B公司也没有发现。从账面上看,Z公司的资产不仅良好,而且透明度高,甚至还被评为2004年度X国透明度最高的公司。Z公司直到保证金交付问题难以解决,经营难以持续,才发出紧急报告,但为时已晚。

Z公司曾经请安永会计师事务所制定了相当完善的《风险管理手册》,公司内部也设有风险管理委员会,可谓人岗俱全。根据Z公司《风险管理手册》的规定,Z公司的期权交易业务实行"交易员—风险管理委员会—审计部—总经理—董事会"层层上报、交叉控制制度。同时规定,损失20万美元以上的每一笔交易都要提交风险管理委员会评估,任何将导致50万美元以上损失的交易都将被强制平仓。《风险管理手册》中还明确规定公司的止损限额是每年 500 万美元。但是,交易员没有遵守交易限额规定和平仓规定,风险管理委员会也没有进行任何必要的风险评估,审计部因直接受命于总经理而选择了附和,总经理 Chen 为挽回损失一错再错,董事会对期权交易盈亏情况始终不知情。

2006 年 3 月 21 日,因从事内部交易、伪造公司业绩、没有向 X 国证券交易所披露重要信息和欺骗银行等罪名,总经理 Chen 被 X 国判处四年零三个月的监禁及巨额罚款,成为第一个因触犯国外法律而被判刑的中国在国外挂牌上市公司的总经理。2007 年,国资委根据有关规定给予总经理 Chen 行政处分和开除党籍处分。

资料来源:李敏,"管理失控、企业失败、警钟长鸣——内控案例分析与警示之四",《上海注册会计师》,2010 年第 1 期。

根据上述案例,请你结合本章相关知识,回答以下问题:
(1) 该案例反映了企业在内部控制活动方面存在哪些问题?
(2) 从该案例中我们可以得到哪些教训?

技能训练题

请登录中央纪委网页,搜寻整理截止到搜寻日的所有中央巡视组反馈意见,并分组总结分析各种组织类型(如政府部门、事业单位、中央企业)存在的控制活动的典型问题。

21世纪经济与管理规划教材

财务管理系列

第六章

信息与沟通

【引言】

本章首先探讨了信息的类型与来源,阐述了信息的收集与传递方式;其次介绍了内部和外部沟通的方式,说明了反舞弊工作的内容以及反舞弊的具体措施;最后界定了信息技术和信息系统的内涵及其关系,阐述了内部控制对信息技术的利用和信息系统所引发的风险。

【学习目标】

完成本章的学习后,您将能够:
1. 了解信息的作用、类型与来源,掌握信息的收集与传递方式;
2. 理解沟通的意义,掌握沟通的方式;
3. 理解反舞弊工作的重点内容,掌握反舞弊机制的具体措施;
4. 理解信息技术及信息系统的作用与风险。

案例引入
沃尔玛：企业成功源于沟通

全球的零售巨头沃尔玛公司是《财富》500强中排名第一的跨国企业集团，其运营的企业包括：沃尔玛商店、沃尔玛购物广场、山姆会员店、沃尔玛社区店。在全球范围内，沃尔玛还在很多国家经营着类似的零售业务。

沃尔玛公司总裁山姆·沃尔顿曾说过："如果你必须将沃尔玛的管理体制浓缩成一种思想，那可能就是沟通。因为它是我们成功的真正关键之一。"

沃尔玛公司总部设在美国阿肯色州本顿维尔市，公司的行政管理人员每周花费大量的时间飞往各地的商店，通报公司所有业务情况，让所有员工共同掌握沃尔玛公司的业务指标。在任何一个沃尔玛商店里，都定时公布该店的利润、进货、销售和减价的情况，并且不仅向经理及其助理们公布，也向每个员工、计时工和兼职雇员公布各种信息，鼓励他们争取更好的成绩。

山姆·沃尔顿认为让员工们了解公司业务进展情况，与员工共享信息，是让员工最大限度地干好本职工作的重要途径，是与员工沟通和联络感情的核心。而沃尔玛公司也正是借用共享信息和分担责任，适应了员工的沟通与交流需求，达到了自己的目的：使员工产生责任感和参与感，意识到自己的工作在公司的重要性，感觉自己得到了公司的尊重和信任，积极主动地争取更好的成绩。

由此可见，信息与沟通的管理意义是显而易见的，沃尔玛公司不仅确保信息在企业内部有效沟通，也注重企业与外部进行有效的信息沟通。

资料来源：高立法、虞旭清，《企业全面风险管理实务》，经济管理出版社，2009年版。

企业的正常经营运转离不开资金流、物流和信息流的畅通及配合，其中信息流就像人体中的神经系统，负责识别有效信息、准确快速地传递信息，从而帮助决策者正确应对、采取有效措施。信息流不畅，会导致企业盲目判断，身处险境而毫不知情。因此，有效的信息与沟通是内部控制目标实现的重要保证。《企业内部控制基本规范》第三十八条指出，企业应当建立信息与沟通制度，明确内部控制相关信息的收集、处理和传递程序，确保信息及时沟通，促进内部控制有效运行。

那么，企业应关注哪些信息类型与来源？如何有效收集与传递信息？信息技术在内部控制中起到什么作用？信息技术的应用会给企业带来风险吗？沟通存在哪些方式？如何进行有效沟通？本章将详细解答以上问题。

第一节 信 息

一、信息的类型

信息是指信息系统辨识、衡量、处理及报告的标的，来源于企业内部或外部，包括获取外部的行业、经济、监控等方面的信息，以及内部的生产经营管理、财务等方面的信息。

企业应准确识别、全面收集、不断完善获取信息的机制,随时掌握市场、竞争对手、行业变化等动态,并及时、有效地传达给相关负责人员,以便有足够的信息处理经营业务,对变化迅速做出反应。

（一）信息的类别

不同的信息有不同的特征,通常可以按照正式程度、来源、主客观因素将信息分为不同的类别。

如图6-1所示,根据信息的正式程度可以将组织中的信息分为正式信息与非正式信息。其中,非正式信息是指在组织中通过非官方的、私下的沟通方式来传递的信息,其特点为信息交流速度快、效率高,并且能够满足员工的情感需要。正式信息根据其来源可以分为内部信息与外部信息。其中,内部信息来自组织中特定业务的内容,包括生产、销售、研发、人力资源等方面的信息；外部信息来自组织周围的环境,包括宏观经济形势、行业信息、法律监管、科技文化等方面的信息。另外,内部信息可能是客观的,也可能是主观的。客观信息包括观察对象的初始信息、经观察者干预之后的效果信息、环境信息等,而不包含分析等信息处理活动；主观信息则对事物进行了处理,试图加入判断、预测的因素,在企业中主要表现为决策信息、指令信息、控制信息、目标信息等。

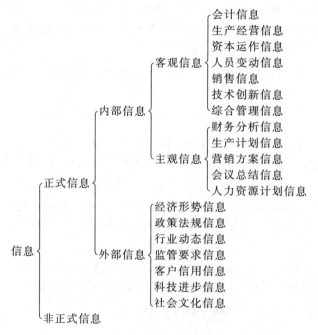

图6-1 信息的分类

资料来源：李心合,《企业内部控制基本规范讲解》,大连出版社,2008年版。

结合《企业内部控制基本规范》中的规定,内部控制活动所需要的信息来自企业内部及外部的、与企业经营管理相关的财务及非财务信息。即内部控制中的信息收集活动涵盖了企业内部及外部、主观及客观、正式与非正式,并影响企业内部环境、风险评估、控制活动及内部监督的信息。因此,确定信息的收集内容时,应在内部控制覆盖的信息范围内,根据不同的信息需求收集不同类型的信息,即确认有效信息。

(二)企业组织层级划分及其信息需求

企业组织层级大体可以划分为三个层次,即决策层、管理层和执行层。决策层是组织的实权机关,一般由组织内部的决策性人物,如董事长、总经理、副总经理等组成。它负责确定组织的目标、纲领和实施方案,进行宏观控制。管理层是决策层的下属机构,包括采购、生产、销售、财务、人事等管理部门。其职责是把决策层制定的方针、政策贯彻到各个职能部门的工作中去,对日常工作进行组织、管理和协调。执行层在决策层的领导和管理层的协调下,通过各种技术手段,把组织目标转化为具体行动。

企业组织不同的层级所需要的主要信息类型是不同的,执行层的信息需求以客观信息为主,决策层的信息需求则以主观信息为主。基本规律是所处层级越高,其所需信息的筛选、加工处理的程度就越高。例如,执行层从底层业务掘取数据信息,海量业务信息经过筛选成为管理信息,管理层通过对管理信息的不断加工处理产生决策层需要的指标信息,当然信息也会反向传递,成为各层级所需的有效信息类型,如图6-2所示。

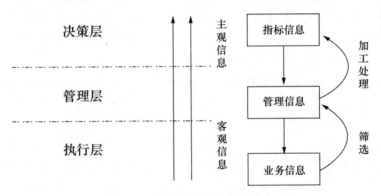

图 6-2　组织层级及其信息需求

二、信息的收集

明确了企业需要的是什么样的信息,下一步我们就需要关注如何才能取得相关信息,即信息的收集。由于企业内外部信息的收集方式有较大的不同,因此我们分别进行讲解。

(一)内部信息的收集

《企业内部控制基本规范》第三十九条指出,企业可以通过财务会计资料、经营管理资料、调研报告、专项信息、内部刊物、办公网络等渠道,获取内部信息。这里我们将其简化地分为财务会计资料和其他内部信息资料。

1. 财务会计资料

财务会计资料是指通过对企业已经完成的资金运动全面系统的核算与监督,为外部与企业有经济利害关系的投资人、债权人和政府有关部门提供的反映企业财务状况与经营成果等经济信息的书面资料,一般主要指财务报告。根据《企业内部控制应用指引第14号——财务报告》第七条,财务报告是指反映企业某一特定日期财务状况和某一会计期间经营成果、现金流量的文件。根据新会计准则的相关规定,财务报告具体包括资产负债表、利润表、现金流量表、所有者权益变动表、附表及会计报表附注和财务情况说明书。

根据《企业内部控制应用指引第14号——财务报告》第十二条,企业编制财务报告,应当充分利用信息技术,提高工作效率和工作质量,减少或避免编制差错和人为调整因素。

案例 6-1　　弄虚作假,内忧外患

华夏证券公司于1992年10月成立,注册资本为27亿余元,由工商银行、农业银行、中国银行、建设银行、人保等五家金融机构作为主要发起人,联合其他41家大型企业共同组建。成立之后,公司迅猛发展,曾一度拥有91家营业部和24家证券服务部,并成为第一家全国交易联网券商。但与此同时,公司尚未健全的内部控制制度却屡遭破坏。这一方面加大了内部风险,导致挪用客户保证金、违规回购国债、账外经营和投资、违规自营和坐庄、账目作假和不清等事件的频繁发生;另一方面使公司丧失了应对银行提前收贷、融资成本高涨、实业投资损失、证券市场低迷等外部风险的抵御能力。主管部门在对其拯救中未能对症施治,在内乱外患之下,公司逐渐走向衰亡。

诸多原因导致了华夏证券的破产,比较典型的有以下几点:一是封锁经营信息,如封锁负责自营业务的"四人领导小组"成员之一的林某的电脑信息,封闭正常交易数据和情况。二是编制假账,如2002年公司通过将21家上市公司法人股转让给下属公司,虚增利润5.15亿元;2003年通过计提应收债权项目的利息和罚息,虚增利润4.5亿元。三是证券资料缺失,如有8只三板上市法人股投资和2笔长期投资项目既无权属资料,也无账户信息或其他证明文件。四是违规修改电脑数据,如下属3家营业部违规以经纪人提成为名,异户返佣2214.7万元,少交了大量营业税。

资料来源:陈关亭、李蓓,"华夏证券公司的免疫缺陷综合征:内部控制严重失效",《财务与会计(理财版)》,2009年第3期。

2. 其他内部信息资料

公司各单位对收集、产生的各种信息进行必要的加工与分析,以满足向各级管理人员提供详细程度不同的有效信息的要求。

(1) 经营管理信息。下属单位及部门按照统计报表的要求,每月(或每周)通过公司信息系统自下而上地报送统计资料,公司规划部门对主要生产经营指标进行对比分析,形成月度、季度、年度生产经营运行监测报告,报公司管理层。

(2) 规章制度信息。规章制度制定单位需要对下列事项进行全面论证:制度制定的依据和规范的对象;制度解决的主要问题;该项制度的安排与其他相关制度的衔接;制度颁发实施的条件与时机;制度执行中需要注意的问题。在形成制度文稿之前相关部门必须通过公司内部网络或通过邮件发布征求意见稿,征求职能部门和下属单位的意见,在广泛吸收意见的基础上对其进行完善,最后由管理层签发执行。

(3) 综合信息。审计部门或内部控制部门负责收集内部审计方面的相关信息与违规、舞弊的信息,对于重大、紧急情况要严格执行事件的信息,应及时报送公司管理层。总裁办公室负责公司重要综合管理信息的收集、编发,开展专题调研,及时掌握所属公司和其他部门工作动态,为管理层决策提供信息参考。下属单位负责职权范围内管理信息的收集、编发和制度制定,开展专题调研,及时掌握所属范围内的工作动态,按照公司的信息需求及时向总部提供各种所需的信息。

案例 6-2 信息混乱 车毁人亡

2008年4月28日凌晨4时48分,北京开往青岛的T195次旅客列车运行至山东省境内胶济铁路周村至王村间时因超速脱线,第9—17节车厢在铁路弯道处脱轨,侵入并行的另一条铁轨,和正常运行的烟台至徐州的5034次旅客列车相撞,造成71人死亡、416人受伤。

现已证实,事故线路是一条呈"S"形的临时线路,而超速被认为是这起事故的直接原因,但超速的背后则是信息传递混乱。行经此段的列车限速一个月内竟数次更改,而且令不畅通,规章制度形同虚设。

事发前几天济南铁路局曾发文限速,但又迅速取消。潜伏巨大危险的临时铁路,儿戏般的调度管理,层层的疏忽与失职,最终导致了中国铁路史上最重大的惨祸之一。可见,基层安全意识薄弱,信息滞漏失误,现场管理存在严重漏洞,是导致这次风险事故发生的主要原因。

资料来源:高立法、虞旭清,《企业全面风险管理实务》,经济管理出版社,2009年版。

(4) 员工提供的信息。公司设立举报电话、网上举报中心和电子举报信箱并对外公布,审计部门(或内部控制)与企业风险管理部门有专人跟进。在员工比较集中的地方还需设立举报箱,给员工提供信息举报、不服处分或处理申诉的渠道,并明确承诺:报告潜在违规或其他事件的员工不会受到任何报复或骚扰,任何进行报复或骚扰的员工都将会受到严重的纪律处分,并可终止雇用。此外,还要根据实际情况对员工的举报进行保护和奖励。公司组织开展合理化建议活动,听取员工的合理化建议和意见,对被采纳的建议实行奖励。

(5) 信息系统产生的信息。公司信息系统提供相关信息,公司职能部门、下属单位根据各自的权限共享这些信息,充分利用信息技术,提高工作效率和工作质量,减少或避免编制差错和人为调整因素。当然,除了信息管理系统、内部报告、调研报告、专项会议、内部刊物、公司局域网这些信息收集方式外,现代企业中必然存在其他可以选择的内部信息收集方式,企业应结合自身特点充分利用各种渠道收集有价值的内部信息。

(二) 外部信息的收集

《企业内部控制基本规范》第三十九条指出,企业可以通过行业协会组织、社会中介机构、业务往来单位、市场调查、来信来访、网络媒体以及有关监管部门等渠道,获取外部信息。

1. 调查

调查用于获取潜在信息资源和关于现实资源的各种信息,最为常见的有问卷调查法和访问调查法。问卷调查法是将设计好的问卷发放给抽样选择的样本群体并在其给出回答后收回问卷。访问调查法则是与选取的样本当面交流,常用于用户需求的分析及相关信息的获取。因此,当企业需要了解客户需求、客户满意度、产品评价、面向的客户群体等信息时,可以采用调查的方式来收集信息。当然,调查方法对问卷设计或者访问者的技巧提出了较高的要求,否则很难达到预期的信息收集目标。

案例 6-3　　　　　　　　　沃尔玛超市:加尿布的故事

一般看来,啤酒和尿布是顾客群完全不同的商品,但是沃尔玛一年内数据挖掘的结果显示,在居民区中尿布卖得好的店面,啤酒也卖得很好。原因其实很简单,太太让先生下楼买尿布的时候,先生们一般都会犒劳自己两听啤酒。因此啤酒和尿布一起购买的机会是最多的。这是一个现代商场智能化信息分析系统发现的秘密,这个故事标志着客户调查方法开始发生实质性的变化,数据挖掘开始进入商业领域。

资料来源:转引自 http://www.pinpaihudong.com/wal-martstores/news178803.html。

2. 网络查询

网络查询是指在现代信息技术基础上的信息收集方式,常见的渠道有互联网、专业数据库、组织互联系统。通过互联网,企业可以获取相当多的公开外部信息,包括:经济形势、产业政策、资源供给等经济信息;法律法规、监管要求等法律信息;地区传统文化、教育水平等文化信息;科技发展、技术进步等科技信息。互联网获取信息具有便捷、成本较低等优点,但也由于信息源的不确定导致信息的可靠性值得商榷,因此应选取官方的网络媒体获取信息。网络查询的另一个渠道是专业数据库。专业数据库拥有具有版权的材料、权威的研究报告,这些都是免费的互联网信息中无法获得的资源。通过专业数据库,企业可以更加迅速地收集到有深度的、高质量的信息。另外,电子商务的发展,使得企业与上游的供应商、下游的客户可以在"虚拟的市场"中进行交易。在这个过程中信息可以在组织中自由流动,信息学中将这类技术称为组织互联系统。组织互联系统为企业提供有关客户需求、供应商供给等适时信息,大大方便了企业的信息收集活动。

延伸阅读　国外汽车商务平台

3. 咨询

咨询是指企业从社会中介机构、专业协会组织、专家等相关单位和个人那里获取信息的过程。一般来说,企业咨询的社会中介机构、专业协会组织、专家在其相关领域(如经营管理、财务、法律、科技等)都有专长,常见的有行业协会组织、咨询公司、律师事务所等机构。这些单位和个人能为企业提供相关领域内较为权威和全面的信息,可以满足企业经营管理的需要,但同时也存在成本较高的缺点。

4. 交换和接收

交换和接收是指企业有时会出于某些方面的原因需要与其他机构交换信息,或直接获取其他机构提供信息的收集方式。例如,与客户的信息互联就是一种典型的交换信息收集方式,企业通过与下游客户交换需求与供给信息来最大化客户需求信息的利用价值。而接收信息收集方式则更多地发生在上下级的组织之间,或者企业与监管机构之间。如对于母公司经营政策等信息,子公司通常只要接收即可;对于监管机构发布的各项监管要求,公司通常也是以接收为主。

5. 采访

采访主要用于获取潜在的信息资源,常见的有个别访问、座谈采访、现场观察、参加会议、电话采访和通信采访等多种方式。该类信息收集方式由于可以做深入的探索,能够就一些复杂的议题开展讨论,通常可以获取质量较高的信息。因此,采访可以用于重要客户反馈信息、新兴市场需求情况等信息的收集。但需要考虑的问题是采访对象和地点的代表性,以及采访者的个性和偏见等问题对信息质量的影响。

当然,不同企业需要的外部信息存在差异,各企业对每类信息的侧重点也存在差异。因此,企业应结合自身特点以及成本效益原则,使用适合的方式收集有价值的外部信息。

三、信息的处理

收集到有效信息后,需要对信息进行进一步的筛选加工处理从而提高信息的有用性。《企业内部控制基本规范》第三十九条指出,企业应当对收集的各种内部信息和外部信息进行合理筛选、核对、整合,提高信息的有用性。我们参照《企业内部控制应用指引第 14 号——财务报告》第四章"财务报告的分析利用",以财务报告的分析利用为例解释一下信息的处理过程。

企业应当重视财务报告分析工作,定期召开财务分析会议,充分利用财务报告反映的综合信息,全面分析企业的经营管理状况和存在的问题,不断提高经营管理水平。企业财务分析会议应吸收有关部门负责人参加。总会计师或分管会计工作的负责人应当在财务分析和利用工作中发挥主导作用。

延伸阅读 财务报表的哈佛分析框架

第二节 沟 通

> 如果你必须将沃尔玛的管理体制浓缩成一种思想,那可能就是沟通。因为它是我们成功的真正关键之一。
> ——〔美〕山姆·沃尔顿,沃尔玛公司创始人

《企业内部控制基本规范》第四十条指出,企业应当将内部控制相关信息在企业内部

各管理级次、责任单位、业务环节之间,以及企业与外部投资者、债权人、客户、供应商、中介机构和监管部门等有关方面之间进行沟通和反馈。信息沟通过程中发现的问题,应当及时报告并加以解决。重要信息应当及时传递给董事会、监事会和经理层。

由此可知,企业信息沟通不仅包括内部信息沟通,还包括外部信息沟通。内部信息沟通是指企业经营、管理所需的内部信息、外部信息在企业内部的传递与共享;外部信息沟通是指企业与利益相关者之间信息的沟通。

一、内部沟通

企业内部控制相关信息应在企业内部各管理级次、责任单位、业务环节之间进行沟通和反馈,对于信息沟通过程中发现的问题及时报告并加以解决。根据《企业内部控制应用指引第 17 号——内部信息传递》,内部信息传递是指企业内部各管理层级之间通过内部报告形式传递生产经营管理信息的过程。这个过程分解开来可分为内部报告的设计、使用及注意事项。

(一)内部报告的设计

1. 设计依据

内部报告的设计应根据发展战略、风险控制和业绩考核要求,科学规范不同级次内部报告的指标体系,采用经营快报等多种形式,全面反映与企业生产经营管理相关的各种内外部信息,如图 6-3 所示。内部报告指标体系的设计应当与全面预算管理相结合,并

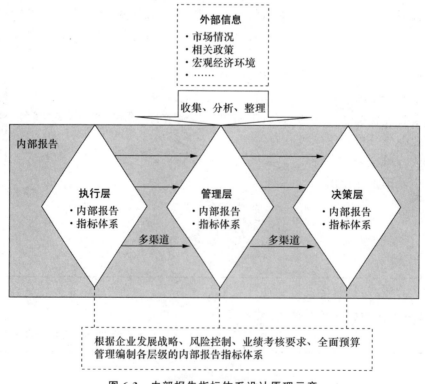

图 6-3 内部报告指标体系设计原理示意

随着环境与业务的变化不断进行修订和完善。设计内部报告指标体系时,应当关注企业成本费用预算的执行情况。

2. 外部信息收集

企业应当关注市场环境、政策变化等外部信息对企业生产经营管理的影响,广泛收集、分析、整理外部信息,并通过内部报告传递到企业内部相关管理层级,以便采取应对策略。

3. 报告渠道

企业应当拓宽内部报告渠道,通过落实奖励措施等多种有效方式,广泛收集合理化建议。企业应当制定严密的内部报告流程,充分利用信息技术,强化内部报告信息集成和共享,将内部报告纳入企业统一的信息平台,构建科学的内部报告网络体系。

4. 质量要求

企业内部各管理层级均应当指定专人负责内部报告工作,重要信息应及时上报,并可以直接向高级管理人员报告。企业应当建立内部报告审核制度,确保内部报告信息质量。内部报告应当简洁明了、通俗易懂、传递及时,便于企业各管理层级和全体员工掌握相关信息,正确履行职责。

(二) 内部报告的使用

在内部报告的使用方面,企业应该做到以下几点:

(1) 充分利用。企业各级管理人员应当充分利用内部报告管理和指导企业的生产经营活动,及时反映全面预算执行情况,协调企业内部相关部门和各单位的运营进度,严格绩效考核和责任追究,确保企业实现发展目标。

(2) 定期评估。企业应当建立内部报告的评估制度,定期对内部报告的形成和使用进行全面评估,重点关注内部报告的及时性、安全性和有效性。企业应当有效利用内部报告进行风险评估,准确识别和系统分析企业生产经营活动中的内外部风险,确定风险应对策略,实现对风险的有效控制。企业对于内部报告反映出的问题应当及时解决,涉及突出问题和重大风险的,应当启动应急预案。

(3) 注意保密。企业应当制定严格的内部报告保密制度,明确保密内容、保密措施、保密程度和传递范围,防止泄露商业秘密。

延伸阅读　客户数据丢失的惨痛教训

(三) 注意事项

企业内部信息传递至少应当关注下列风险:

(1) 内部报告系统缺失、功能不健全、内容不完整,可能影响生产经营的有序运行。

(2) 内部信息传递不通畅、不及时,可能导致决策失误、相关政策措施难以落实。

延伸阅读　德国最愚蠢的银行

(3) 内部信息传递中泄露商业秘密,可能削弱企业核心竞争力。

案例 6-4　　邯钢的信息与沟通体系

邯郸钢铁股份有限公司 2008 年年度报告披露了董事会对公司内部控制的自我评估报告。在自我评估报告中，对公司信息与沟通阐述如下：

公司制定了《敏感信息排查报告制度》和《信息披露管理办法》，对定期报告的编制、审议、披露和重大事件的报告、传递、审核、披露严格按照规定落实。股东知情权和信息披露建议权可以得到保障，信息披露工作保密机制完善，没有发生泄露事件或内幕交易行为。

公司建立了有效的沟通渠道，各单位内部科室、车间之间及岗位之间建立必要的横向、纵向的沟通渠道，保证信息传递和反馈的及时与畅通。通过会议（如职代会、生产经营分析会、调度会、技术质量例会等）、内部网络、文件、内部报刊、电视、有线广播、宣传栏、黑板报、通报、简报和记录传递等灵活多样的方式进行内部沟通。

公司由生产制造部负责生产调度指挥，协调产、供、运、销各环节，确保生产协调与平衡；销售部进行市场调研和市场信息的反馈，并对顾客满意度调查、分析及信息反馈；证券部负责与投资者、中介机构、监管层进行沟通交流，发现问题及时报告并加以解决。

资料来源：《邯郸钢铁股份有限公司 2008 年年度报告——董事会对公司内部控制的自我评估报告》。

二、外部沟通方式

企业应当将内部控制相关信息在企业与外部投资者、债权人、客户、供应商、中介机构和监管部门等有关方面之间进行沟通和反馈。信息沟通过程中发现的问题，应当及时报告并加以解决。

若要实现良好的内部控制，不但要有适当的内部沟通，外部沟通也是必不可少的。企业有责任建立良好的外部沟通渠道，对外部有关方面的建议、投诉和收到的其他信息进行记录，并及时予以处理、反馈。有效的外部沟通既可以扩大企业的影响力，又可以使企业获得很多有效的内部控制的重要信息。外部沟通应当重点关注以下方面：

(1) 与投资者和债权人的沟通

投资者和债权人是企业资本的提供者，也是企业风险的主要承担者。因此，企业有必要向他们及时报告企业的战略规划、经营方针、投融资计划、年度预算、经营成果、财务状况、利润分配方案以及重大担保、合并分立、资产重组等方面的信息。企业应当根据《中华人民共和国公司法》《中华人民共和国证券法》等法律法规以及企业章程的规定，通过股东大会、投资者会议、定期报告等方式，向投资者和债权人提供企业信息，听取他们的意见和要求，妥善处理企业与投资者和债权人之间的关系。

由证监会颁布的《上市公司与投资者关系工作指引》中规定：上市公司与投资者关系工作的基本原则包括充分披露、合规披露、投资者机会均等、诚实守信、高效低耗、互动沟通，以此来促使公司管理层高度重视与投资者之间的沟通。企业应当多渠道、多层次地与投资者和债权人进行沟通，增加他们以及潜在投资者对企业的了解和信心。

案例 6-5　招商银行与投资者沟通之道

作为中国第一家 A+H 股上市的股份制商业银行,招商银行面对来自不同市场的监管要求和投资者的诉求,其面临的巨大挑战可想而知。尽管招商银行组建了专职的投资者关系管理团队,但一些日常投资者关系管理工作,如接待来访投资者、接听投资者电话、处理网上留言、外出参加投资者推介会、路演和参加投资者活动日活动的任务仍十分繁重,让这个团队感到了不小的压力。

原则上,招商银行每年举办四次业绩推介会:(1)针对全年业绩举办分析师推介会及媒体发布会,进行全球路演;(2)全球路演后结合一季报举办 A 及/或 H 股投资者、分析师电话或现场推介会;(3)针对中期报告举办 A 及/或 H 股投资者、分析师电话或现场推介会;(4)针对三季报举办 A 及/或 H 股投资者、分析师电话或现场推介会。与投资者和分析师保持密切的交流,既能及时破除信息不对称,还可消除外部对招商银行业绩和经营战略的猜测。

与此同时,招商银行还会与专业的财经公关公司合作,共同准备或安排推介会,具体包括审核修订会议组织手册、向酒店询价、预订酒店房间和会场、提出费用预算、安排会议场地、向投资者或媒体发出邀请、落实参会投资者或媒体名单、修订业绩发布新闻通稿、安排推介会及路演彩排活动等。借助外部财经公关的专业性和资源优势,招商银行的相关工作人员能够更加关注投资者的体验和感受。在业绩推介会和路演结束后,相关人员还须完成一系列材料报备、结算的工作,以便为日后的投资者关系管理工作提供丰富的素材。

由此可见,招商银行对投资者关系的重视显而易见。也正是因为如此,招商银行才会在各个方面以积极的态度与投资者沟通,创造更好的投资者体验。如果说与投资者的沟通及关系管理是金融营销,那么招商银行便用创新提升了服务,用未雨绸缪的筹划降低了风险。

资料来源:"招商银行:不断提高投资者关系管理效率",《会计师世界》,2016 年第 1 期。

(2) 与客户的沟通

客户是企业产品和服务的接受者或消费者,企业经营目标的实现依赖于客户的配合。企业可以通过客户座谈会、走访客户等多种形式,定期听取客户对消费偏好、销售政策、产品质量、售后服务、货款结算等方面的意见和建议,收集客户需求和客户意见,妥善解决可能存在的控制不当问题。

(3) 与供应商的沟通

供应商处于供应链的上游,对企业的经营活动有很强的影响力。企业可以通过供需见面会、订货会、业务洽谈会等多种形式与供应商就供货渠道、产品质量、技术性能、交易价格、信用政策、结算方式等问题进行沟通,及时发现可能存在的控制不当问题。

(4) 与中介机构的沟通

这里的中介机构主要包括外部审计师和律师。外部审计师对企业的财务报告进行审计,通过一系列完善的审计程序通常能够发现企业日常经营以及财务报告中存在的问题。企业应当定期与外部审计师进行会晤,听取其有关财务报表审计、内部控制等方面的建议,以保证内部控制的有效运行以及双方工作的协调。企业在组织经济活动时,不可避免地要与其他企业发生经济纠纷,因此需要聘请律师帮助处理纠纷,以保障企业的利益。同时,随着我国经济法规的日益健全与完善,企业需要熟悉经济法规的专业人员参与经济项目的制定与实施过程。企业可以根据法定要求和实际需要,聘请律师参与有关重大业务、项目和法律纠纷的处理,并保持与律师的有效沟通。

(5) 与监管机构的沟通

监管机构对企业的经营方针和战略有重要的影响,企业应当及时向监管机构了解监管政策和监管要求及其变化,并相应完善自身的管理制度。同时,认真了解自身存在的问题,积极反映诉求和建议,努力加强与监管机构的协调。

沟通是双向的,信息传递者在传递信息后任务并没有结束,还应积极从信息接收者那里获取反馈信息,以促进信息获取质量的改进和信息传递程序的优化。通过沟通,企业员工能够明确他人的信息需求,同时对自己的职责会有更清晰的认识,从而有助于工作的顺利完成和效率的提高。

此外,根据《企业内部控制基本规范》第四十条,重要信息应及时传递给董事会、监事会和经理层。此处重要信息是在内外部信息收集、筛选、加工等活动的基础上确认的。企业应根据信息整合归类的结果,对"最重要的信息"建立特殊的传递机制,减少传递层级,确保此类信息在第一时间传递至相关管理层。如企业有时会遇到将对企业经营管理活动产生重大影响的突发事件,包括原材料涨价或供应商不能及时供货导致生产经营不能持续等事件。履行相关信息收集、处理的人员及部门在确定了信息的重要程度后应迅速、直接地向上级报告,使得董事会、监事会和经理层等企业高层能根据这些信息及时做出反应,以最大限度地降低企业损失,保护企业利益。

延伸阅读　沃尔玛的成功与沟通

延伸阅读　TCL 笔记本电脑战略失败源于沟通存在问题

案例 6-6　　中国五矿的战略质询会制度

任何战略方案,如果没有督促和考核,就很难实施和完成。五矿在其战略方案实施阶段采取了两种办法:一种是季度考核督促,另一种是年度考核督促。前者是战略质询会,主要在板块和职能部门层面;后者为平衡计分卡,最终细化到职工层面。所谓战略质询会,是每季度举行一次的跟踪、检查、研讨五矿集团战略实施工作的重要会议,由集团公司总裁办公会成员和战略委员会全体委员参加。战略质询会最初针对的是各个板块。其程序一般是:首先由经营单位领导人对上一个季度的情况(包括经营完成的情况、战略推进的情况、存在的问题、下一步的工作措施、有哪些需要集团公司支持的方面)进行汇报;汇报完以后,由企划、财务、人事和投资等部门进行质询,对经营单位提出的问题和要求予以回答;最后由集团公司领导对他们进行质询,总裁进行总结。质询会结束以后,要写出战略质询会的纪要,进一步推动落实。

五矿在变革过程中不断改进和完善战略质询会的流程,用公司领导的话说是要"保证战略质询会启动早、准备足、组织顺、质量高"。从2003年开始,继对业务板块进行战略质询后,五矿集团开始对各职能部门进行战略质询。对此,五矿的高层评价道:"通过对15个职能部门的质询,大大提高了职能部门的战略执行能力和为业务板块服务的工作效率,确保了战略管理的一致性和认同度。"

比如2008年4月29日上午,集团公司就召开了2008年一季度战略质询会。集团公司总裁周中枢出席会议并做重要讲话,在京的集团公司领导、总裁助理、战略委员会委员、各职能部门和经营单位负责人参加了会议。

会议通报了2008年一季度集团公司实现营业收入405.9亿元,同比增长54%;利润总额同比增长72%,完成年度计划的34%;集团公司营业收入的增长水平在收入规模超过200亿元的中央企业中排名第三。

周总裁在会上结合集团公司全年工作,就贯彻李荣融主任在国资委视频会议上的讲话精神提出了五点要求:一是清醒认识当前面临的国际与国内经济环境;二是坚定对集团稳定快速发展的信心;三是坚持做好应对风险和危机的准备;四是坚持推进精细化管理,抓好降本增效;五是高标准抓好安全生产和节能减排工作。

资料来源:周长辉,"中国企业战略变革过程研究:五矿经验及一般启示",《管理世界》,2005年第12期。

三、反舞弊机制

> 起初你讨厌它(指监狱),然后你逐渐习惯它,足够长的时间后你开始依赖它。这就是体制化。
> ——《肖申克的救赎》

《企业内部控制基本规范》第四十二条指出,企业应当建立反舞弊机制,坚持惩防并举、重在预防的原则,明确反舞弊工作的重点领域、关键环节和有关机构在反舞弊工作中的职责权限,规范舞弊案件的举报、调查、处理、报告和补救程序。

(一)反舞弊工作重点

根据《企业内部控制基本规范》,企业至少应当将下列情形作为反舞弊工作的重点:

(1)未经授权或者采取其他不法方式侵占、挪用企业资产,牟取不当利益。

(2)在财务会计报告和信息披露等方面存在的虚假记载、误导性陈述或者重大遗漏等。

(3)董事、监事、经理及其他高级管理人员滥用职权。

(4) 相关机构或人员串通舞弊。

（二）反舞弊具体措施

企业可以建立专门的反舞弊机构，对反舞弊事务进行归口管理。此外，应在以下几个方面建立防范舞弊的体系：

延伸阅读　互联网企业也需要"中纪委"：BAT内部反腐加速

1. 营造良好的企业文化

企业文化对员工思想和行为都会产生一定的影响。企业舞弊行为的产生，在很大程度上取决于企业文化建设的好坏。企业文化约束防线是防止企业经营舞弊和财务舞弊的重要一环。企业应创造一种积极向上的企业文化，通过企业文化氛围的营造，使企业员工自发形成为企业发展献身的精神，对不正当的舞弊行为通过这种软约束进行规制。通过培育企业员工的认同感和归属感，建立起员工与企业之间互相信任的关系。通过企业文化引导，依靠员工的自我管理、自我控制，来实现战略目标。此外，企业管理层的理念对企业道德文化的营造有着至关重要的作用，企业管理层的行为起到榜样和示范的作用，他们应自觉遵守企业确立的道德规范，借以影响和培育员工的诚信意识，减少舞弊行为的发生。

此外，有效的规章制度是防止企业舞弊的重要条件。只有建立成文的、完善的企业管理规章，才能为员工树立明确的行为守则，从整体上透彻理解整个企业的目标和活动，从而引导员工行为趋向企业利益最大化。

2. 缓解员工压力

压力是产生舞弊的根源。现代社会竞争激烈，员工经常承受着巨大的工作压力、经济压力等。压力的存在，在一定条件下就有可能诱发舞弊行为。因此，缓解员工压力是防范舞弊的一个重要方面。企业可以开通心理咨询热线，使员工在重压之下有可以倾诉的地方；也可以举办心理讲座，给面临个人问题的员工提供免费咨询或其他服务，了解并帮助员工掌握缓解压力的办法。同时，这种做法还可以让企业管理层了解员工的内心想法，可以在一定程度上改善企业治理策略。

案例 6-7　　奥的斯电梯的反舞弊策略

奥的斯电梯公司（简称奥的斯电梯）由世界电梯工业的发明者伊莱沙·格雷夫斯·奥的斯先生于1853年在美国创立。160多年来，奥的斯电梯始终保持着电梯业界的领先地位，是全球最大的电梯、扶梯产品的供应商和服务商，其产品占全球市场份额的27%。全世界20座著名地标性建筑中，有12座使用了奥的斯电梯。

在奥的斯电梯，任何有违商业道德的行为均被定义为舞弊的范畴（哪怕这些行为为企业带来了经济利益或者对企业没有损害），并采取以下应对舞弊行为的措施：

（1）凝练、推广并践行企业的核心价值观。奥的斯电梯凝练自己160多年的成长历史，提出了"三大绝对准则"作为自己的核心价值观，即绝对的商业道德、绝对的内部控制、绝对的安全。奥的斯电梯认为，如果能够推动其核心价值观深入人心，员工从心理上就会不认同舞弊行为，也就从主观上消除了进行舞弊的借口。奥的斯电梯采取了诸如在入职培训、日常例会中宣讲，借助台历和海报等媒介渗透，纳入年终考核等措施来推行其"三大绝对准则"的核心价值观，使员工对"三大绝对准则"的认知率达到了100%。每一位员工都清楚地知道，"三大绝对准则"就是奥的斯电梯的红线，任何人都不能触碰。

(2) 加强内部控制建设，减少员工舞弊的机会。奥的斯电梯按照美国《萨班斯法案》的要求，不单在世界总部建立了专门的内部控制团队，而且要求各孙、子公司也必须建立自己的内部控制团队。内部控制团队在行政上向当地的CFO汇报，业务上向集团的内审部汇报。各公司的内部控制团队按照《萨班斯法案》的要求，对公司的营运控制、财务控制、合规控制进行全面的测试，并根据业务发生的频率每天、每月、每季度或每年抽取样本进行测试。对于发现的内控问题要求各部门定期整改，并录入系统进行跟踪。集团总部内控团队会定期跟踪系统内各孙、子公司的内部控制问题的整改情况。每个问题的整改都要以修改或出台新的流程或政策作为整改依据，并且有书面的整改效果，经总部内控专家认可后才能将该内控问题关闭。

(3) 释放员工的工作和生活压力，减少其舞弊动机。奥的斯电梯实行的制度，主要有：① 员工兴趣小组制度。奥的斯电梯认为，如果员工能够有条件地保持个人的兴趣爱好，那么心情就会舒畅，并能激发出创造力，减轻工作和生活的压力。奥的斯电梯鼓励员工成立各种兴趣小组，比如羽毛球、瑜伽、旅游、舞蹈、演讲等。② 强制年休假制度。奥的斯电梯认为，充分的休息可以缓解员工的压力。因此，奥的斯电梯要求所有员工必须在本年度内休完自己的法定年假，主管必须保证员工的休假计划。③ 不加班机制。奥的斯电梯不认为加班会提高劳动生产率，相反，加班是由于员工的工作安排不合理或者业务流程需要改进。每天下班后，主管如果发现有员工仍然在加班，就会主动过去与员工探讨业务流程和工作方法，研究如何提高工作效率。员工不加班，就可以有更多的时间陪伴家人，从而减少压力，提高效率。

资料来源：中华财会网，http://www.e521.com/cksw/alfx/409187.shtml。

3. 评估舞弊风险

定期进行舞弊风险评估是企业预防舞弊的一个重要手段。企业可以通过风险评估，研究防范舞弊行为发生的制度及措施。风险评估的过程是企业确认并分析与其目标实现相关的风险的过程。企业设立风险评估的机制，可以识别、分析和管理与企业各项目标相关的风险，以便了解企业自身所面临的风险并加以适当的处理。

在实际工作中，管理层舞弊是很难被发现的，而影响管理层舞弊的一个主要因素就是管理层所承受的压力，特别是企业的财务状况或收益的稳定性可能会受到来自外界因素（如经济、政策、行业等因素）或企业自身经营情况的影响，比如：市场处于高度竞争状态或者已经趋于饱和，从而边际利润率急速下降；顾客的需求发生了急剧变化，产品结构的调整跟不上，产品销售受到严重影响；经营不善导致破产、抵押物变现或恶意收购的威胁；经营净现金流量持续为负；等等。如果企业能够建立一个完善的风险评估系统，就可以及时发现、减小甚至化解风险，就会减少管理层压力，从而在一定程度上降低管理层舞弊的可能性。

4. 完善企业治理结构

建立完善的企业治理结构,不仅可以改善企业管理,提高经营业绩,还可以遏制管理舞弊。目前我国上市企业的治理结构存在不健全、不完善的现象,比如:企业的董事长同时兼任总经理,"内部人控制"现象严重;监事会形同虚设;股东大会、董事会、经理层之间起不到制衡作用;等等。因此,要防范上市企业的管理舞弊行为,必须从源头抓起,从企业内部治理结构抓起。监管机构已经出台《上市企业章程指引》《上市企业治理准则》等管理规定,强制推行独立董事等制度规范企业治理结构,虽然取得了一定的成效,但依然存在独立董事不独立、形同虚设现象严重等问题。完善企业治理结构,可以从以下几个方面着手:首先,改善企业股权结构,这是健全企业治理结构的基础;其次,完善独立董事制度,将独立董事的作用发挥到实处;最后,要发挥监事会应有的作用。

延伸阅读　从科龙事件看上市公司的内部治理

案例 6-8　安然事件

安然公司,能源交易商,2000年总收入达1 010亿美元,名列《财富》杂志"美国500强"第七名;掌控着美国20%的电能和天然气交易,是华尔街竞相追捧的宠儿。2001年12月2日,安然正式向法院申请破产保护,破产清单中所列资产高达498亿美元,成为当时美国历史上最大的破产企业。

首先遭到质疑的是安然公司的管理层,包括董事会、监事会和公司高级管理人员。他们面临的指控包括疏于职守、虚报账目、误导投资人以及牟取私利等。

然后,一直隐藏在安然背后的合伙公司开始浮出水面。经过调查,这些合伙公司大多被安然高层官员控制,安然对外的巨额贷款经常被列入这些公司,而不出现在安然的资产负债表上。这样,安然高达130亿美元的巨额债务就不会为投资人所知,而安然的一些官员也可以从这些合伙公司中牟取私利。

更让投资者气愤的是,显然安然的高层对于公司运营中出现的问题非常了解,但长期以来熟视无睹甚至有意隐瞒。包括首席执行官斯基林在内的许多董事会成员一方面鼓吹股价还将继续上升,另一方面却在秘密抛售公司股票。而公司的14名监事会成员中有7名与安然关系特殊,要么正在与安然进行交易,要么供职于安然支持的非营利性机构,对安然的种种劣迹睁一只眼闭一只眼。

资料来源:节选自百度文库对安然事件的描述,http://baike.baidu.com/view/159250.htm,2013年5月2日。

5. 建立适当的舞弊监督程序

防范舞弊行为的一个重要方面就是要建立严格的监督机制,通过严格的检查监督制度及时发现舞弊行为,将损失降到最低程度。对舞弊监督检查的一个主要措施就是进行内部审计。首先,在企业内部控制制度设计与修订时,内部审计就应全程参与,使企业的内部控制在建立之时就尽可能地考虑各种工作程序对舞弊行为的防范。其次,内部审计置身于企业内部,对其实际的经营情况、财务状况都有更为详尽的了解和把握,容易觉察到企业危险的信号,对财务中异常的数据更加敏感,反应更加快捷,能及时发现并尽早控制各种舞弊行为。最后,内部审计的存在,会对舞弊主体产生一定程度的威慑作用。

6. 建立信息交流机制

有效的信息交流机制可以对防范以及及时发现舞弊行为起到很好的作用。这种交流包括内部交流和内外交流两个方面。内部交流是指公司内部的信息交流沟通。如果信息交流机制不通畅,就会产生信息不对称的问题,这样舞弊行为产生的机会就会增大。内外交流则是指企业外的人员和企业内部的沟通。供应商、客户这些企业外的人员在某些情况下可以观察到舞弊者违反内部控制、道德表现不佳、个人消费奢靡等情形,如果内外沟通机制顺畅,他们就可以及时将信息反馈到企业内部,从而引起企业内部人员的重视,减少舞弊的发生。如果企业有举报热线或其他报告机制,人们就不会担心因为报告舞弊而被报复,从而就会使信息沟通更加通畅,更能够及时发现舞弊行为。可以看出,如果企业信息交流体系完备而有效,就会大大增强舞弊被揭露的可能性,而舞弊暴露的概率增大,舞弊发生的可能性也会相应地降低。

7. 制定举报投诉制度

企业应当建立举报投诉制度和举报人保护制度,设置举报专线,明确举报投诉处理程序、办理时限和办结要求,确保举报、投诉成为企业有效掌握信息的重要途径,并且举报投诉制度和举报人保护制度应当及时传达至全体员工。举报投诉制度是企业内部建立的、旨在鼓励员工以明示的方式进行举报、投诉,并由专门机构对举报内容进行调查处理的一系列政策、程序和方法。该制度属于内部控制框架中的信息与沟通要素,具有预防、制止、揭露组织活动中的违法违规行为,保证企业各项活动的合法性和合规性的功能。

延伸阅读　卡瑞尔:"内部人举报"与反海外贿赂

8. 加强舞弊结果处理

对发现的舞弊情况如何处理,处理程度是否严格,将极大地影响员工是否做出舞弊行为。舞弊结果处理越严格、越及时,员工进行舞弊的风险就越大,他们采取舞弊的可能性就越小。如果企业对舞弊行为处理不及时、惩罚不严格,那么员工就会存在侥幸心理,就会认为舞弊的风险小于舞弊所带来的收益,进而导致更多的舞弊行为。而严格的舞弊结果处理机制则可以很好地对舞弊行为起到威慑作用。因此,企业应对舞弊行为建立起完备的处理机制,并对员工进行宣传教育,使之充分了解到舞弊行为所带来的严重后果,同时企业对于发现的舞弊行为要按照规定严格处理。

第三节　信息技术与信息系统

一、信息技术与信息系统的内涵及关系

信息技术(Information Technology,IT)已经成为经济发展和社会进步的主导力量,特别是互联网、电子商务的迅猛发展和广泛应用,使得人类步入了一个信息化的时代。

《企业内部控制基本规范》和《企业内部控制应用指引》中多次提到信息技术的利用。《企业内部控制基本规范》第四十一条指出,企业应当利用信息技术促进信息的集成与共享,充分发挥信息技术在信息与沟通中的作用。《企业内部控制应用指引第 14 号——财务报告》第十二条指出,企业编制财务报告,应当充分利用信息技术,提高工作效率和工作质量,减少或避免编制差错和人为调整因素。《企业内部控制应用指引第 17 号——内部信息传递》第六条指出,企业应当制定严密的内部报告流程,充分利用信息技术,强化内部报告信息集成和共享,将内部报告纳入企业统一信息平台,构建科学的内部报告网络体系。

什么是信息技术?信息技术是指管理和处理信息时所采用的各种技术的总称,它主要是应用计算机科学与通信技术来设计、开发、安装和实施信息系统及应用软件,也常被称为信息和通信技术(Information and Communications Technology, ICT),主要包括传感技术、计算机技术和通信技术等。

那么,信息系统又是什么?信息技术与信息系统之间的关系是什么?信息技术是信息系统的重要组成部分,是实现信息系统的重要工具,它是信息系统与企业业务实务之间信息转化的桥梁。如果把企业比作一辆运行中的汽车,那么信息系统就犹如汽车的表盘,通过信息技术实现实时监控企业的运转情况并准确地把相关信息反映出来。《企业内部控制应用指引第 18 号——信息系统》指出,信息系统(Information System, IS)是指企业利用计算机和通信技术,对内部控制进行集成、转化和提升所形成的信息化管理平台。信息技术和信息系统帮助我们更好地对企业进行内部控制,增加了新的控制手段,减少了人为因素,提高了信息收集处理的效率和效果,降低了人工处理的成本,提升了企业战略管理上下游的信息链,但同时也产生了一些新的问题。

案例 6-9　江苏电力:将财务信息化进行到底

"江苏省电力公司(简称江苏电力)的信息化历程和实践,是以会计信息化为基础、财务信息化为核心,实现公司全面管理的信息化。"江苏电力总经理费圣英在接受《中国会计报》记者采访时,用一句精炼的话道出了该企业财务信息化的实践论和方法论。

江苏电力作为一家拥有上千亿元资产的省级电网公司,在全面推进财务信息化以及财务信息化与企业信息化的全面融合方面已远远地走在了前面。

1. 从会计信息化到财务信息化

"要实现财务对企业管理的统筹作用,就必须有一套高效的财务管理系统。"费圣英一直认为,财务管理在整个企业管理中处于核心地位,要以信息系统建设为手段强化财务控制,提高经营管理水平。由江苏电力自主研发的财务管理信息化系统(FMIS)就在这样的背景下诞生了。

1995 年,公司开始自主研发可在全系统运行的财务软件。从 2009 年 1 月 1 日起,江苏电力下辖的市县公司全部取消会计账户,实现了全省所有单位"一本账"的核算模式,全省近 100 家财务单位用统一的标准在一个数据库账套内确认得出结果唯一的会计数据,从而使会计核算效率和会计信息质量大幅提升。

2. 基于 FMIS 的财务内部控制

江苏电力有着严格的预算管理,对资金的管理要求非常细化。根据规定,其下辖的市县级公司,20 万元以上的资金需求需要提前一个月上报,20 万元以内的需要一周以内上报。江苏电力的 13 个市(地)级供电公司、58 个县(区)供电公司等分公司的资金预算管理全部通过 FMIS 实现。基于 FMIS 平台,公司预算控制、资金管理、财务分析等各方面的财务管理职能都得以在系统中实现。

3. 各系统和谐相融

在江苏电力 17 楼的客服中心,记者看到,一套反映企业全面管理的中枢系统正在有条不紊地运行。该系统包括了公司财务会计、生产、物流、营销、人力资源等 21 个子系统,各部门可以即时、方便地调取各个系统的资料。通过系统集中构建一个公司统一的信息交换集成平台,并分别实现各系统与信息交换集成平台的信息集成。

"我们的目标是:在不久的将来借助信息化的手段让企业的全部信息都实现阳光化、透明化,最终接受整个社会的监督。"费圣英向记者描述着江苏电力信息化未来的发展方向。

资料来源:转引自《中国会计报》2009 年 5 月 8 日同名报道,作者杨雪。

二、信息系统的风险

企业利用信息系统实施内部控制至少应当关注下列风险:

(1) 信息系统缺乏或规划不合理,可能造成信息孤岛或重复建设,导致企业经营管理效率低下。

(2) 系统开发不符合内部控制要求,授权管理不当,可能导致无法利用信息技术实施有效控制。

(3) 系统运行维护和安全措施不到位,可能导致信息泄露或毁损,系统无法正常运行。

延伸阅读 虚拟化整合打破"信息孤岛"——河南铝业构建统一信息平台

案例 6-10　日本瑞穗证券公司因错误操作损失 300 亿日元

新华社东京 12 月 9 日专电:东京证券交易所 9 日早晨宣布,为避免前一交易日因错误操作而被大量抛售的嘉克姆公司股票大幅波动,交易所全天停止该公司股票交易。

8 日东京股票市场上,日本四大金融集团之一的瑞穗金融集团下属瑞穗证券公司因错误操作造成公司损失约 300 亿日元(120 日元约合 1 美元)。

嘉克姆公司是日本一家人才派遣公司,8 日在东京证券交易所创业板上市。该公司股票认购价格为每股 61 万日元,已售出 3 000 股。

瑞穗证券公司操盘手当天将"以 61 万日元的价格出售 1 股股票"操作为"以 1 日元的价格出售 61 万股股票"时,操作屏上市场价格栏中出现了输入有误的警告,但由于这一警告经常出现,操盘手忽视警告继续操作。

随后,东京证券交易所发现错误,电话通知瑞穗证券公司操盘手立即取消交易,但取消交易操作未能成功。

受错误操作影响,嘉克姆公司股票马上从开盘价每股 67.2 万日元暴跌至当日停盘价 57.2 万日元。由于抛售 61 万股的预约已被认可,嘉克姆股票实际上以接近停盘价的价格而非 1 日元被成交。

另外,嘉克姆公司实际发行股票数量只有 1.45 万股,瑞穗证券公司预约售出的股票数量是其发行量的 42 倍,属于卖空行为。瑞穗证券公司必须大量买入嘉克姆公司股票,以使交易成立。因此,嘉克姆股票又马上急涨至每股 77.2 万日元结束当天交易。

瑞穗证券公司总裁福田真 8 日表示,公司已经损失 270 亿日元,预计最终经济损失将超过 300 亿日元。这一因操作错误带来的损失规模是史无前例的。

由于市场人士担心瑞穗证券公司为弥补错误操作带来的损失将会大量抛售其所持股票,东京股市 8 日全线下跌,日经平均股指较上一交易日下跌 301.3 点,以 15 183.36 点报收。

日本首相小泉纯一郎 9 日对瑞穗证券公司操作过失一事发表讲话时说,希望采取万全之策防止此类事件重演。同一天,日本经济财政金融大臣与谢野馨在记者会上表示,必须彻底查明没能防止这种人为错误出现的原因,必须最大限度地维持证券市场的稳定。日本金融厅表示要考虑对瑞穗证券公司进行处分,同时也要求有关方面查明证券交易系统是否存在问题。

资料来源:根据新华网 2005 年 12 月 9 日相关新闻整理。

三、信息系统的主要控制措施

《企业内部控制基本规范》第四十一条指出,企业应当加强对信息系统开发与维护、访问与变更、数据输入与输出、文件储存与保管、网络安全等方面的控制,保证信息系统安全稳定的运行。企业应当重视信息系统在内部控制中的作用,根据内部控制要求,结合组织架构、业务范围、地域分布、技术能力等因素,制定信息系统建设整体规划,加大投入力度,有序组织信息系统开发、运行与维护,优化管理流程,防范经营风险,全面提升企业现代化管理水平。企业应当指定专门机构对信息系统建设实施归口管理,明确相关单位的职责权限,建立有效的工作机制。企业可委托专业机构从事信息系统的开发、运行和维护工作。

(一) 信息系统的开发

1. 合理规划

在信息系统的开发期,企业应当根据信息系统建设整体规划提出项目建设方案,明确建设目标、人员配备、职责分工、经费保障和进度安排等相关内容,按照规定的权限和程序审批后实施。

企业信息系统归口管理部门应当组织内部各单位提出开发需求和关键控制点,规范开发流程,明确系统设计、编程、安装调试、验收、上线等全过程的管理要求,严格按照建设方案、开发流程和相关要求组织开发工作。

2. 开发方式

企业开发信息系统,可以采取自行开发、外购调试、业务外包等方式。选定外购调试或业务外包方式的,应当采用公开招标等形式择优确定供应商或开发单位。

3. 开发内容

企业开发信息系统,应当将生产经营管理业务流程、关键控制点和处理规则嵌入系统程序,实现手工环境下难以实现的控制功能。在嵌入系统程序的过程中应该注意以下几点:

(1)操作权限分配。企业在系统开发过程中,应当按照不同业务的控制要求,通过信息系统中的权限管理功能控制用户的操作权限,避免将不相容职责的处理权限授予同一用户。

(2)检查和校对。企业应当针对不同数据的输入方式,考虑对进入系统数据的检查和校验功能。对于必需的后台操作,应当加强管理,建立规范的流程制度,对操作情况进行监控或者审计。

(3)操作日志。企业应当在信息系统中设置操作日志功能,确保操作的可审计性。对异常的或者违背内部控制要求的交易和数据,应当设计系统自动报告和跟踪处理机制。

4. 开发与跟踪

企业信息系统归口管理部门应当加强信息系统开发全过程的跟踪管理,组织开发单位与内部各单位的日常沟通和协调,督促开发单位按照建设方案、计划进度和质量要求完成编程工作,对配备的硬件设备和系统软件进行检查验收,组织系统上线运行等。

5. 测试验收

企业应当组织独立于开发单位的专业机构对开发完成的信息系统进行验收测试,确保在功能、性能、控制要求和安全性等方面符合开发需求。

6. 新系统培训

企业应当切实做好信息系统上线的各项准备工作,培训业务操作和系统管理人员,制订科学的上线计划和新旧系统转换方案,考虑应急预案,确保新旧系统顺利切换和平稳衔接。系统上线涉及数据迁移的,还应制订详细的数据迁移计划。

延伸阅读 协调配合,实现双赢

(二)信息系统的运行与维护

在系统的运行与维护阶段,企业应当加强信息系统运行与维护的管理,制定信息系统工作程序、信息管理制度以及各模块子系统的具体操作规范,及时跟踪、发现和解决系统运行中存在的问题,确保信息系统按照规定的程序、制度和操作规范持续稳定运行。

企业应当建立信息系统变更管理流程,信息系统变更应当严格遵照管理流程进行操作。信息系统操作人员不得擅自进行系统软件的删除、修改等操作;不得擅自升级、改变系统软件版本;不得擅自改变软件系统环境配置。

1. 安全保护措施

企业应当根据业务性质、重要性程度、涉密情况等确定信息系统的安全等级,建立不同等级信息的授权使用制度,采用相应的技术手段,保证信息系统运行安全有序。企业应当建立信息系统安全保密和泄密责任追究制度。委托专业机构进行系统运行与维护管理的,应当审查该机构的资质,并与其签订服务合同和保密协议。企业应当采取安装安全软件等措施防范信息系统受到病毒等恶意软件的感染和破坏。

2. 用户管理制度

企业应当建立用户管理制度,加强对重要业务系统的访问权限管理,定期审阅系统账号,避免授权不当或存在非授权账号,禁止不相容职务用户账号的交叉操作。

3. 网络安全

企业应当综合利用防火墙、路由器等网络设备,漏洞扫描、入侵检测等软件技术以及远程访问安全策略等手段,加强网络安全,防范来自网络的攻击和非法侵入。企业对于通过网络传输的涉密或关键数据,应当采取加密措施,确保信息传递的保密性、准确性和完整性。

4. 备份制度

企业应当建立系统数据定期备份制度,明确备份范围、频度、方法、责任人、存放地点、有效性检查等内容。

5. 物理措施

企业应当加强服务器等关键信息设备的管理,建立良好的物理环境,指定专人负责检查,及时处理异常情况。未经授权,任何人不得接触关键信息设备。

延伸阅读　某印染厂之
信息化之路

企业应用信息系统的目的是建立一个信息传递和共享的平台,帮助企业获得或维持相对的竞争优势。信息系统的发展离不开信息技术的进步和人们对信息需求的增加,在信息化社会中,信息的需求无疑会持续增加,所以企业应当提高先进信息技术的应用水平,建设和完善自身的信息系统。

本章小结

《企业内部控制基本规范》第三十八条指出,企业应当建立信息与沟通制度,明确内部控制相关信息的收集、处理和传递程序,确保信息及时沟通,促进内部控制有效运行。

不同的信息有不同的特征,通常可以按照正式程度、来源、主客观因素将信息因素分为不同的类别。根据信息的正式程度可以将组织中的信息分为正式信息与非正式信息。正式信息根据其来源又可以分为内部信息与外部信息。另外,内部信息可能是客观的,也可能是主观的。

《企业内部控制基本规范》第四十一条指出,企业应当利用信息技术促进信息的集成与共享,充分发挥信息技术在信息与沟通中的作用。

企业应当加强对信息系统的开发与维护、访问与变更、数据输入与输出、文件存储与保管、网络安全等方面的控制,保证信息系统安全、稳定运行。

信息沟通按沟通的对象可以分为内部信息沟通和外部信息沟通。内部信息沟通指的是企业经营、管理所需的内部信息、外部信息在企业内部的传递与共享;外部信息沟通是指企业与利益相关者之间的信息沟通。

《企业内部控制基本规范》第四十二条指出,企业应当建立反舞弊机制,坚持惩防并举、重在预防的原则,明确反舞弊工作的重点领域、关键环节和有关机构在反舞弊工作中的职责权限,规范舞弊案件的举报、调查、处理、报告和补救程序。

企业至少应当将下列情形作为反舞弊工作的重点:(1)未经授权或者采取其他不法方式侵占、挪用企业资产,牟取不当利益;(2)在财务会计报告和信息披露等方面存在的虚假记载、误导性陈述或者重大遗漏等;(3)董事、监事、经理及其他高级管理人员滥用职权;(4)相关机构或人员串通舞弊。

《企业内部控制应用指引第14号——财务报告》第十二条指出,企业编制财务报告,应当充分利用信息技术,提高工作效率和工作质量,减少或避免编制差错和人为调整因素。

《企业内部控制应用指引第17号——内部信息传递》第六条指出,企业应当制定严密的内部报告流程,充分利用信息技术,强化内部报告信息集成和共享,将内部报告纳入企业统一信息平台,构建科学的内部报告网络体系。

《企业内部控制应用指引第18号——信息系统》指出,信息系统是指企业利用计算机和通信技术,对内部控制进行集成、转化和提升所形成的信息化管理平台。

思考题

1. 信息的来源有哪些渠道?
2. 如何实现良好的沟通?
3. 舞弊的类型有哪些?如何有效地进行反舞弊?
4. 信息技术与信息系统之间的关系是什么?
5. COBIT的定义及体系结构是什么?
6. 为什么说要将内部控制制度要求嵌入信息系统?
7. 在实施内部控制的过程中如何更好地利用信息技术?

案例分析

大德公司外购调试组建信息系统

大德公司为进一步提高经营管理水平,决定建设信息系统,改造企业流程,重点是提高物流效率。具体需求如下:因大德公司是家电生产企业,企业运作的主要驱动力是订单,需要围绕订单进行采购、设计、制造、销售等一系列工作,因此系统建设的核心问题就是物流。通过信息系统解决物流效率问题,实现一只手抓用户需求,另一只手抓可以满足用户需求的全球供应链的目标。

通过认真研究与对比分析,大德公司采用了外购调试的方式,采购了WG公司提供的 EPR 系统来组建自身的信息系统。该系统建成后包括五大模块：物料管理、制造与计划、销售与订单管理、财务管理、成本管理。系统实施后，打破了原有的"信息孤岛"，使信息同步集成，提高了信息的实时性与准确性，加快了对供应链的响应速度。原来订单由客户下达传递到供应商需要 10 天以上的时间，而且准确率低，该系统实施后，订单一天内完成"客户—工厂计划—仓库—采购—供应商"的全过程，而且准确率极高。对于每笔收货，该系统中的扫描功能可以自动检验采购订单，防止"暗箱"收货。财务模块在收货的同时自动生成入库凭证，把财务人员从繁重的记账工作中解放出来，使其可以集中精力发挥财务管理与财务监督的职能。

根据上述案例，请你结合本章的相关知识点，试回答以下问题：

(1) 企业利用信息系统实施内部控制至少应当关注哪些风险？

(2) 上述公司的信息系统的优缺点有哪些？如何有效推进信息系统的执行？

技能训练题

请搜寻整理最近十年媒体曝光的商业银行因应用信息系统而造成重大损失的案件，并分组分析造成案件的主要原因。

第七章

内部监督

【引言】

本章首先介绍了内部监督的作用和定义,其次介绍了内部监督的机构及其职责,再次说明了内部监督的程序、方式与要求,最后分析了内部控制缺陷的认定,以及内部控制评价的定义、标准、内容和报告。

【学习目标】

完成本章的学习后,您将能够:

1. 理解内部监督的作用和定义;
2. 了解内部监督的机构及其职责;
3. 了解内部监督的程序;
4. 掌握内部监督的方式,了解内部监督的要求;
5. 掌握内部控制缺陷的认定及其类型;
6. 理解内部控制评价的定义和标准,掌握内部控制评价的内容,了解内部控制评价报告的内容。

案例引入
银行内部监管缺失致承兑汇票犯罪频发

据了解,银行承兑汇票不仅具有货币资金的可支付性,具有实际流通功能,更重要的是可以通过贴现方式,套现未到期汇票,除去保证金和贴现利息,剩余部分的资金实际上成为一种变相的短期贷款,更加符合中小民营企业的短期资金需求。

"因此,一些中小企业申办银行承兑汇票的动力不是'用明天的钱支付今天的货款',而是'贴一点利息马上取得现金',将套现融资作为申办银行承兑汇票的唯一目的,直接跳出真实交易行为,以伪造购销合同等方式,骗取银行承兑汇票,并使得非法经营汇票贴现、协助骗取汇票、违规出具汇票等相关辅助性犯罪行为伴随滋生。"鹿城区检察院的检察官对《法制日报》记者分析说,承兑汇票业务之所以乱象丛生,作为汇票办理机构的银行不无责任。

"在办理银行承兑汇票业务时,银行承兑汇票的保证金实际上是以定期存款的形式存在银行,成为银行招揽存款的一个渠道,因此银行为完成存款任务,也鼓励企业使用银行承兑汇票",鹿城区检察院的检察官说。而从已查处的骗取银行承兑汇票案件来看,在实际审查承兑汇票申请中,银行存在审查不细、审查不严等问题,对虚假购销合同没有严格把关,对短期内多次承兑汇票没有限制,对缺乏增值税发票的申请同意进行承兑,甚至还出现个别银行工作人员帮助企业以全额保证金开具银行承兑汇票,贴现套现后,将贴现款再作为下一张银行承兑汇票的保证金,循环开具银行承兑汇票的情况,从而虚增银行存款金额,并助长了一些行业不正之风。

据该检察官介绍,在不符合条件的银行承兑汇票申请增多、虚构贸易背景以骗取银行承兑汇票情况常见的现实形势下,个别银行从业人员不仅没有严格履行审查职责,反而为谋取个人私利,帮助他人违规申办银行承兑汇票,甚至主动为他人出谋划策,使银行对承兑汇票的审查与监管更加无力,承兑汇票风险进一步扩大。

资料来源:改编自《法制日报》2011年4月28日同名报道,作者陈东升、王路坚。

我国《企业内部控制基本规范》第四十四条指出,企业应当根据本规范及其配套办法,制定内部控制监督制度,明确内部审计机构(或经授权的其他监督机构)和其他内部机构在内部监督中的职责权限,规范内部监督的程序、方法和要求。那么什么是内部监督?内部监督方式都有哪些?什么是内部控制评价?如何进行内部控制评价?内部控制缺陷如何认定?内部控制评价报告如何编制?本章将详细解答这些问题。

第一节 内部监督概述

一、内部监督的定义

由于认识的局限性,企业所设计的内部控制制度不可能完美无缺;实际情况发生变化或员工理解上的差异，也可能会使内部控制在实际运行时不能很好地发挥作用。而企业发展所带来的主体结构、发展方向、员工人数及素质、生产技术或流程等方面的变化也会影响企业风险管理的有效性，从而使内部控制不再有效或不被执行。为此，要提高内部控制的有效性，就需要对内部控制运行情况实施必要的监督检查，发现其不足和问题乃至缺陷并及时修正和完善。因此，内部监督是保证内部控制体系有效运行和逐步完善的重要措施。

按照《企业内部控制基本规范》第五条的规定，内部监督是企业对内部控制建立与实施情况进行监督检查，评价内部控制的有效性，发现内部控制缺陷，应当及时加以改进。内部监督作为内部控制的基本要素之一，对内部控制的有效运行，以及内部控制的不断完善起着重要的作用，是内部控制得以有效实施的机制保障。美国COSO委员会的《内部控制——整合框架》和《企业风险管理框架》中均规定监督为其构成要素。我国亦是如此。

二、内部监督与内部控制其他要素的联系

内部监督与内部控制其他要素相互联系、互为补充，具体表现为：

（1）内部监督以内部环境为基础。公司治理结构、董事会等决定着内部监督的地位和独立性，从而决定着内部监督实施的力度和效果；反之，内部监督也会优化内部环境，为实现控制目标提供保障。

（2）内部监督与风险评估、控制活动形成一个局部的闭环控制网络。

（3）内部监督离不开信息与沟通要素的支持。企业应当利用信息与沟通情况，提高监督检查工作的针对性和时效性；同时，通过实施监督检查，不断提高信息与沟通的质量和效率。

（4）内部监督对于内部控制的一个更为重要的作用在于，给我们对内部控制的认知提供了一个螺旋式上升的契机。①

> 完全的独立审计不可能解决所有的问题，他们也需要监管。
> ——张维迎，经济学家

三、内部监督机构的种类

按照监督主体的职责和性质，内部监督机构可以分为专职的内部监督机构和其他机构两类。

一方面，为保证内部监督的客观性，内部监督应由独立于控制执行的机构进行内部监督，如审计委员会、监事会、内部审计机构、内部控制机构等，并根据需要开展日常监督和专项监督。另一方面，企业内部任何一个机构甚至个人，在内部控制建立与实施过程

---

① 阳杰、应里孟，"论企业内部控制监督的本原性质"，《财会月刊》，2011年10月。

中都需承担相应的监督职责。比如,财会部门对采购部门的付款行为、销售部门的赊销行为等负有监督责任。

(一)审计委员会

随着安然等舞弊丑闻的发生,《SOX法案》出台。该法案强调了公司内部控制的重要性,对公司治理、会计师行业监管、证券市场监管、企业风险管理等方面提出了许多新的严格要求,并设定了问责机制和相应的激励惩罚措施。要求所有的上市公司都必须设立审计委员会并将其作为法定审计监督机构,其成员必须全部是独立董事,并至少有一名财务专家负责监管财务报告的编撰过程。

《SOX法案》301条款规定,审计委员会的主要职责是:(1)对公司每一年度和季度的财务报表进行讨论并提出质疑。(2)对公司的风险评估和管理政策予以评价。(3)评估公司对外发布的所有盈利信息和分析性预测信息的质量。(4)负责公司内部审计机构的建立及运行。(5)负责聘请会计师事务所,支付会计师事务所报酬并监督其工作;受聘的会计师事务所应直接向审计委员会报告。(6)接受并处理本公司会计、内部控制或审计方面的投诉,包括发行证券公司收到的有关会计、内部会计控制或审计事项的投诉和发行证券公司的雇员对有疑问的会计与审计事项的秘密或匿名举报。(7)有权雇用独立的法律顾问、其他咨询顾问和外部审计师。可见,该法案规定下的审计委员会能够代表董事会审核财务报表,以此提高财务报告的质量,使非执行董事能够贡献独立的判断,并在企业经营控制中扮演积极的角色;通过提供沟通的渠道和讨论问题的平台提升外部审计人员的地位;通过向内部审计人员提供独立于管理人员的较大的独立性,强化了内部审计职能的地位,增强了公众对财务报表可靠性和客观性的信心。

我国公司审计委员会制度也是在独立董事制度的基础上发展起来的。从20世纪90年代到21世纪初我国上市公司的舞弊事件暴露出单纯依靠注册会计师审计难以治理公司舞弊的问题,于是我国根据世界各国审计委员会的实践,尝试引入审计委员会制度。

2002年1月7日,我国证监会与经贸委联合发布《上市公司治理准则》,规定上市公司董事会可以按照股东大会的有关决议,设立战略、审计、提名、薪酬与考核等专门委员会。2003年3月,审计署颁布《关于内部审计工作规定》,建议"设立内部审计机构的单位可以根据需要设立审计委员会"。2004年3月,证监会颁布《期货经纪公司治理准则》,明确提出建立独立董事制度的要求;与以往指导意见截然不同的是,该准则强制要求设立审计委员会,而不是建议设立审计委员会。2004年8月,国资委公布的《中央企业内部审计管理暂行办法》中规定,"国有控股公司和国有独资公司,应当依据完善公司治理结构和完备内部控制机制的要求在董事会下设立独立的审计委员会",并规定了审计委员会的专业要求和审计委员会应该履行的职责。2007年3月9日,证监会发布了《关于开展加强上市公司治理专项活动有关事项的通知》。该通知要求上市公司本着实事求是的原则,严格对照《公司法》《证券法》等有关法律、行政法规,以及《公司章程》《董事会议事规则》等内部规章制度,对一些问题进行自查,其中就包括上市公司董事会是否设立了审计委员会。从此审计委员会成为上市公司必须设立的一个专门委员会。

目前,我国审计委员会职责没有相对具体的操作细则,审计委员会与内部审计、外部审计及公司管理层等各相关主体的关系界定也不是很明确,并与监事会职能产生重叠现象,缺乏实际的可操作性,最重要的是,没有相对应权限的匹配规定。

审计委员会在公司治理过程中很大程度上起着在公司管理人员、董事会、内部审计人员和外部审计师之间架设桥梁的作用,对各个部分的责任履行情况享有一定的监督权,在很大程度上保证了其他各个部门责任的及时到位。审计委员会对上市公司内部控制的效率和效果与财务报告的可靠性进行监督,是公司治理结构的一种过程监督。因此,完善的审计委员会无疑对规范资本市场和公司治理运作发挥着无比重要的作用。

(二)监事会

公司监事会的职能实质上是行使监督权。概括来说,其职能主要有两类:公司财务监督和违法行为监督。为了使监事会充分有效地发挥作用,监管部门和企业应做到以下几点:

(1)加强监事会成员的培训。监事会的成员一般通过自身素质的提高,掌握监督中需要的经营管理经验、法律、财务等基本知识。

(2)建立并完善企业内部的信息制度。有效的信息制度的建立,可以使监事会得到足够的信息,以便充分行使其监督的权利,进而减少监事会和经营管理者的信息不对称。

(3)加强监事会的独立性。监事会行使监督权时,要尽量与董事会、股东大会保持独立。这样监事会就可以通过行使纠正权、代表诉讼权,实现对董事、经理违法行为的监督。对其违法行为要严肃查处,实行责任追究制度。[①]

案例 7-1　　　　向辛西娅·库柏致敬

曾是美国第二大电话服务和数据传输公司的世通公司因财务造假、欺诈投资者而倒闭 7 个年头后,名声依然"显赫",不仅被世界各名牌大学商学院纷纷作为经典教学案例,而且在中国各类企业管理培训班上,也同样被频频提起。

那么,这起美国有史以来最大的财务造假诈骗案是如何暴露的呢?

2002 年 2 月,世通公司审计委员会与安达信讨论 2001 年会计报表时,双方并不存在任何分歧,公司所采用的会计政策也得到安达信的认可。出乎意料的是,此案是由不起眼的公司内部审计人员发现的。

世通公司内部审计部副总经理辛西娅·库柏在履行审计公务时发现,2002 年第一季度及 2001 年资本账户有几笔可疑费用转入,这些转入的成本在公司以前的财务报表中是作为当期费用列支的。经核实,公司共少计费用 39 亿美元,辛西娅·库柏直接向董事会审计委员会主席进行了报告,案件由此牵出。

内部审计人员以公正无私的职业操守,揭开了震惊全球的欺诈案件的盖子。

2002 年 6 月,美国证券交易管理委员会正式起诉世通公司欺诈投资者,随后世通公司申请破产保护。2005 年 7 月 13 日案件尘埃落定,世通公司前 CEO 伯尼·艾伯斯以诈骗罪被判处 25 年徒刑,前 CFO 斯科特·沙利文以同罪被判处 5 年徒刑;而公司 10 名外部董事(包括独立董事)与原告股东达成协议,赔偿原告 1800 万美元,占其除住房和养老

[①] 洪庆东,"内部控制中的内部监督措施",《财经界》,2010 年第 12 期。

金以外资产的20%。

通过世通公司案件，我们对内部审计在公司治理中的作用有了更深刻的认识：内部审计是公司内部治理的重要机制和手段，高效的内部审计在实现公司治理目标方面发挥着不可取代的重要作用，同时良好的公司治理也为内部审计效能的发挥提供了制度支撑和保障。随着全球风险管理的加强，这种关系更为密切。

实践证明，内部审计工作的强弱取决于董事会治理公司的能力。强势的董事会不仅要高度重视内部审计工作，而且应着力在内部审计体制上保障其独立性（比如，内部审计直接由董事会审计委员会领导或董事会与经营层双向管理），将内部审计作为了解公司经营层执行董事会战略规划和重大决策以及风险管理情况的重要渠道及依靠力量。

世通案件警示我们，在两权分离的公司制下，对代理人追求自身利益最大化的经济人本性必须从外部审计与内部审计两个方面进行全方位监督，尤其要注意强化内部审计作用，这一点非常重要。内部审计对公司的经营管理情况更为了解，因此，董事会应高度重视如何充分发挥内部审计的作用，为其提供必要的履职条件和机制保障。

资料来源：转引自《中国经济时报》2009年10月29日同名报道，作者赵险峰。

（三）内部审计机构

2003年中国内部审计协会发布的《内部审计基本准则》中，对内部审计的定义是：内部审计是指组织内部的一种独立、客观的监督和评价活动，它通过审查和评价经营活动及内部控制的适当性、合法性和有效性来促进组织目标的实现。

企业内部控制是一个过程，这个过程是通过纳入管理过程的大量制度及活动实现的，而要确保内部控制制度的切实执行，内部控制过程就必须被恰当地监督；而《内部审计基本准则》赋予了内部审计特有的独立性和对监督评价的客观性，决定了内部审计不同于企业的其他职能部门，是企业内部控制监督评价的执行主体。因此，内部审计是企业内部控制的重要组成部分，重视并强化内部审计可以促进内部监督制度的建立健全，从而保证内部控制的有效实施以及内部控制目标的实现。

案例 7-2　　　　　　　　　万达内部如何"防腐"？

万达身处腐败高发行业，截至2014年年底，公司资产高达5 341亿元，拥有员工11万人，项目分布于上百个城市、动用资金大、管理链条长，从上到下各级管理人员都可能经受不住利益诱惑而铤而走险。但是，靠着万达完备的管控制度和超强的防腐高招，很多人看到钱摆摆手，一些人伸出半截的手又缩回来了，极个别伸出去的手被"砍断"了。这究竟是一些怎样的高招呢？

高招之一就是超强的审计。王健林曾在一次演讲中特别指出：万达建立了一支强大的审计队伍，他个人在集团中不分管具体业务，唯一管的部门就是审计部，审计部就相当于万达集团的"纪委"。这支团队忠诚、严谨、能力强，在集团内树立了权威，具有很强的威慑力。

由此可以看出,在组织架构上,万达审计部门由王健林直管。其他企业里老板虽然管,却是"说管而不管"。但在万达,审计计划、审计问题、审计结论、审计建议都要直接向王健林本人汇报,审计相对独立,审计自身没有业务,没有相关利益,不受任何人干扰。

万达信奉审计是一种哲学。没有约束,"人性本并不善"。所以,审计是必需的!在万达,对于腐败和舞弊始终都是保持高压的态势,任何人不得触摸,一旦触摸,发现一起处理一起。

万达的审计可不仅仅是为了查处一些大案要案,其最主要的目的是对企业的经营做评价、改善经营、防范风险,促进企业资产的保值增值,实现企业价值的最大化。所以万达的审计,更接地气、更具针对性。

万达的审计是要审什么呢?一是有权力的人;二是存在寻租空间和舞弊可能的业务环节。那么,又有哪些高招呢?

万达每年要审计一两百次,涉及上千家公司,业务领域全覆盖。

审计前,审计人员会拿着王健林签署的审计指令,往总经理的桌子上一放,上面写着哪个公司委派什么人到你公司进行例行审计,请接待配合,落款:王健林。

王健林对审计重视到什么程度?这里有个小故事:年初,百余份审计指令需要王健林签署,审计部总经理对王健林说,"您就别一个一个签了,授权他人代签吧",但王健林最后还是一张张地自己签了。

审计人员到各地后,都会在被审计公司举行一个全员参与的审前会议,包括保洁人员、司机都得参加,主要讲解万达审计的作用、审计的依据、查处的典型案例,以及此行的目的,等等。据说,大家都瞪大眼睛听。他们到底讲了什么这么有吸引力呢?当然是万达的重要案例,这都是秘密啊……

2011年8月,审计中心曾查处过一起职务侵占案。审计人员通过查阅办公系统发现,某项目的售楼广告在北京电视台娱乐频道每晚23点54分连播了8个月,每个月都支付了29.8万元的广告费,而万达的制度是如果一笔预算超过30万元,就得上报集团进行审批,所以一看就知道当事人研究透了公司制度,钻了空子。结果,审计人员发现当天的23点54分根本没有播出任何广告,而且所签约的广告公司的工商注册法人代表后边三个字被篡改过,为了掩饰,当事人还加盖了一个公章。此案经过调查,发现是当事人将广告业务发包给自己注册的公司。

因此在后续处理这个案件的时候,王健林首先考虑到了审批过程中的官僚作风,对所有审批当事人都进行了处罚,包括项目公司前后两任总经理、营销副总、财务副总等。处罚他们,就是告诫大家,在利用权力审批的时候,一定要充分关注业务实质而不仅仅走形式上的流程。

万达的审计还有一个特点:严格区分问题的性质,区分"好人办错事,还是坏人办坏事"。事实上,很多问题是由大家对制度不熟悉、吃得不透、把握不准或是执行不到位造成的。对于这样的问题,审计部门主张与被审计单位多沟通,通过沟通极大地提高了工作效率,各个系统整改的力度可能比审计要求的还高。

万达的审计要做什么?发现问题后,他们如何处理?就两个词——"一查到底、绝不手软"。各单位在审计后,通常会被出示三种意见:第一是管理建议书,不处罚,只提管理建议；第二是整改通知书，有处罚，但限于行政经济处罚；第三是审计通报，开除责任人或移送司法机关。这就是万达审计的重要作用，不仅要揪出腐败现象，还要通过审计预防并力求在企业内部杜绝腐败，以促进制度与体制的健全和完善。

资料来源：万达集团官网，http://www.wanda.cn。

（四）内部控制机构

在企业实务中，虽然内部控制建设和完善工作的落脚点都是一致的，但具有内部控制成功经验的企业所采用的模式还是具有一定的差异。有的企业设置内部控制委员会，并在其统一部署下开展工作。集团企业中设立的内部控制委员会不仅担负着集团本部的内控工作，而且对下属分、子公司内部控制工作负有统筹协调的责任。也有的企业采取单独成立一个部门来加强内部控制的建设与实施工作，比如许多银行专门成立合规部门或者风险控制部门或者风险管理部门。还有的企业指定已有的某个部门负责内部控制的建设与实施工作，通常是指定财务部门或者行政管理部门。不同的做法各有利弊，企业应该结合自身实际来加以设计。

延伸阅读　安然公司破产原因及启示

（五）审计委员会与监事会的协调关系

按照《企业内部控制基本规范》第十一条和第十三条的要求，企业应当设立监事会，并在董事会下设立审计委员会。在我国大中型企业目前的公司治理机制下，监事会和审计委员会都承担着对内监督的作用，监事会与审计委员会相结合可在一定程度上弥补制度缺陷，但是二者的功能定位存在区别。

首先，二者监督的侧重点不同。监事会侧重于控制经营风险，并且是针对代理人进行检查，其层次高于审计委员会，主要是为股东服务。而审计委员会作为董事会下的一个专门委员会，对董事会负责并代表董事会侧重于对经理层提供的财务报告进行监督和控制，同时监督内部和外部审计工作，提高它们的独立性。其次，由审计委员会对公司内部控制的效率、效果与财务报告的可靠性进行的监督，是公司内部的一种过程监督。审计委员会成员一般都是董事会成员，享有决策权。因此从决策的前期策划、中期控制到后期执行，审计委员会都能有效监督，弥补了监事会事后监督的不足。可见，二者的有机结合可以构成较为严密的公司治理监督机制。[①]

案例 7-3　中海油"五位一体"的内部监督管理体制

中国海洋石油总公司（简称中海油）成立于 1982 年，是我国三大石油公司之一和最大的海上油气生产商。在中海油跨越式发展进程中，纪检、监察、内部审计、风险管理、监事会等内部监督职能与企业改革发展良性互动、密不可分，有力地促进和保障了海洋石油事业的健康和可持续发展。

---

① 任敏，"企业内部控制中的监督体系建设"，《财会通讯·综合》，2011 年第 11 期（上）。

目前，公司已经初步建立了"五位一体"的内部监督管理体制，审计监察部集纪检、监察、审计、监事会、风险管理五项监督职能于一体，各职能间优势互补、信息共享、有机协同，共同构成中海油特色的大监督格局。

风险管理侧重于专业化风险管理实施与内部控制制度体系优化，着重事前监督；监事会侧重于日常监督经营决策过程、报告决策等重要事项的风险，着重事中监督；审计侧重于重点事项和重点环节的监督，就薄弱环节和问题提出完善内部控制和提升管理水平的对策，着重事后监督；纪检与监察侧重于对效能问题和违法违纪案件进行调查处置，建设惩防体系、廉洁从业教育和检查，着重事后监督。同时，以遵循《SOX法案》404条款为契机，积极探索三级内部控制制度体系建设，取得了较好的效果。

资料来源：中国内部审计协会，"以贯彻落实基本规范为契机，精心探索内部控制监督与评价"，《中国内部审计》，2010年第11期。

第二节　内部监督程序与方式

一、内部监督的程序

企业内部监督的程序一般分为以下四个环节：

（1）建立健全内部监督制度。内部监督制度的内容包括：明确监督的组织架构、岗位设置、岗位职责、相关权限、工作方法、信息沟通的方式以及各种表格与报告样本等。

（2）实施监督。实施监督就是对内部控制的建立与实施情况进行监督检查，查找企业内部控制存在的问题和薄弱环节。

（3）分析和报告内部控制缺陷。内部控制缺陷的报告对象至少应包括与该缺陷直接相关的责任单位、负责执行整改措施的人员、责任单位的上级单位。对于重大缺陷，内部监督机构有义务直接上报董事会及审计委员会和监事会。

（4）对内部控制缺陷的整改。通过内部监督，对发现的内部控制建立与实施中存在的问题和缺陷进行整改，促进内部控制系统的改进。

案例 7-4　　某单位内部控制监督实施过程

某单位内部控制监督实施过程概况如下：

（1）一表。一表即内部控制计分表。企业将内部控制点进行分类：首先为保证内部监督的全面性，将内部控制按照组织架构、公司战略、采购业务、销售业务、会计核算、财务管理、研究与开发、工程项目等划分为若干方面；然后对每一方面根据业务开展状况、实际风险水平等划分为若干控制点；再将每一个控制点细分为若干控制基点；最后将每一个控制基点划分为制度或流程建设情况和执行情况两个方面进行评价，并将各控制基点落实到相应责任人。该表贯穿内部监督工作的全过程，并依据该表形成内部控制缺陷报告。

（2）二阶段。二阶段是指内部监督工作的开展应分两阶段进行：第一阶段根据内部控制计分表开展内部监督工作,发现内部控制中存在的缺陷,进行书面记录,并明确改进的责任者和改进的时间要求;在改进时间到期后,实施第二阶段的工作,即跟踪控制缺陷改进的实际情况。

(3)三结合。三结合是指在推进内部监督工作的时候,应做好以下三个方面的结合,统筹推进工作:第一,内设机构与外部审计相结合;第二,实地审查与资料审阅相结合;第三,缺陷报告与整改提高相结合。

资料来源:李宝智,"运用内部监督持续改进内部控制体系建设",《会计师》,2011年第5期。

二、内部监督的方式

内部监督的方式可以分为日常监督和专项监督两种。

(一)日常监督

1. 日常监督的定义

日常监督是指企业对建立与实施内部控制的情况进行常规、持续的监督检查。它是企业对建立和实施内部控制的整体情况所进行的连续的、全面的、系统的、动态的监督。日常监督存在于单位管理活动之中,随环境的改变做出动态反应,能较快地辨别问题。日常监督的程度越高,其有效性就越高,企业所需的专项监督就越少。

日常监督是内部控制实施的重要保证。以奶业为例,驻站员监督检查就是日常监督中至关重要的一环,驻站员负责监督检查饲养环境、挤奶设施卫生、挤奶工艺程序等。然而,三鹿集团的驻站员监督检查不到位,也缺乏专门的监督机构对驻站员的工作进行日常监督。在这方面,蒙牛的做法值得借鉴:派驻奶站的工作人员定期轮岗,并增加"奶台"环节,检测合格后,再运送到加工厂;负责运输的车辆配有卫星定位系统,到了工厂之后进行二次检验,以及不定期地进行巡回检查。

2. 日常监督的类型

在实务中,按照监督的主体,可分为管理层监督、单位(机构)监督、内部控制机构监督、内部审计监督等。

管理层监督,是指董事会和经理层充分利用内部信息与沟通机制来验证内部控制是否有效设计和运行,并对日常经营管理活动进行的持续监督。

单位(机构)监督,是指企业所属单位及内部各机构定期对职权范围内的经济活动实施自我监督,对经理层直接负责并报告。

内部控制机构监督,是指企业设置专门的内部控制机构,结合单位(机构)监督、内外部审计、政府监管部门的意见等情况,根据风险评估结果,对企业认定的重大风险的管控情况及成效开展持续性的监督。

内部审计监督,是指内部审计机构接受董事会或经理层委托,对日常生产经营活动实施的审计检查。

3. 日常监督的内容

日常监督活动的主要内容有:

(1) 获得内部控制执行的证据

获得内部控制执行的证据,是指企业员工在实施日常生产经营活动时,取得必要的、相关的证据证明内部控制系统发挥功能的程度。

企业要获得的内部控制执行的证据,包括:企业管理层收集汇总的各部门出现的问题,监督各方面的工作进展情况;相关职能部门进行自我检查、监督,对发现的问题进行的记录和提出的解决方案;内部控制部门对相关单位内部控制体系运行的监督和检查。

(2) 内外信息印证

内外信息印证是指来自外部相关方的信息支持内部产生的结果或反映出内部的问题,主要包括:企业接受监管部门的监督,根据其提供的信息制定整改措施;通过各种方式与客户沟通,收集客户信息,制定整改措施并监督该措施的执行。

例如,与外部有关监管部门沟通,以验证单位遵循各项法律法规的情况;定期与客户沟通,以验证单位销售交易处理及采购业务处理是否正确,验证应收、应付账款记录是否完整正确。

(3) 将会计记录的数据与实物资产相比较

企业应定期将会计记录的数据与实物资产进行比较,做到账实相符。例如,对成品库存应定期进行盘点,将盘点的数据与会计数据进行对比,并记录存在的差额等。

(4) 内外部审计定期提供建议

审计人员评估内部控制的设计以及测试其有效性,识别潜在的缺陷并向管理层建议可以采取的替代方案,同时为做出成本效益决策提供有用的信息。企业应对这些建议做出积极的响应,并根据实际情况做出整改方案并监督该方案的执行。

(5) 管理层对内部控制执行的监督

管理层主要通过以下渠道进行监督:审计委员会接收、保留及处理各种投诉及举报,并保证其保密性;管理层在培训、会议上了解内部控制的执行情况;管理层认真审核员工提出的各项合理建议,并不断完善建议机制;监管部门定期组织专项检查和调研,对出现的问题提出整改建议。

案例 7-5　　香港地区百富勤破产案例

1998年1月,香港经济乃至整个亚洲的经济还在金融风暴的波涛中飘摇之时,一代华资大亨——香港上市公司"百富勤投资"被强制清盘,这一事件及其对本来已经相当脆弱的香港经济的冲击,至今仍令人扼腕叹息。

香港特区政府公布的关于百富勤投资集团有限公司及百富勤定息债券公司倒闭的独立调查报告指出,导致百富勤倒闭的主要原因是公司在报告及会计程序、风险管理和内部审计上的基础系统均不足。报告指出,这反映出公司在管理上存在漏洞,以及过于注重招揽生意、忽略公司内部监控的问题。

百富勤作为一家东方文化环境中成长起来的投资银行,在相当程度上带有家长式的色彩,对于主要决策人员缺乏基本的制约;反观内地的许多公司,公司的总经理何尝不是这样的家长式国王,基本的制衡也无从谈起。而其内部控制体系也远远没有有效运行。

百富勤在不到10年的时间里一跃成为香港投资银行界的翘楚,但随着规模的扩张,风险防范和控制能力却没有能够相应提高。百富勤的业务涉及多个领域,如果对其进行了全面监管,也许会降低爆发全面风险的可能性。

资料来源:郑雄伟、卢侠巍,《管理会计案例教程》,经济科学出版社,2004年版。本案例改编自此书第8章同名案例。

(6) 定期考核员工

管理层应定期考核员工是否真正理解并遵守员工职业道德规范,监管部门应协同人力资源部根据高层管理者的授权监督员工对职业道德规范的执行情况,并汇报控制活动的开展情况等。

(7) 内部审计活动

企业应制定内部审计规范,明确审计的范围、责任和计划,并以此为基础配置审计人员。内部审计人员应持续地监控内部控制是否存在缺陷和漏洞,例如成本授权审批制度是否得到有效执行、不相容岗位是否分离、是否存在没有得到控制的业务和事项等,并针对违反国家法律法规的行为和内部控制管理的漏洞,向管理层及时提出整改建议。[①]

(二) 专项监督

1. 专项监督的定义

专项监督是对内部控制建立与实施的某一方面或者某些方面的情况进行的不定期的、有针对性的监督检查。其范围和频率应根据风险评估结果以及日常监督的有效性等予以确定。一般来说,风险水平较高并且重要的控制,对其进行专项监督的频率应较高。

案例 7-6　　　　　　　　　三鹿集团的专项监督

2004年,在追查"大头娃娃"劣质奶粉的过程中,三鹿集团生产的三鹿婴儿奶粉被列入不合格奶粉和劣质奶粉"黑名单"。随后,三鹿婴儿奶粉及系列奶粉在全国遭到封杀,每天损失超过1 000万元,三鹿集团陷入生存危机。经过快速、灵活、务实的紧急公关,三鹿集团成功化解了此次突发危机,还荣获2003—2004年度危机管理优秀企业称号。但遗憾的是,"大头娃娃"奶粉事件并没有让三鹿集团警醒。三鹿集团看到的只是农村奶粉市场的外部扩张机会,根本没有将关注点放在内部控制机制的完善上。2005年,在轰动一时的三鹿"早产奶"事件中,生产厂销售部与仓库的工作人员在经济利益的驱动下,为了缩短物流时间,违背业务流程和相关法规,擅自将正在下线并处在检测过程中的"三鹿原味酸牛奶"提前出厂。三鹿集团本应开展业务流程专项大检查,但除了将销售部门有关人员调离岗位,对三鹿酸奶销售直接负责人扣除20%的年薪之外,没能从消除内控隐患的角度去解决问题。

资料来源:豆丁网,资料贡献者为apanghuang5。

[①] 张颖、郑洪涛,《企业内部控制学》,东北财经大学出版社,2009年版。

2. 专项监督的关注点

专项监督主要关注以下两个方面：

(1) 高风险且重要的项目。审计部门依据日常监督的结果，对风险较高且重要的项目要进行专项监督。

(2) 内控环境变化。当内控环境发生变化时，要进行专项监督，以确定内部控制是否能适应新的内控环境。例如，业务流程改变和关键员工发生变化时，就要进行专项监督，以确保内控体系能正常运行。

(三) 日常监督和专项监督的联系

日常监督和专项监督应当有机结合，前者是后者的基础，后者是前者的有效补充。如果发现专项监督需要经常性地进行，那么企业就有必要将其纳入日常监督中，进行持续的监控。通常，二者的某种组合会确保企业内部控制在一定时期内保持其有效性。

三、内部监督的要求

为保证监督检查有效，需满足以下要求或标准：一是内部环境方面的要求。管理当局应对监督检查高度重视，并且监督检查人员应具有独立性、专业胜任能力，并被适当授权。二是根据风险水平采用有效监督检查程序和分配监督检查资源的能力。有效的监督检查应收集并分析充分适当的信息，形成具有说服力的关于内部控制有效性的结论。应基于风险评估的结果进行优先级排序，分配资源，采取相应的监督检查方式。三是向相关人员及时报告包括控制缺陷在内的监督检查结果的能力。

(一) 对机构的要求

企业应授权内部审计机构或者其他专门机构作为内部控制评价机构，负责内部控制评价的具体组织实施工作。

内部控制评价机构必须具备一定的设置条件：一是能够独立行使对内部控制系统建立与运行过程及结果进行监督的权力；二是具备与监督和评价内部控制系统相适应的专业胜任能力和职业道德素养；三是与企业其他职能机构在监督与评价内部控制系统方面应当保持协调一致，在工作中相互配合、相互制约，在效率上满足企业对内部控制系统进行监督与评价所提出的有关要求；四是能够得到企业董事会和经理层的支持，通常直接接受董事会及其审计委员会的领导和监事会的监督，有足够的权威性来保证内部控制评价工作的顺利开展。

在设置内部控制评价机构的基础上，企业还应成立专门的评价工作组，接受内部控制评价机构的领导，具体承担内部控制评价的组织工作。

(二) 对人员的要求

内部控制评价机构根据经批准的评价方案，挑选具备独立性、业务胜任能力和职业道德素养的评价人员，组成评价工作组，具体实施内部控制评价工作。

实施评价工作前，评价人员需要接受相关培训，培训内容一般包括内部控制专业知识及相关规章制度、评价工作流程、检查评价方法、工作底稿填写要求、缺陷认定标准、评价人员的权利与义务，以及评价中需重点关注的问题等。通过内部控制职能机构和评价工作组这种矩阵式的组织设置，可以有效促进内部控制评价工作的开展。

（三）对控制信息的要求

内部监督应根据风险评估，识别内部控制中的关键控制缺陷，收集内部控制有效性的相关信息，以此确定监督程序和监督执行的频率。

内部控制信息质量包括相关性、可靠性、及时性和充分性等几个方面。依据内部控制信息的相关性的不同，可以将内部控制信息分为两种类型：一种是直接信息，它可以证实控制的运行情况，一般可以通过观察、重新执行或者直接评估等方式获得；另一种是间接信息，它是在控制执行中可以表明其发生改变或无效的其他所有信息。内部控制信息的可靠性，是指信息应该是准确的、可验证的、客观的。内部控制信息的及时性，是指信息必须在一定的时间范围内生成并发布、使用，从而能够预防控制风险的发生。内部控制信息的充分性，是指针对某一控制点的业务记录中，有多少样本纳入了监督测试的范围。

案例 7-7　中国移动内部控制监督评价的经验

中国移动内部控制监督评价工作，主要通过系统、规范的方法，对内部控制的健全性、合理性及有效性进行独立的监督与评价，合理保证公司目标的实现。内部监督评价以内部控制审计和风险评价为主，包括风险评估、内部控制专项审计和《SOX法案》遵循测试三种主要形式，互为补充，相互作用。

(1) 风险评估。风险评估由总部内部审计部组织各省公司内部审计机构实施，主要是对各业务流程和管理机制的风险管控状况进行评估与评价。首先，根据内部控制监督评价框架，梳理完善流程架构并建立流程描述，查找各业务单元、各项重要经营活动及其重要业务流程中有无风险、有哪些风险。其次，对辨识出的固有风险及其特征进行明确的定义描述，评估风险对实现公司目标的影响程度、风险发生的可能性等。再次，通过遵从性访谈、制度审阅和内部控制穿行测试，结合各流程固有风险的管控现状，评估各流程的剩余风险及其影响程度。最后，对风险问题的现状、成因、影响等进行深入分析和研究，并提出管控建议。

(2) 内部控制专项审计。内部控制专项审计主要是识别、测试和评价各管理机制及业务流程内部控制的健全性、合理性和执行有效性，为内部控制的有效运行和风险防范提供保障。为保证内部控制专项审计质量，提高审计效率，除采用访谈、审核、观察、监盘、函证、重复验证和调查问卷等传统审计方法外，还根据实际情况综合运用流程梳理、标准对比分析、数据分析和案例追溯等方法。例如，在客户业务管理风险审计中，根据客户业务管理流程绘制流程图，了解相关数据流向，有针对性地获取数据并为数据挖掘提供线索；在客户信息安全管理风险审计中，将客户信息安全管理情况与国外标准（ISO 27001，FFIEC，OECD，PCI）、国内标准（GB/T 20269-2006）、行业标准（YDT 1728-2008）以及中国移动标准进行对比和差异分析，并提出提升管理水平的建议，促进建设国际化一流企业目标的实现。

(3) 《SOX法案》遵循测试。《SOX法案》遵循测试主要是根据管理层授权，对与财务报告相关的内部控制的有效性进行测试,确定各业务流程的控制点是否依照内部控制手册和标准化控制矩阵的规定执行。

资料来源:中国内部审计协会,"以贯彻落实基本规范为契机,精心探索内部控制监督与评价",《中国内部审计》,2010年第11期。

第三节 内部控制缺陷认定与内部控制评价

一、内部控制缺陷的认定

《企业内部控制基本规范》第四十五条指出,企业应当制定内部控制缺陷认定标准,对监督过程中发现的内部控制缺陷,应当分析缺陷的性质和产生的原因,提出整改方案,采取适当的形式及时向董事会、监事会或者经理层报告。内部控制缺陷,是指内部控制的设计存在漏洞,不能有效防范错误、舞弊及其他风险,或者内部控制的运行存在弱点和偏差,不能及时发现并纠正错误、舞弊及其他风险的情形。内部控制缺陷按照不同的标准可以有不同的分类。一般来说,内部控制缺陷可按照以下标准分类:

延伸阅读 来自国储铜的案例

1. 设计缺陷和运行缺陷

按照内部控制缺陷的来源,可以将内部控制缺陷分为设计缺陷和运行缺陷。内部控制存在设计缺陷和运行缺陷,会影响内部控制的设计有效性和运行有效性。

设计缺陷是指企业缺少为实现控制目标所必需的控制措施,或现存控制设计不适当,即使正常运行也难以实现控制目标。如果内控制度不健全,将会导致企业经营秩序混乱、账目不清、决策失误,降低抗风险能力;如果内控制度不符合企业生产经营活动的实际情况,将不能适应变化的内控环境的需要。

案例 7-8 多名客户资金被盗,中信银行网银系统现重大漏洞

银行客户资金被盗并不稀奇,但如果是由于银行的技术原因导致客户资金被盗,那么这个问题就变得严重起来。中信银行就出现了这样的问题。

一、有漏洞的网银系统

信息系统对银行来说就是遍布全身的神经和血管,如果这个系统存在重大的漏洞,对银行的威胁将是致命的。

正是由于网上银行业务发展迅猛,银监会也把信息系统安全纳入监管视野,相继出台了《银行业金融机构信息系统风险管理指引》和《商业银行信息科技风险管理指引》,强调在信息系统开发、测试和维护,以及服务外包过程中加强对客户信息的保护,保障客户数据安全和服务连续。知情人士透露,中信银行9名客户的网上银行账户被盗,而且是在短短一两天内发生,这说明中信银行确实没有足够重视网银的安全性问题,对系统的

漏洞没有及时发现,致使犯罪分子作案得逞,客户资金遭受损失。

二、信贷管理系统存在功能缺陷

不仅仅是个人网上银行存在重大漏洞,中信银行的信贷管理系统也存在缺陷。

据有关人士透露,监管部门已经认定,中信银行的信贷管理系统存在缺陷,没有将集团客户认定环节设定在授信流程中,无法对集团客户授信进行有效的控制。

此外,该信贷管理系统还存在基础信息缺失、重要功能缺失、模块功能没有得到有效使用的情形,影响了系统功能的发挥。

对于银行而言,信贷管理系统控制着银行几乎所有的信贷资产,每一笔贷款都在信贷管理系统平台上审核、批准。中信银行信贷管理系统存在缺陷,这种影响将是系统性的,该行近万亿元贷款安全受到考验。

资料来源:转引自《上海证券报》2009年12月17日同名报道,作者颖萌。

运行缺陷是指现存设计完好的控制没有按设计意图运行,或执行者没有获得必要授权,或缺乏胜任能力,难以有效地实施控制。有些企业表面上似乎建立健全了企业内部控制制度,但往往形同虚设,实际中有关人员依旧我行我素。此外,企业内部普遍存在授权不明、权责不清的情况,这也是内部控制不能有效运行的重要原因。我国内控制度发展快,但相关人员的素质差,在中小企业中这种现象尤其普遍。

案例 7-9　套期保值越权操作致巨亏,董事长自掏 3 亿元赔偿损失

因"有事项在论证"而停牌两日的三普药业昨日晚间终于揭晓谜底,公司套期保值业务全部损失约 3.7 亿元。经自查发现,原因为公司相关人员未完全按照《保值业务内部控制制度》的有关规定执行,违反了《公司保值业务内部控制制度》中"选择合适的时机买入公司规定的品种"的规定,越权卖出了期铜。

公告显示,公司根据《保值业务内部控制制度》中"超越权限进行的资金拨付、证券交易等行为,由越权操作者对交易风险或者损失承担个人责任"等规定研究决定,由公司保值业务领导小组成员蒋锡培承担 3 亿元、蒋华君承担 5000 万元、陈海萍承担 1000 万元、蒋泽元承担 1000 万元的赔偿责任。

根据公开资料,蒋锡培为公司控股股东远东控股集团有限公司董事局主席、首席执行官,三普药业法人代表、董事长;蒋华君为三普药业董事、电缆产业总经理;陈海萍和蒋泽元同为采供中心副总监。

公司还表示,以上人员一致承认给公司造成了直接经济损失,并同意承担赔偿责任,均表示有能力履行赔偿,承诺赔偿款将于 2012 年 12 月 31 日前到账。

资料来源:节选自陈雅琼,"套期保值越权操作致巨亏",《证券日报》,2012 年 11 月 2 日。

2. 重大缺陷、重要缺陷和一般缺陷

按照影响内部控制缺陷的性质,可以将内部控制缺陷分为重大缺陷、重要缺陷和一般缺陷。内部控制缺陷的性质一般可以定义为企业影响内部控制目标实现的严重程度。

重大缺陷，是指一个或多个控制缺陷的组合，可能导致企业严重偏离控制目标。当存在任何一个或多个内部控制重大缺陷时，应当在内部控制评价报告中做出内部控制无效的结论。

重要缺陷，是指一个或多个控制缺陷的组合，其严重程度低于重大缺陷，但仍有可能导致企业偏离控制目标。重要缺陷的严重程度低于重大缺陷，不会严重危及内部控制的整体有效性，但也应当引起董事会、经理层的充分关注。

一般缺陷，是指除重大缺陷、重要缺陷以外的其他控制缺陷。

3. 财务报告目标内部控制缺陷和非财务报告目标内部控制缺陷

按照影响内部控制目标的具体表现形式，还可以将内部控制缺陷分为财务报告目标内部控制缺陷和非财务报告目标内部控制缺陷。

延伸阅读 《我国上市公司2014年实施企业内部控制规范体系情况分析报告》(节选)

财务报告目标内部控制是指针对财务报告目标而设计和实施的内部控制，财务报告目标内部控制的目标集中体现为财务报告的可靠性，因而财务报告目标内部控制缺陷主要是指不能合理保证财务报告可靠性的内部控制设计和运行缺陷。也可以这样说，财务报告目标内部控制的缺陷，是指不能及时防止或发现并纠正财务报告错报的内部控制缺陷。

延伸阅读 UT 斯达康案例

非财务报告目标内部控制缺陷是指影响除财务报告之外的内部控制目标(包括战略目标、经营目标、合规目标、资产安全目标)实现的内部控制设计和运行缺陷。

案例 7-10　万科股份有限公司 2015 年度内部控制缺陷认定标准

公司董事会根据企业内部控制规范体系对重大缺陷、重要缺陷和一般缺陷的认定要求，结合公司规模、行业特征、风险偏好和风险承受度等因素，区分财务报告内部控制和非财务报告内部控制，采用定量和定性相结合的方法，研究确定了适用于本公司的内部控制缺陷具体认定标准，并与以前年度保持一致。公司确定的内部控制缺陷认定标准如下：

1. 财务报告内部控制缺陷认定标准

公司确定的财务报告内部控制缺陷评价的定量标准如表 7-1 所示(不同量化指标采用孰低原则确认缺陷)。

表 7-1　万科股份财务报告内部控制缺陷的认定标准

定量标准	一般缺陷	重要缺陷	重大缺陷
经营收入潜在错报金额	潜在错报金额≤合并会计报表经营收入的0.5%	合并会计报表经营收入的0.5%＜潜在错报金额≤合并会计报表经营收入的1%	潜在错报金额＞合并会计报表经营收入的1%

(续表)

定量标准	一般缺陷	重要缺陷	重大缺陷
利润总额潜在错报金额	潜在错报金额≤合并会计报表利润总额的1.5%	合并会计报表利润总额的1.5%＜潜在错报金额≤合并会计报表利润总额的3%	潜在错报金额＞合并会计报表利润总额的3%
资产总额潜在错报金额	潜在错报金额≤合并会计报表资产总额的0.5%	合并会计报表资产总额的0.5%＜潜在错报金额≤合并会计报表资产总额的1%	潜在错报金额＞合并会计报表资产总额的1%

公司确定的财务报告内部控制缺陷评价的定性标准如下：

重大缺陷：公司会计报表、财务报告及信息披露等方面发生重大违规事件；公司审计委员会和内部审计机构未能有效发挥监督职能；注册会计师对公司财务报表出具无保留意见之外的其他三种意见审计报告。

重要缺陷：公司会计报表、财务报告编制不完全符合企业会计准则和披露要求，导致财务报表出现重要错报；公司以前年度公告的财务报告出现重要错报需要进行追溯调整。

一般缺陷：未构成重大缺陷、重要缺陷标准的其他内部控制缺陷。

2. 非财务报告内部控制缺陷认定标准

公司非财务报告内部控制缺陷认定的标准主要依据业务性质的严重程度、直接或潜在的负面影响、影响的范围等因素来确定。公司确定的非财务报告内部控制缺陷评价的定量标准如表7-2所示。

表7-2　万科股份非财务报告内部控制缺陷的认定标准

缺陷类型	直接财产损失金额
重大缺陷	直接财产损失金额＞合并会计报表资产总额的3‰
重要缺陷	合并会计报表资产总额的1‰＜直接财产损失金额≤合并会计报表资产总额的3‰
一般缺陷	直接财产损失金额≤合并会计报表资产总额的1‰

公司确定的非财务报告内部控制缺陷评价的定性标准如下：

重大缺陷：公司重要业务缺乏制度控制或制度体系失效；信息系统的安全存在重大隐患；内控评价重大缺陷未完成整改。

重要缺陷：公司一般业务缺乏制度控制或制度体系失效；信息系统的安全存在隐患；内控评价重要缺陷未完成整改。

一般缺陷：未构成重大缺陷、重要缺陷标准的其他内部控制缺陷。

资料来源：改编自《万科企业股份有限公司2015年度内部控制评价报告》，http://www.vanke.com/investors.aspx?type=12。

二、内部控制评价

（一）内部控制评价的定义

《企业内部控制评价指引》第二条规定，企业内部控制评价是指企业董事会或类似权力机构对内部控制有效性进行全面评价、形成评价结论、出具评价报告的过程。内部控制评价与内部控制的建立和实施,构成有机循环。通过内部控制评价,可以发现企业内部控制的缺陷和薄弱环节,便于有针对性地提出改进意见和建议,从而不断改进和完善内部控制系统。

(二) 内部控制评价的标准

内部控制评价的标准是指进行内部控制评价时遵循的参照依据。内部控制评价的标准分为一般标准和具体标准。

1. 内部控制评价的一般标准

内部控制评价的一般标准,是指应用于内部控制评价各个方面的标准,主要包括被评价企业内部控制的完整性、合理性及有效性。

(1) 内部控制的完整性

内部控制的完整性包括内部控制设计的全面性和全程性。所谓全面性,是指企业应根据生产经营的需要制定全面的内部控制制度,覆盖企业生产经营活动所有的业务与环节;所谓全程性,是指企业应对生产经营活动的全过程自始至终地进行控制。

(2) 内部控制的合理性

内部控制的合理性包括两个层面的要求:其一,是指企业的内部控制政策和措施应符合国家法律法规的相关规定,不能有与法律法规相抵触的地方;其二,是指内部控制的设计应符合内部控制设计的客观规律,遵循成本效益原则,以适当的控制措施与手段实现控制收益的最大化。

(3) 内部控制的有效性

内部控制的有效性是指企业设计的内部控制政策和措施得以执行之后,能够将控制风险降低到企业可容忍度之内,从而实现企业的控制目标,并且这个过程是有效率的。

内部控制评价的完整性、合理性与有效性互相作用、互相影响,三者缺一不可。内部控制的有效性以其完整性与合理性为基础,如果内部控制制度不具备完整性和合理性,就无法保证内部控制的有效性;而完整性和合理性则以其有效性为目的,缺乏控制效率和效果的内部控制制度,不论其设计得多么完备和合理,都是没有意义的。

2. 内部控制评价的具体标准

内部控制评价的具体标准是指应用于内部控制评价具体方面的标准,可分为要素标准和作业标准两个层级。内部控制评价的具体标准是一般标准的体现,一般标准是具体标准的基础。只有从操作性较强的具体标准入手,对内部控制的设计与运行有了具体认识之后,才能通过提炼、总结,从整体上对企业内部控制的整体性、合理性和有效性做出判断。

要素标准应紧紧围绕内部环境、风险评估、控制活动、信息与沟通、内部监督五要素进行,每一个要素又可分为更多的项目(如风险要素可分为内部风险因素和外部风险因素),针对每个项目又必须分别订立不同的标准。将每一个要素按照关键控制点拆分成更为具体的内部控制评价标准进行评价,明确其风险等级评价方法以及权重。

案例 7-11　　某公司销售管理内控项目评价标准表(节选)

某公司销售管理部门拟对部门内部控制的有效性进行评价。针对这一目标，对销售与收款项目首先按照内部控制的五要素进行分解，然后再将每一个要素分解为具体的评分内容，采用具体的内控评价方法对其进行评价，明确其风险等级、评价方法以及权重，如表 7-3 所示。表中 H 代表高风险，M 代表中等风险，L 代表低风险。

表 7-3　销售管理内控项目评价标准表

内控要素	内控评价项目	风险等级	评价方法	权重
内部环境	部门是否建立了与公司内控管理秩序相一致的销售管理程序？	M	询问检查	3
	是否对全体销售人员进行了必要的销售管理程序培训？	M	询问检查	3
	公司是否与所有销售人员签订了保密协议书？	M	询问检查	3
	是否有完整的驻外销售分支机构的管理程序？	H	询问检查	5
风险评估	是否对本部门存在的高风险领域进行过评估？对相应的高风险领域是否提出了相应的控制办法？	H	询问检查	5
控制活动	部门是否定期编制各类销售计划？	M	询问检查	3
	是否对所有重要客户定期进行信用调查？	H	询问检查	5
	销售合同的签订是否经过评审并按授权获得了相应的批准？	M	询问检查	3
	销售人员是否定期与客户对账？对重要客户是否每月至少对账一次？对账差异是否能得到及时处理？	H	询问检查	5
	销售人员是否不准收取客户的现金付款？	H	询问检查	5
	销售部门是否不直接控制公司的外部仓库？	M	询问	3
	是否与财务、内控人员共同对寄存客户方的产品进行定期盘点？	H	询问	5
	所有销售发货是否都经过信用部和财务部的批准？	M	询问检查	3
	发货单是否严格根据客户采购合同或采购订单签发？	M	检查测试	3
	销售折扣和降价销售是否严格按照内部授权审批进行？	H	检查	5
	销售人员部分或全部收入是否与销售回款、销售额等有关指标挂钩？	M	询问检查	3
	是否定期对销售人员进行利益冲突调查？	M	询问检查	3
信息与沟通	销售资料的管理是否符合公司档案管理规定并及时归档？	H	询问检查	5
	本部门是否定期与财务、物流等部门进行应收账款等的核对？	H	询问检查	5
	销售退货是否有完整的记录？	M	检查	3
	销售分支机构或销售分部掌握的公司客户档案是否及时得到更新并归入母公司客户档案内？	M	询问检查	3
	销售人员是否按公司要求建立销售台账？	M	询问检查	3
监督	内控部、财务部是否定期派人对本部门及驻外分支机构进行业务检查？	H	询问检查	5
	公司是否对销售计划的合理性及其执行情况进行考核？	L	检查	1
	公司内控经理和财务部是否按期对销售部及驻外销售机构的工作进行检查监督？	M	询问检查	3

作业层级的评价标准主要是控制活动要素的细化,控制活动是针对控制点而制定的。控制活动是确保管理层的指令得以实现的政策和程序,旨在帮助企业针对风险采取必要的行动。所以,作业层级的评价标准比内部控制要素的评价标准更繁杂。

(三) 内部控制评价的内容

内部控制制度评价的内容是由内部控制制度评价的标准决定的,有什么样的标准(或目标)就有什么样的内容。我国《企业内部控制评价指引》规定:企业应当根据《企业内部控制基本规范》《企业内部控制应用指引》以及本企业的内部控制制度,围绕内部环境、风险评估、控制活动、信息与沟通、内部监督等要素,确定内部控制评价的具体内容,对内部控制设计与运行情况进行全面评价。实际上只要求企业对控制缺陷尤其是重大缺陷做出说明,不涉及企业内部其他保密信息。

1. 内部环境

企业组织开展内部环境评价,应当以组织架构、发展战略、人力资源、企业文化、社会责任等应用指引为依据,结合本企业的内部控制制度,对内部环境的设计及实际运行情况进行认定和评价。

2. 风险评估

企业组织开展风险评估机制评价,应当以《企业内部控制基本规范》有关风险评估的要求,以及各项应用指引中所列主要风险为依据,结合本企业的内部控制制度,对日常经营管理过程中的风险识别、风险分析、应对策略等进行认定和评价。

3. 控制活动

企业组织开展控制活动评价,应当以《企业内部控制基本规范》和各项应用指引中的控制措施为依据,结合本企业的内部控制制度,对相关控制措施的设计及运行情况进行认定和评价。

4. 信息与沟通

企业组织开展信息与沟通评价,应当以内部信息传递、财务报告、信息系统等相关应用指引为依据,结合本企业的内部控制制度,对信息收集、处理和传递的及时性、反舞弊机制的健全性、财务报告的真实性、信息系统的安全性,以及利用信息系统实施内部控制的有效性等进行认定和评价。

5. 内部监督

延伸阅读　方大集团股份有限公司内部控制综合评价

企业组织开展内部监督评价,应当以《企业内部控制基本规范》有关内部监督的要求,以及各项应用指引中有关日常管控的规定为依据,结合本企业的内部控制制度,对内部监督机制的有效性进行认定和评价,重点关注监事会、审计委员会、内部审计机构等是否在内部控制设计和运行中有效发挥监督作用。

(四) 内部控制评价报告

《企业内部控制基本规范》第四十六条规定,企业应当结合内部监督情况,定期对内部控制的有效性进行自我评价,出具内部控制自我评价报告。

对内部控制进行综合评价后，评价人员需要对内部控制的评价结果进行记录，与管理人员进行沟通，核对数据，确认事实，征求意见，提出进一步加强和完善内部控制的措施，形成评价报告，并将其传达给管理者。

《企业内部控制评价指引》要求，内部控制评价报告应当报经董事会或类似权力机构批准后对外披露或报送相关部门。企业应当以 12 月 31 日作为年度内部控制评价报告的基准日，并于基准日后 4 个月内发出内部控制评价报告。对于基准日至内部控制评价报告发出日之间发生的影响内部控制有效性的因素，企业应当根据其性质和影响程度对评价结论进行相应调整。

具体来说，内部控制评价报告至少应包括以下内容：(1) 董事会对内部控制报告真实性的声明；(2) 内部控制评价工作的总体情况；(3) 内部控制评价的依据、范围、程序和方法；(4) 内部控制缺陷及其认定；(5) 内部控制缺陷的整改情况及重大缺陷拟采取的整改措施；(6) 内部控制有效性的结论。另外，财政部会计司在《企业内部控制规范讲解 2010》中对内部控制评价报告的内容提供了进一步指引，包括探索引入使用内部控制评价表，作为对内部控制评价报告的进一步补充。所谓内部控制评价表，就是对评价过程中形成的评价工作底稿的全面整理和综合汇总。

延伸阅读　万科股份有限公司 2015 年度内部控制评价报告

案例 7-12　中国民生银行股份有限公司 2015 年度内部控制评价报告

中国民生银行股份有限公司全体股东：

根据《企业内部控制基本规范》及其配套指引的规定和其他内部控制监管要求（简称企业内部控制规范体系），结合本公司（简称公司）内部控制制度和评价办法，在内部控制日常监督和专项监督的基础上，我们对公司 2015 年 12 月 31 日（内部控制评价报告基准日）的内部控制有效性进行了评价。

一、重要声明

按照企业内部控制规范体系的规定，建立健全和有效实施内部控制，评价其有效性，并如实披露内部控制评价报告是公司董事会的责任。监事会对董事会建立和实施内部控制进行监督。经理层负责组织领导企业内部控制的日常运行。公司董事会、监事会及董事、监事、高级管理人员保证本报告内容不存在任何虚假记载、误导性陈述或重大遗漏，并对报告内容的真实性、准确性和完整性承担个别及连带法律责任。

公司内部控制的目标是合理保证经营管理合法合规、资产安全、财务报告及相关信息真实完整，提高经营效率和效果，促进实现发展战略。由于内部控制存在的固有局限性，故仅能为实现上述目标提供合理保证。此外，由于情况的变化可能导致内部控制变得不恰当，或对控制政策和程序遵循的程度降低，根据内部控制评价结果推测未来内部控制的有效性具有一定的风险。

二、内部控制评价结论

1. 公司于内部控制评价报告基准日是否存在财务报告内部控制重大缺陷

　□是　　　√否

2. 财务报告内部控制评价结论

☑有效　　□无效

根据公司财务报告内部控制重大缺陷的认定情况,于内部控制评价报告基准日,不存在财务报告内部控制重大缺陷,董事会认为,公司已按照企业内部控制规范体系和相关规定的要求在所有重大方面保持了有效的财务报告内部控制。

3. 是否发现非财务报告内部控制重大缺陷

□是　　☑否

根据公司非财务报告内部控制重大缺陷的认定情况,于内部控制评价报告基准日,公司未发现非财务报告内部控制重大缺陷。

4. 自内部控制评价报告基准日至内部控制评价报告发出日之间影响内部控制有效性评价结论的因素

□适用　　☑不适用

自内部控制评价报告基准日至内部控制评价报告发出日之间未发生影响内部控制有效性评价结论的因素。

5. 内部控制审计意见是否与公司对财务报告内部控制有效性的评价结论一致

☑是　　□否

6. 内部控制审计报告对非财务报告内部控制重大缺陷的披露是否与公司内部控制评价报告披露一致

☑是　　□否

三、内部控制评价工作情况

（一）内部控制评价范围

公司按照风险导向原则确定纳入评价范围的主要单位、业务和事项以及高风险领域。

1. 纳入评价范围的主要单位

包括：中国民生银行及其投资控股的附属机构。中国民生银行评价对象分为总行本级和经营机构两个部分,总行本级是指承担营销推动、业务控制、综合管理职能的总行部室以及董监事会的办事机构,经营机构是指各分行及事业部。附属机构评价对象包括民生金融租赁有限责任公司、民生加银基金管理公司、民生商银国际控股有限公司以及投资控股的民生村镇银行。

2. 纳入评价范围的单位占比

指标	占比(%)
纳入评价范围单位的资产总额占公司合并财务报表资产总额之比	100
纳入评价范围单位的营业收入合计占公司合并财务报表营业收入总额之比	100

3. 纳入评价范围的主要业务和事项

总行本级评价的内容包括公司层面控制、管理控制、信息系统控制等三个方面。公司层面控制主要包括组织架构、发展战略、人力资源、社会责任、企业文化、风险评估、信息与沟通、内部监督等八个板块;管理控制主要包括合规管理环境、风险识别与评估、信息交流与反馈、监督评价与纠正、业务管理等五个板块；信息系统控制主要包括IT规划与业务需求管理、IT系统开发、IT运行维护等三个板块。

经营机构评价内容是公司经营发展战略的贯彻执行以及经营管理活动的内部控制，主要包括公司层面、综合管理、对公授信、零售授信、零售非授信、私人银行、同业业务、运营管理、财务管理、电子银行等十类控制活动。

投资控股的附属机构的内部控制评价工作围绕内部环境、风险评估、控制活动、信息与沟通、内部监督等要素展开，结合其组织架构、经营特点和实际情况确定内部控制评价范围。

4. 重点关注的高风险领域

主要包括：经济下行期重点区域及行业的信用风险防控、业务结构多元化下的流动性风险管理、利率市场化及汇率改革逐步推进下的市场风险管理、经营管理日益信息系统化条件下的操作风险管理、员工道德风险管理，以及票据业务、同业业务、表外业务、不良资产处置等重点业务流程的风险把控等。

5. 上述纳入评价范围的单位、业务和事项以及高风险领域涵盖了公司经营管理的主要方面，是否存在重大遗漏

□是　　　√否

6. 是否存在法定豁免

□是　　　√否

7. 其他说明事项

无

（二）内部控制评价工作依据及内部控制缺陷认定标准

公司依据企业内部控制规范体系及《商业银行内部控制指引》等监管制度及规定，组织开展内部控制评价工作。

1. 内部控制缺陷具体认定标准是否与以前年度存在调整

□是　　　√否

公司董事会根据企业内部控制规范体系对重大缺陷、重要缺陷和一般缺陷的认定要求，结合公司规模、行业特征、风险偏好和风险承受度等因素，区分财务报告内部控制和非财务报告内部控制，研究确定了适用于本公司的内部控制缺陷具体认定标准，并与以前年度保持一致。

2. 财务报告内部控制缺陷认定标准

公司确定的财务报告内部控制缺陷评价的定量标准如下：

指标名称	重大缺陷定量标准	重要缺陷定量标准	一般缺陷定量标准
内部控制缺陷导致错报的可能性	大于等于5%	大于等于5%	小于5%
潜在错报金额	大于(含)本年度合并财务报表的重要性水平	小于(不含)本年度合并财务报表的重要性水平，但大于20%重要性水平	小于20%重要性水平

说明：合并财务报表的重要性水平是指合并报表营业收入总额的5‰。

公司确定的财务报告内部控制缺陷评价的定性标准如下：

缺陷性质	定性标准
重大缺陷	董事、监事和高级管理人员舞弊、公司更正已公布的财务报告、注册会计师发现当期财务报告存在重大错报而内部控制在运行过程中未能发现该错报、审计委员会和内审计机构对内部控制的监督无效、会计人员不具备应有素质以完成财务报表编制工作。
重要缺陷	依照公认会计准则选择和应用会计政策的内部控制问题、反舞弊程序和控制问题、非常规或非系统性交易的内部控制问题、期末财务报告流程的内部控制问题。
一般缺陷	除重大、重要缺陷认定标准以外的内部控制缺陷问题。

3. 非财务报告内部控制缺陷认定标准

公司确定的非财务报告内部控制缺陷评价的定量标准如下：

指标名称	重大缺陷定量标准	重要缺陷定量标准	一般缺陷定量标准

说明：无定量标准。

公司确定的非财务报告内部控制缺陷评价的定性标准如下：

缺陷性质	定性标准
重大缺陷	对于"三重一大"事项公司层级缺乏科学决策程序，本年度发生严重违反国家法律法规事项，关键岗位人员流失率过高，影响业务正常开展，在中央媒体或全国性媒体上负面新闻频现。
重要缺陷	对于"三重一大"事项总行层级未执行规范的科学决策程序，本年度发生严重违反地方法规的事项，本年度关键岗位人员流失率大大高于平均水平，在地方媒体上负面新闻频现。
一般缺陷	除重大、重要缺陷认定标准以外的内部控制缺陷。

（三）内部控制缺陷认定及整改情况

1. 财务报告内部控制缺陷认定及整改情况

1.1. 重大缺陷

报告期内公司是否存在财务报告内部控制重大缺陷

□是　　　　√否

1.2. 重要缺陷

报告期内公司是否存在财务报告内部控制重要缺陷

□是　　　　√否

1.3. 一般缺陷

无

1.4. 经过上述整改，于内部控制评价报告基准日，公司是否存在未完成整改的财务报告内部控制重大缺陷

□是　　　　√否

1.5. 经过上述整改,于内部控制评价报告基准日,公司是否存在未完成整改的财务报告内部控制重要缺陷

□是　　　　√否

2. 非财务报告内部控制缺陷认定及整改情况

2.1. 重大缺陷

报告期内公司是否发现非财务报告内部控制重大缺陷

□是　　　　√否

2.2. 重要缺陷

报告期内公司是否发现非财务报告内部控制重要缺陷

□是　　　　√否

2.3. 一般缺陷

报告期内公司在综合管理、公司业务、零售业务、票据业务、同业业务、托管业务、金融市场业务、贸易金融业务、信息科技管理等方面存在管理及操作不规范情形,针对上述问题,公司均已采取措施有效整改。

2.4. 经过上述整改,于内部控制评价报告基准日,公司是否发现未完成整改的非财务报告内部控制重大缺陷

□是　　　　√否

2.5. 经过上述整改,于内部控制评价报告基准日,公司是否发现未完成整改的非财务报告内部控制重要缺陷

□是　　　　√否

四、其他内部控制相关重大事项说明

1. 上一年度内部控制缺陷整改情况

√适用　　　□不适用

已有效整改。

2. 本年度内部控制运行情况及下一年度改进方向

√适用　　　□不适用

本年度公司内部控制运行有效,下一年度将进一步提升重点风控领域的内控机制,优化内控技术,持续加大内控合规文化培育,不断完善贯穿于公司各管理层面以及各业务经营环节且符合公司实际情况的内部控制体系,以提高本公司经营管理水平和风险防范能力,促进本公司发展战略有效实施。

3. 其他重大事项说明

□适用　　　√不适用

董事长:洪崎
中国民生银行股份有限公司
2016年3月30日

本章小结

《企业内部控制基本规范》第四十四条指出,企业应当根据本规范及其配套办法,制定内部控制监督制度,明确内部审计机构(或经授权的其他监督机构)和其他内部机构在内部监督中的职责权限,规范内部监督的程序、方法和要求。所谓内部监督,是指企业对内部控制建立与实施情况进行监督检查,评价内部控制的有效性,发现内部控制缺陷,应当及时加以改进。

内部监督分为日常监督和专项监督,在实践中,一般由内部审计部门负责执行。内部监督程序是一个动态的过程,包括:建立健全内部监督制度,实施监督,分析和报告内部控制缺陷,对内部控制缺陷进行整改。

内部控制评价一般是指由专门的机构或人员,通过对单位内部控制系统的了解、测试和评价,对其完整性、合理性及有效性提出意见,并进行报告,以利于单位进一步健全和完善内部控制体系。

企业应制定内部控制缺陷认定标准。按照内部控制缺陷的来源,可以分为设计缺陷和运行缺陷;按照影响内部控制缺陷的性质,可以分为重大缺陷、重要缺陷和一般缺陷;按照影响内部控制目标的具体表现形式,还可以分为财务报告目标内部控制缺陷和非财务报告目标内部控制缺陷。

内部控制评价的标准是指进行内部控制评价时遵循的范本。内部控制评价的标准分为一般标准和具体标准。

内部控制制度评价的内容是由内部控制制度评价的标准决定的,有什么样的标准(或目标)就有什么样的内容。由于企业内部控制框架是由内部环境、风险评估、控制活动、信息与沟通以及内部监督五个要素构成的,所以内部控制评价就应该从这五个方面出发,来确定具体的评价内容和重点。

对内部控制进行综合评价后,评价人员需要对内部控制的评价结果进行记录,与管理人员进行沟通,核对数据,确认事实,征求意见,提出进一步加强和完善内部控制的措施,形成评价报告,并将其传达给管理者。评价人员编制的评价报告应包括以下内容:(1)董事会对内部控制报告真实性的声明;(2)内部控制评价工作的总体情况;(3)内部控制评价的依据、范围、程序和方法;(4)内部控制缺陷及其认定;(5)内部控制缺陷的整改情况及重大缺陷拟采取的整改措施;(6)内部控制有效性的结论。

思考题

1. 什么是内部监督?
2. 内部监督的方式有哪些?
3. 内部控制缺陷的类型有哪些?
4. 内部控制评价的定义是什么?
5. 内部控制评价报告包括哪些内容?

案例分析

华夏证券公司的免疫缺陷综合征：内部控制严重失效

华夏证券公司于1992年10月成立，注册资本为27亿余元，曾一度拥有91家营业部和24家证券服务部，并成为第一家全国交易联网券商。与此同时，公司尚未健全的内部控制制度却屡遭人破坏。这一方面导致了挪用客户保证金、违规回购国债、账外经营和投资、违规自营和坐庄、账目作假和不清等内部风险的频繁发生；另一方面使公司丧失了应对银行提前收贷、融资成本高涨、实业投资损失、证券市场低迷等外部风险的抵御能力，而主管部门在对其拯救中也未能对症施治。在内乱外患之下，公司逐渐走向衰亡。

资料显示，2005年12月，公司总资产为81.76亿元，负债为133.09亿元，所有者权益为－51.33亿元，被中国证监会和北京市政府责令停止证券业务活动，撤销证券业务许可证；2007年10月，公司总资产为38.18亿元，负债为89.86亿元，所有者权益为－51.68亿元，失去持续经营能力，无法清偿到期债务，公司申请破产；2008年4月，破产申请获证监会同意，公司正式宣告破产。

分析华夏证券公司从辉煌走向衰亡的过程可以发现，其致命原因是在鼎盛时期就已潜伏的免疫缺陷综合征，即先天薄弱的内部控制制度在后期遭到严重破坏。如果将公司内部控制比喻成人体的免疫系统，那么风险就是病毒和细菌，内部控制失效就如同免疫缺陷综合征，致使公司失去风险抵抗力，进而导致风险扩散、扩大、爆发并病入膏肓。

从公司的治理结构来看，从1999年年底至2001年5月，公司董事长长期缺位，造成由赵某主导的"四人领导小组"凌驾于董事会之上，该小组集决策、监管和执行大权于一身，董事会形同虚设。公司历任董事长、总经理级别的高管人员都是由上级主管部门向公司做出的"不可改变式的推荐"，董事会推荐沦为形式，同时董事长和总经理不向董事会述职并负责；副总经理、总会计师和总工程师不由董事会任命，也不向董事长和总经理负责。此外，2003年至2004年，公司从未召开过监事会，也未设立监事长。

稽核审计部没有尽职地履行其责任，丧失了其应有的客观性。例如，某项目存在若干控制缺陷，报告却认为"华证稽核审计部按照公司内部控制制度的要求，对本项目的资料、信息的隔离和保密情况实施了监控，内核小组对本项目的立项、方案的制订、文件的制作和报送、股票发行等工作过程进行了监控和内核，在整个项目进行过程中没有内幕交易和操纵市场的行为发生"。

资料来源：转引自《财务与会计》2009年第6期同名报道，作者陈关亭、李蓓。

请结合本章相关知识点，从内部监督的角度分析华夏证券公司存在的缺陷。

技能训练题

请登录证监会、上海证券交易所、深圳证券交易所网页，搜寻下载最近一个年度上市公司内部控制评价报告，并区分不同行业，分析相同行业上市公司内部控制缺陷认定标准的科学合理性。

主要参考文献

1. 白万纲,《大象善舞:向世界知名公司学习集团管控》,机械工业出版社,2008年版。
2. 财政部会计司,《企业内部控制规范讲解 2010》,经济科学出版社,2010年版。
3. 财政部会计司,《企业全面预算管理的理论与案例》,经济科学出版社,2004年版。
4. 陈汉文、池国华,《CEO内部控制》,北京大学出版社,2015年版。
5. 程新生,《内部控制理论与实务》,清华大学出版社、北京交通大学出版社,2008年版。
6. 程新生,《企业内部控制》,高等教育出版社,2011年版。
7. 池国华,《财务报表分析》,清华大学出版社、北京交通大学出版社,2016年版。
8. 池国华,《中国式经济增加值(EVA)考核实践探索》,东北财经大学出版社,2016年版。
9. 池国华,《财务分析》,中国人民大学出版社,2015年版。
10. 池国华,《内部控制与风险管理》,中国人民大学出版社,2015年版。
11. 池国华,《企业内部控制规范实施机制研究》,东北财经大学出版社,2011年版。
12. 池国华,《EVA管理业绩评价系统模式》,科学出版社,2008年版。
13. 池国华,《内部管理业绩评价系统设计研究》,东北财经大学出版社,2005年版。
14. 杜安国,《扫清绊脚石——企业风险管理案例分析》,立信会计出版社,2009年版。
15. 杜栋,《管理控制学》,清华大学出版社,2006年版。
16. 傅胜、池国华,《企业内部控制规范指引操作案例点评》,北京大学出版社,2011年版。
17. 方红星、池国华,《内部控制》,东北财经大学出版社,2013年版。
18. 龚杰等,《企业内部控制——理论、方法与案例》,浙江大学出版社,2005年版。
19. 顾剑,《行业风险与信贷案例》,机械工业出版社,2016年版。
20. 黄世忠,《财务报表分析:理论·方法·框架·案例》,中国财政经济出版社,2007年版。
21. 胡为民,《内部控制与企业风险管理》,电子工业出版社,2013年版。
22. 李维安、牛建波等,《CEO公司治理》,北京大学出版社,2014年版。
23. 李连华,《内部控制理论结构:控制效率的思想基础与政策建议》,厦门大学出版社,2007年版。
24. 李秉成,《企业为什么会陷入财务危机》,机械工业出版社,2016年版。
25. 李心合,《企业内部控制基本规范导读》,大连出版社,2008年版。
26. 李三喜、徐荣才,《基于风险管理的内部控制:评价流程·评价实务·评价模板》,中国市场出版社,2013年版。
27. 李鸿谷,《联想涅槃:中国企业全球化教科书》,中信出版社,2015年版。
28. 李志刚,《创京东:刘强东亲述创业之路》,中信出版集团,2015年版。
29. 刘永泽、池国华,《企业内部控制制度设计操作指南》,大连出版社,2011年版。
30. 刘永泽,《行政事业单位内部控制制度设计操作指南》,东北财经大学出版社,2013年版。
31. 林斌、舒伟,《内部控制重点文献导读》,中国财政经济出版社,2015年版。
32. 林斌,《信息技术内部控制》,大连出版社,2010年版。
33. 林佑刚,《发现目标——企业战略规划全程操作实务》,企业管理出版社,2005年版。
34. 林汶奎,《史玉柱的财富传奇》,广东经济出版社,2015年版。

35. 毛洪涛等,《解读企业会计准则:案例分析方法》,西南财经大学出版社,2007年版。
36. 上海国家会计学院,《内部控制与账簿审核》,大连出版社,2009年版。
37. 时现等,《工程项目内部控制:理论、实务与案例》,大连出版社,2013年版。
38. 汤谷良、高晨、卢闯,《CEO计划与预算系统》,北京大学出版社,2010年版。
39. 王海林,《价值链内部控制》,经济科学出版社,2007年版。
40. 王立彦等,《会计控制与信息系统》,经济科学出版社,2007年版。
41. 王健林,《万达哲学》,中信出版社,2015年版。
42. 温素彬,《管理会计:理论·模型·案例》,机械工业出版社,2014年版。
43. 吴晓求,《大败局Ⅰ》,浙江大学出版社,2013年版。
44. 吴晓求,《大败局Ⅱ》,浙江大学出版社,2013年版。
45. 杨雄胜、夏俊,《企业内部控制评价:理论、方法与案例》,大连出版社,2009年版。
46. 杨和茂,《走出黑洞:舞弊防范与识别之道》,广东经济出版社,2006年版。
47. 杨少龙,《华为靠什么:任正非创业史与华为成长揭秘》,中信出版社,2014年版。
48. 叶康涛、冷元红、何建湘,《兴衰三十年:中国企业30年成败模式》,中信出版社,2015年版。
49. 张先治等,《管理控制论》,中国财政经济出版社,2004年版。
50. 张先治等,《资产经营管理》,经济科学出版社,2011年版。
51. 张瑞君,《财务管理信息化:IT环境下企业集团财务管理创新》,中信出版社,2005年版。
52. 张兵,《管理控制实用图解手册》,中国工人出版社,2006年版。
53. 张颖、郑洪涛,《企业内部控制》,机械工业出版社,2009年版。
54. 郑洪涛、张颖,《企业内部控制暨全面风险管理设计操作指南》,中国财政经济出版社,2007年版。
55. 郑石桥等,《内部控制学》,中国时代经济出版社,2013年版。
56. 中华会计网校,《新企业内部控制规范及相关制度应用指南》,人民出版社,2007年版。
57. 周桦,《藏锋:刘永好传》,北京大学出版社,2011年版。
58. 卓志,《风险管理理论研究》,中国金融出版社,2006年版。
59. 〔加〕斯蒂芬·福斯特著,池国华等译,《财务管理:概念与应用》,东北财经大学出版社,2016年版。
60. 〔美〕阿斯沃思·达莫达兰著,时启亮等译,《驾驭风险》,中国人民大学出版社,2010年版。
61. 〔美〕查尔斯 W. 法尔福德等著,程炼等译,《上市公司财务欺诈与识别》,机械工业出版社,2005年版。
62. 〔美〕罗伯特·安东尼等著,赵玉涛等译,《管理控制系统》,机械工业出版社,2004年版。
63. 〔英〕迈克尔·C.杰克逊著,高飞等译,《系统思考——适于管理者的创造性整体论》,中国人民大学出版社,2005年版。
64. COSO制定发布,方红星等译,《企业风险管理——整合框架》,东北财经大学出版社,2005年版。
65. 美国管理会计师协会(IMA)发布,张先治等译,《财务报告内部控制与风险管理》,东北财经大学出版社,2005年版。

附录　企业内部控制基本规范

第一章　总　则

第一条　为了加强和规范企业内部控制,提高企业经营管理水平和风险防范能力,促进企业可持续发展,维护社会主义市场经济秩序和社会公众利益,根据《中华人民共和国公司法》《中华人民共和国证券法》《中华人民共和国会计法》和其他有关法律法规,制定本规范。

第二条　本规范适用于中华人民共和国境内设立的大中型企业。

小企业和其他单位可以参照本规范建立与实施内部控制。

大中型企业和小企业的划分标准根据国家有关规定执行。

第三条　本规范所称内部控制,是由企业董事会、监事会、经理层和全体员工实施的、旨在实现控制目标的过程。

内部控制的目标是合理保证企业经营管理合法合规、资产安全、财务报告及相关信息真实完整,提高经营效率和效果,促进企业实现发展战略。

第四条　企业建立与实施内部控制,应当遵循下列原则:

(一)全面性原则。内部控制应当贯穿决策、执行和监督全过程,覆盖企业及其所属单位的各种业务和事项。

(二)重要性原则。内部控制应当在全面控制的基础上,关注重要业务事项和高风险领域。

(三)制衡性原则。内部控制应当在治理结构、机构设置及权责分配、业务流程等方面形成相互制约、相互监督,同时兼顾运营效率。

(四)适应性原则。内部控制应当与企业经营规模、业务范围、竞争状况和风险水平等相适应,并随着情况的变化及时加以调整。

(五)成本效益原则。内部控制应当权衡实施成本与预期效益,以适当的成本实现有效控制。

第五条　企业建立与实施有效的内部控制,应当包括下列要素:

(一)内部环境。内部环境是企业实施内部控制的基础,一般包括治理结构、机构设置及权责分配、内部审计、人力资源政策、企业文化等。

(二)风险评估。风险评估是企业及时识别、系统分析经营活动中与实现内部控制目标相关的风险,合理确定风险应对策略。

(三)控制活动。控制活动是企业根据风险评估结果,采用相应的控制措施,将风险控制在可承受度之内。

(四)信息与沟通。信息与沟通是企业及时、准确地收集、传递与内部控制相关的信息,确保信息在企业内部、企业与外部之间进行有效沟通。

（五）内部监督。内部监督是企业对内部控制建立与实施情况进行监督检查,评价内部控制的有效性,发现内部控制缺陷,应当及时加以改进。

第六条 企业应当根据有关法律法规、本规范及其配套办法,制定本企业的内部控制制度并组织实施。

第七条 企业应当运用信息技术加强内部控制,建立与经营管理相适应的信息系统,促进内部控制流程与信息系统的有机结合,实现对业务和事项的自动控制,减少或消除人为操纵因素。

第八条 企业应当建立内部控制实施的激励约束机制,将各责任单位和全体员工实施内部控制的情况纳入绩效考评体系,促进内部控制的有效实施。

第九条 国务院有关部门可以根据法律法规、本规范及其配套办法,明确贯彻实施本规范的具体要求,对企业建立与实施内部控制的情况进行监督检查。

第十条 接受企业委托从事内部控制审计的会计师事务所,应当根据本规范及其配套办法和相关执业准则,对企业内部控制的有效性进行审计,出具审计报告。会计师事务所及其签字的从业人员应当对发表的内部控制审计意见负责。

为企业内部控制提供咨询的会计师事务所,不得同时为同一企业提供内部控制审计服务。

第二章 内部环境

第十一条 企业应当根据国家有关法律法规和企业章程,建立规范的公司治理结构和议事规则,明确决策、执行、监督等方面的职责权限,形成科学有效的职责分工和制衡机制。

股东(大)会享有法律法规和企业章程规定的合法权利,依法行使企业经营方针、筹资、投资、利润分配等重大事项的表决权。

董事会对股东(大)会负责,依法行使企业的经营决策权。

监事会对股东(大)会负责,监督企业董事、经理和其他高级管理人员依法履行职责。

经理层负责组织实施股东(大)会、董事会决议事项,主持企业的生产经营管理工作。

第十二条 董事会负责内部控制的建立健全和有效实施。监事会对董事会建立与实施内部控制进行监督。经理层负责组织领导企业内部控制的日常运行。

企业应当成立专门机构或者指定适当的机构具体负责组织协调内部控制的建立实施及日常工作。

第十三条 企业应当在董事会下设立审计委员会。审计委员会负责审查企业内部控制,监督内部控制的有效实施和内部控制自我评价情况,协调内部控制审计及其他相关事宜等。

审计委员会负责人应当具备相应的独立性、良好的职业操守和专业胜任能力。

第十四条 企业应当结合业务特点和内部控制要求设置内部机构,明确职责权限,将权利与责任落实到各责任单位。

企业应当通过编制内部管理手册,使全体员工掌握内部机构设置、岗位职责、业务流程等情况,明确权责分配,正确行使职权。

第十五条 企业应当加强内部审计工作,保证内部审计机构设置、人员配备和工作的独立性。

内部审计机构应当结合内部审计监督,对内部控制的有效性进行监督检查。内部审计机构对监督检查中发现的内部控制缺陷,应当按照企业内部审计工作程序进行报告;对监督检查中发现的内部控制重大缺陷,有权直接向董事会及其审计委员会、监事会报告。

第十六条 企业应当制定和实施有利于企业可持续发展的人力资源政策。人力资源政策应当包括下列内容:

(一)员工的聘用、培训、辞退与辞职。

(二)员工的薪酬、考核、晋升与奖惩。

(三)关键岗位员工的强制休假制度和定期岗位轮换制度。

(四)掌握国家秘密或重要商业秘密的员工离岗的限制性规定。

(五)有关人力资源管理的其他政策。

第十七条 企业应当将职业道德修养和专业胜任能力作为选拔和聘用员工的重要标准,切实加强员工培训和继续教育,不断提升员工素质。

第十八条 企业应当加强文化建设,培育积极向上的价值观和社会责任感,倡导诚实守信、爱岗敬业、开拓创新和团队协作精神,树立现代管理理念,强化风险意识。

董事、监事、经理及其他高级管理人员应当在企业文化建设中发挥主导作用。

企业员工应当遵守员工行为守则,认真履行岗位职责。

第十九条 企业应当加强法制教育,增强董事、监事、经理及其他高级管理人员和员工的法制观念,严格依法决策、依法办事、依法监督,建立健全法律顾问制度和重大法律纠纷案件备案制度。

第三章 风险评估

第二十条 企业应当根据设定的控制目标,全面系统持续地收集相关信息,结合实际情况,及时进行风险评估。

第二十一条 企业开展风险评估,应当准确识别与实现控制目标相关的内部风险和外部风险,确定相应的风险承受度。

风险承受度是企业能够承担的风险限度,包括整体风险承受能力和业务层面的可接受风险水平。

第二十二条 企业识别内部风险,应当关注下列因素:

(一)董事、监事、经理及其他高级管理人员的职业操守、员工专业胜任能力等人力资源因素。

(二)组织机构、经营方式、资产管理、业务流程等管理因素。

(三)研究开发、技术投入、信息技术运用等自主创新因素。

(四)财务状况、经营成果、现金流量等财务因素。

(五)营运安全、员工健康、环境保护等安全环保因素。

（六）其他有关内部风险因素。

第二十三条 企业识别外部风险，应当关注下列因素：

（一）经济形势、产业政策、融资环境、市场竞争、资源供给等经济因素。

（二）法律法规、监管要求等法律因素。

（三）安全稳定、文化传统、社会信用、教育水平、消费者行为等社会因素。

（四）技术进步、工艺改进等科学技术因素。

（五）自然灾害、环境状况等自然环境因素。

（六）其他有关外部风险因素。

第二十四条 企业应当采用定性与定量相结合的方法，按照风险发生的可能性及其影响程度等，对识别的风险进行分析和排序，确定关注重点和优先控制的风险。

企业进行风险分析，应当充分吸收专业人员，组成风险分析团队，按照严格规范的程序开展工作，确保风险分析结果的准确性。

第二十五条 企业应当根据风险分析的结果，结合风险承受度，权衡风险与收益，确定风险应对策略。

企业应当合理分析、准确掌握董事、经理及其他高级管理人员、关键岗位员工的风险偏好，采取适当的控制措施，避免因个人风险偏好给企业经营带来重大损失。

第二十六条 企业应当综合运用风险规避、风险降低、风险分担和风险承受等风险应对策略，实现对风险的有效控制。

风险规避是企业对超出风险承受度的风险，通过放弃或者停止与该风险相关的业务活动以避免和减轻损失的策略。

风险降低是企业在权衡成本效益之后，准备采取适当的控制措施降低风险或者减轻损失，将风险控制在风险承受度之内的策略。

风险分担是企业准备借助他人力量，采取业务分包、购买保险等方式和适当的控制措施，将风险控制在风险承受度之内的策略。

风险承受是企业对风险承受度之内的风险，在权衡成本效益之后，不准备采取控制措施降低风险或者减轻损失的策略。

第二十七条 企业应当结合不同发展阶段和业务拓展情况，持续收集与风险变化相关的信息，进行风险识别和风险分析，及时调整风险应对策略。

第四章 控制活动

第二十八条 企业应当结合风险评估结果，通过手工控制与自动控制、预防性控制与发现性控制相结合的方法，运用相应的控制措施，将风险控制在可承受度之内。

控制措施一般包括：不相容职务分离控制、授权审批控制、会计系统控制、财产保护控制、预算控制、运营分析控制和绩效考评控制等。

第二十九条 不相容职务分离控制要求企业全面系统地分析、梳理业务流程中所涉及的不相容职务，实施相应的分离措施，形成各司其职、各负其责、相互制约的工作机制。

第三十条 授权审批控制要求企业根据常规授权和特别授权的规定，明确各岗位办理业务和事项的权限范围、审批程序和相应责任。

企业应当编制常规授权的权限指引，规范特别授权的范围、权限、程序和责任，严格控制特别授权。常规授权是指企业在日常经营管理活动中按照既定的职责和程序进行的授权。特别授权是指企业在特殊情况、特定条件下进行的授权。

企业各级管理人员应当在授权范围内行使职权和承担责任。

企业对于重大的业务和事项，应当实行集体决策审批或者联签制度，任何个人不得单独进行决策或者擅自改变集体决策。

第三十一条　会计系统控制要求企业严格执行国家统一的会计准则制度，加强会计基础工作，明确会计凭证、会计账簿和财务会计报告的处理程序，保证会计资料真实完整。

企业应当依法设置会计机构，配备会计从业人员。从事会计工作的人员，必须取得会计从业资格证书。会计机构负责人应当具备会计师以上专业技术职务资格。

大中型企业应当设置总会计师。设置总会计师的企业，不得设置与其职权重叠的副职。

第三十二条　财产保护控制要求企业建立财产日常管理制度和定期清查制度，采取财产记录、实物保管、定期盘点、账实核对等措施，确保财产安全。

企业应当严格限制未经授权的人员接触和处置财产。

第三十三条　预算控制要求企业实施全面预算管理制度，明确各责任单位在预算管理中的职责权限，规范预算的编制、审定、下达和执行程序，强化预算约束。

第三十四条　运营分析控制要求企业建立运营情况分析制度，经理层应当综合运用生产、购销、投资、筹资、财务等方面的信息，通过因素分析、对比分析、趋势分析等方法，定期开展运营情况分析，发现存在的问题，及时查明原因并加以改进。

第三十五条　绩效考评控制要求企业建立和实施绩效考评制度，科学设置考核指标体系，对企业内部各责任单位和全体员工的业绩进行定期考核和客观评价，将考评结果作为确定员工薪酬以及职务晋升、评优、降级、调岗、辞退等的依据。

第三十六条　企业应当根据内部控制目标，结合风险应对策略，综合运用控制措施，对各种业务和事项实施有效控制。

第三十七条　企业应当建立重大风险预警机制和突发事件应急处理机制，明确风险预警标准，对可能发生的重大风险或突发事件，制订应急预案、明确责任人员、规范处置程序，确保突发事件得到及时妥善处理。

第五章　信息与沟通

第三十八条　企业应当建立信息与沟通制度，明确内部控制相关信息的收集、处理和传递程序，确保信息及时沟通，促进内部控制有效运行。

第三十九条　企业应当对收集的各种内部信息和外部信息进行合理筛选、核对、整合，提高信息的有用性。

企业可以通过财务会计资料、经营管理资料、调研报告、专项信息、内部刊物、办公网络等渠道，获取内部信息。

企业可以通过行业协会组织、社会中介机构、业务往来单位、市场调查、来信来访、网络媒体以及有关监管部门等渠道,获取外部信息。

第四十条 企业应当将内部控制相关信息在企业内部各管理级次、责任单位、业务环节之间,以及企业与外部投资者、债权人、客户、供应商、中介机构和监管部门等有关方面之间进行沟通和反馈。信息沟通过程中发现的问题,应当及时报告并加以解决。

重要信息应当及时传递给董事会、监事会和经理层。

第四十一条 企业应当利用信息技术促进信息的集成与共享,充分发挥信息技术在信息与沟通中的作用。

企业应当加强对信息系统开发与维护、访问与变更、数据输入与输出、文件储存与保管、网络安全等方面的控制,保证信息系统安全稳定运行。

第四十二条 企业应当建立反舞弊机制,坚持惩防并举、重在预防的原则,明确反舞弊工作的重点领域、关键环节和有关机构在反舞弊工作中的职责权限,规范舞弊案件的举报、调查、处理、报告和补救程序。

企业至少应当将下列情形作为反舞弊工作的重点:

(一)未经授权或者采取其他不法方式侵占、挪用企业资产,牟取不当利益。

(二)在财务会计报告和信息披露等方面存在的虚假记载、误导性陈述或者重大遗漏等。

(三)董事、监事、经理及其他高级管理人员滥用职权。

(四)相关机构或人员串通舞弊。

第四十三条 企业应当建立举报投诉制度和举报人保护制度,设置举报专线,明确举报投诉处理程序、办理时限和办结要求,确保举报、投诉成为企业有效掌握信息的重要途径。

举报投诉制度和举报人保护制度应当及时传达至全体员工。

第六章 内部监督

第四十四条 企业应当根据本规范及其配套办法,制定内部控制监督制度,明确内部审计机构(或经授权的其他监督机构)和其他内部机构在内部监督中的职责权限,规范内部监督的程序、方法和要求。

内部监督分为日常监督和专项监督。日常监督是指企业对建立与实施内部控制的情况进行常规、持续的监督检查;专项监督是指在企业发展战略、组织结构、经营活动、业务流程、关键岗位员工等发生较大调整或变化的情况下,对内部控制的某一或者某些方面进行有针对性的监督检查。

专项监督的范围和频率应当根据风险评估结果以及日常监督的有效性等予以确定。

第四十五条 企业应当制定内部控制缺陷认定标准,对监督过程中发现的内部控制缺陷,应当分析缺陷的性质和产生的原因,提出整改方案,采取适当的形式及时向董事会、监事会或者经理层报告。

内部控制缺陷包括设计缺陷和运行缺陷。企业应当跟踪内部控制缺陷整改情况,并就内部监督中发现的重大缺陷,追究相关责任单位或者责任人的责任。

第四十六条 企业应当结合内部监督情况,定期对内部控制的有效性进行自我评价,出具内部控制自我评价报告。

内部控制自我评价的方式、范围、程序和频率,由企业根据经营业务调整、经营环境变化、业务发展状况、实际风险水平等自行确定。

国家有关法律法规另有规定的,从其规定。

第四十七条 企业应当以书面或者其他适当的形式,妥善保存内部控制建立与实施过程中的相关记录或者资料,确保内部控制建立与实施过程的可验证性。

第七章 附 则

第四十八条 本规范由财政部会同国务院其他有关部门解释。

第四十九条 本规范的配套办法由财政部会同国务院其他有关部门另行制定。

第五十条 本规范自 2009 年 7 月 1 日起实施。

教辅申请说明

北京大学出版社本着"教材优先、学术为本"的出版宗旨,竭诚为广大高等院校师生服务。为更有针对性地提供服务,请您按照以下步骤在微信后台提交教辅申请,我们会在 1~2 个工作日内将配套教辅资料,发送到您的邮箱。

◎ 手机扫描下方二维码,或直接微信搜索公众号"北京大学经管书苑",进行关注;

◎ 点击菜单栏"在线申请"—"教辅申请",出现如右下界面:

◎ 将表格上的信息填写准确、完整后,点击提交;

◎ 信息核对无误后,教辅资源会及时发送给您;如果填写有问题,工作人员会同您联系。

温馨提示: 如果您不使用微信,您可以通过下方的联系方式(任选其一),将您的姓名、院校、邮箱及教材使用信息反馈给我们,工作人员会同您进一步联系。

我们的联系方式:

北京大学出版社经济与管理图书事业部
北京市海淀区成府路 205 号,100871
联 系 人: 周莹
电   话: 010-62767312 /62757146
电子邮件: em@pup.cn
Q Q: 5520 63295(推荐使用)
微信: 北京大学经管书苑(pupembook)
网址: www.pup.cn